IDEIAS VIVAS

O DEBATE ECONÓMICO EM PORTUGAL

IDEIAS VIVAS

O DEBATE ECONÓMICO EM PORTUGAL

Coordenador
VÍTOR NEVES

ALMEDINA

IDEIAS VIVAS
O DEBATE ECONÓMICO EM PORTUGAL
COORDENADOR
Vítor Neves

AUTORES
Ana Costa, André Lopes, Carlos Bastien, Gonçalo Marçal, Jéssica Rocha, João Rodrigues, José Reis, Manuel Branco e Vítor Neves

REVISOR
Victor Ferreira

EDITOR
EDIÇÕES ALMEDINA, S.A.
Avenida Emídio Navarro, 81, 3D
3000-151 Coimbra
Tel.: 239 851 904 · Fax: 239 851 901
www.almedina.net · editora@almedina.net

DESIGN DE CAPA
EDIÇÕES ALMEDINA, S.A.

PRÉ-IMPRESSÃO
Patrícia Boleto

IMPRESSÃO E ACABAMENTO
AAAAAAAAA

Dezembro, 2022
DEPÓSITO LEGAL
000000/22

ALMEDINA | GRUPOALMEDINA

BIBLIOTECA NACIONAL DE PORTUGAL – CATALOGAÇÃO NA PUBLICAÇÃO
IDEIAS VIVAS : O DEBATE ECONÓMICO EM PORTUGAL /
Coord. Vítor Neves
I – NEVES, Vítor
ISBN 978-989-40-0881-1
CDU 330

Este livro teve o apoio financeiro da Fundação para a Ciência e Tecnologia (FCT), através de fundos nacionais e cofinanciamento pelo Fundo Europeu para o Desenvolvimento Regional (FEDER), através do Programa Operacional Competitividade e Inovação (COMPETE 2020), no âmbito do projeto «RECON — Que ciência económica se faz em Portugal? Um estudo da investigação portuguesa recente em Economia (1980 à atualidade)», com a referência: PTDC/IVC-HFC/3826/2014 — POCI-01-0145-FEDER-016871.

ÍNDICE

LISTA DE GRÁFICOS, GRAFOS E QUADROS

Gráficos

Grafos

Quadros

Introdução
As ideias económicas em Portugal no passado recente: uma história por fazer

Vítor Neves

A história das ideias económicas em Portugal no último meio século é ainda um território em grande medida inexplorado. Duas razões podem explicar esse facto. Por um lado, o entendimento de que a objetividade histórica exige algum distanciamento relativamente ao objeto de estudo, o que aconselharia a limitar o foco da análise ao passado mais longínquo (em Portugal, os estudos de história do pensamento económico têm-se ficado, em geral, pelos anos 1960). Por outro lado, a ideia de que a Economia é hoje uma ciência global (Fourcade, 2006), metodologicamente homogénea e universal[1] e que, por isso, o estudo das particularidades nacionais dos países cientificamente periféricos, como Portugal, seria dispensável.

Neste livro, parte-se de premissas diferentes. A primeira é que, apesar das indiscutíveis dificuldades, o passado mais recente pode — e deve — ser também estudado numa perspetiva histórica, recorrendo, em geral, ao mesmo tipo de abordagem rigorosa, instrumentos analíticos e métodos utilizados no estudo do passado mais remoto. A segunda é que a Economia é uma ciência histórica e espacialmente situada (Hodgson, 2001). A ignorância das especificidades «locais» — nomeadamente as associadas a complexos processos de produção e circulação internacional das ideias económicas, que vão da mera assimilação à adaptação e apropriação ativa de ideias produzidas

[1] O resultado de um processo evolutivo isomórfico, consistente com o que Turchetti *et al.* (2012: 323–324) designaram de «universalismo epistémico», isto é, um entendimento da ciência como atividade focada na busca da «verdade», supostamente independente de contingências geográficas, sociais e políticas; no caso da Economia, de facto, um universalismo em grande medida «isolacionista e monolinguístico» (Llombart Rosa, 2006: 25).

noutros espaços (e, nalguns casos, até mesmo à criação autónoma inovadora)[2] — é simplista e redutora. Além disso, as alegações de universalidade na ciência têm servido, muitas vezes, apenas para perpetuar os desequilíbrios de poder em favor dos países centrais (Medina e Carey, 2020). Justifica-se, por isso, a atenção às especificidades «locais» e a construção de histórias «nacionais», as quais, em bom rigor, deverão ser, como defendia Ernest Lluch, «internacionalistas» (Llombart Rosa, 2006: 25), ou seja, plenamente inseridas no quadro das relações que se estabelecem à escala mais global.[3]

A Economia faz-se em múltiplos espaços, com centros e periferias, em que ideias e práticas circulam e interagem num processo complexo.[4]

De facto,

> em vez de um conjunto unificado de conceitos verdadeiros e absolutos e de procedimentos universais de análise, a ciência económica surge-nos como espaço heterogéneo onde confluem múltiplas linguagens, metáforas, estratégias de persuasão, retóricas, conversas, que acentuam o seu carácter de representação e construção social da realidade. (Cardoso, 1997: 219)

A Economia é uma ciência plural, «um universo diverso, complexo e conflitual composto por vários campos, com diferentes pressupostos, "visões do mundo" e representações muito díspares do que constitui a substância da vida material, as opções sobre a organização coletiva e a finalidade das ações humanas» (Neves e Reis, 2019: 9), um complexo sistema intelectual e institucional, no qual se estabelecem diferentes condições de produção de ideias e conexões assimétricas entre centros e periferias. «Centro» e «periferia» não são noções meramente geográficas, são também categorias intelectuais, epistémicas. As comunidades científicas — e as redes em que se estrutura

[2] O caso de Celso Furtado no Brasil é um exemplo paradigmático.

[3] A posição aqui defendida não deve, assim, ser confundida com a reivindicação *a priori* de um qualquer pensamento económico «português» desligado da ciência que se faz noutros espaços. Partilhamos, aliás, a ideia de que «a nacionalidade ou o local de residência ou publicação são critérios considerados necessários mas não suficientes para determinar o caráter nacional do pensamento económico. O teste decisivo é o de identificar os problemas nacionais para os quais são necessárias soluções nacionais; *é quando estes problemas são enfrentados e resolvidos que podem surgir formas inovadoras, genuinamente nacionais de pensamento económico*» (Almodovar e Cardoso, 1998: 6; itálico acrescentado).

[4] Na realidade, a história das ideias económicas é, em última análise, uma história de conexões entre indivíduos, grupos e comunidades científicas, mais do que entre nações (cf. Boianovsky, no prelo).

o sistema de produção do conhecimento económico (Neves, 2017) à escala supranacional — podem ser periféricas ou centrais, independentemente da geografia (Reis, 2019: 32). Há «bolsas de ciência "central"» (Glick, 1996: 356) nas periferias como há comunidades intelectualmente periféricas nos países centrais. E há casos notáveis em que pessoas ou grupos intelectual e geograficamente periféricos se conseguem impor, acabando por ser reconhecidos como merecedores de atenção do «centro».[5]

Assim, a história da Economia recente num país semiperiférico como Portugal é importante não só pelo conhecimento que permite da realidade nacional, mas como contributo para a historiografia de uma Economia cada vez mais transnacional.

O projeto de investigação «RECON — Que ciência económica se faz em Portugal? Um estudo da investigação portuguesa recente em Economia (1980 à atualidade)», de que este livro procede e que foi desenvolvido entre 2016 e 2019 por um pequeno grupo de investigadores — todos economistas —, três da Universidade de Coimbra, um da Universidade de Évora e uma do ISCTE, com o apoio, em diferentes momentos, de dois bolseiros de investigação, teve a sua origem na constatação do enorme vazio em matéria de conhecimento da Economia que se tem vindo a fazer em Portugal no passado mais recente.[6]

Tínhamos consciência, evidentemente, de que procurar compreender a natureza e evolução da Economia em Portugal nas últimas décadas, os processos de disseminação e apropriação no país de diferentes teorias e abordagens metodológicas e a contribuição da investigação portuguesa para os debates contemporâneos era uma tarefa exigente e cheia de escolhos — uma tarefa a que o projeto RECON apenas poderia dar início.

Com efeito, são muitas e diversas as questões a que importa dar resposta:

- Que áreas e tópicos de investigação atraíram a atenção dos e das economistas portugueses/as?
- Quem foram os/as protagonistas?
- Quais as principais metodologias usadas e no contexto de que escolas/tradições de pensamento económico?

[5] Celso Furtado, Raúl Prebisch e a teoria da dependência são aqui, uma vez mais, um bom exemplo.
[6] O único trabalho de reflexão sobre o período mais recente de que temos conhecimento era um estudo exploratório de José Reis — «A Economia: Uma ciência social sob tensão» — entretanto publicado em inglês (Reis, 2012).

- Quais os principais fatores explicativos das estratégias de investigação adotadas?
- Que relações estabeleceram os/as economistas portugueses/as com as comunidades de investigadores de outros espaços geográficos e como é que a investigação portuguesa se tem vindo a relacionar com a que aí se produz?
- Que articulações se estabeleceram entre os espaços da ciência e da tomada de decisão política?
- Que lugar ocupa a produção científica desenvolvida em Portugal no panorama das ideias económicas à escala global?
- Como evoluiu o ensino da Economia em Portugal e que papel tem vindo a desempenhar na Economia que aqui se faz?

Mas é, sobretudo, o pulsar de uma Economia que não existe isolada dos problemas, tensões e perplexidades do seu tempo, uma Economia onde coexistem diferentes comunidades científicas (paradigmas/abordagens), com os seus protagonistas e debates, que é preciso captar.

Trata-se, pois, de um campo de estudo vasto e complexo, aconselhando a que, numa primeira aproximação, se circunscreva a «ciência económica que se faz em Portugal» a um conjunto limitado de *estudos de caso*, sem o qual qualquer «narrativa» global sobre a evolução da Economia no país no passado recente não passará da banalidade do que se julga saber.

Assim, no projeto acima referido, além de um mapeamento da investigação realizada em Portugal entre 1980 e 2015, de natureza quantitativa, num exercício destinado a fornecer uma primeira fotografia de conjunto do nosso campo de estudo, identificámos um conjunto de eixos de pesquisa, a saber:

- A experiência do Gabinete de Estudos Básicos de Economia Industrial (GEBEI), uma instituição que, tendo iniciado a sua atividade ainda antes de 1974, veio a ter um papel de grande relevância no pós-25 de Abril e que deu expressão a uma muito relevante corrente de pensamento desenvolvimentista no país.
- A emergência e consolidação de uma «Nova Economia» em Portugal, de matriz neoclássica, associada à criação, no final dos anos 1970, da Faculdade de Economia da Universidade Nova de Lisboa, um espaço privilegiado de afirmação de uma nova forma de encarar a Economia em Portugal, fortemente influenciada pela experiência de formação dc muitos dos seus docentes nos Estados Unidos da América.

- O papel desempenhado pelo Departamento de Estudos Económicos do Banco de Portugal e as relações que se vieram a estabelecer entre este, a Universidade Nova de Lisboa e a Universidade Católica.
- A experiência de ensino pós-graduado em Economia em Portugal a partir dos anos 1980, relevante por força da estreita interligação entre o ensino e a investigação no país.
- A relação entre ciência, valores e política, que Cardoso havia considerado «um dos temas de maior significado na caracterização da especificidade do pensamento económico português» (2001: 17).

Um primeiro resultado deste exercício foi apresentado no livro *A Ciência Económica em Portugal: Uma História Recente*, coordenado por Vítor Neves e José Reis, publicado em 2019 pelas Edições Almedina.

Como então afirmávamos, «[a] ideia popular de que o pensamento económico é um corpo monolítico e de que os economistas são uma "espécie" com uma mesma raiz "genética" é errada» (Neves e Reis, 2019: 9). Por isso, não faz sentido reduzir a história das ideias económicas em Portugal a um percurso de aproximação a uma Economia (no singular) que pretensamente se faz no «centro», uma Economia restringida a uma corrente de pensamento que, embora hegemónica, não esgota o panorama da disciplina. A Economia é uma ciência multiparadigmática (Dow, 2008).

A história das ideias económicas em Portugal no passado recente (como no resto do mundo, aliás) é uma história de *Ideias Vivas*, uma história de debate e confronto de ideias, de controvérsia, onde diferentes abordagens, com variadas raízes ontológicas e epistemológicas, e em diferentes posições de poder, se cruzam e conflituam (e nalguns casos se fertilizam, num diálogo nem sempre fácil, quando não impossível).

Na verdade, importa não o esquecer, as ideias económicas não se circunscrevem ao domínio intelectual. Elas têm origem e exprimem-se num quadro de disputa (material e simbólica), que é ao mesmo tempo epistemológico, institucional e político, pelo reconhecimento da sua autoridade e legitimação científicas (Bourdieu, 1976; Arango, 2007).

Isto mesmo ficará evidente com a leitura dos vários capítulos que constituem este livro.

Assim, no Capítulo 1, José Reis, Vítor Neves e Ana Costa elaboram o quadro teórico-metodológico de partida, tendo em vista enquadrar a pesquisa realizada. É um trabalho que sintetiza um intenso e frutuoso debate de ideias, iniciado com o texto de Neves (2017), e que teve lugar em debates internos e no âmbito de um seminário internacional realizado em Coimbra, em setembro de 2017, sobre os processos de circulação internacional das ideias económicas (veja-se também, a este propósito, Reis, 2019: 30–35). Neste primeiro capítulo, parte-se da hipótese de que a Economia é um universo composto por diversos campos que, na base de ontologias e epistemologias diversas, disputam entre si modos diferenciados de formular o «problema económico» e de interpretar a realidade para questionar a ideia de uma convergência isomórfica na direção de uma Economia crescentemente homogénea, monista, à escala global — a Economia como «profissão global» de que fala Marion Fourcade (2006). Contrapõe-se a necessidade da consideração de «afinidades eletivas» para a explicação dos processos de produção e circulação internacional das ideias económicas.[7] Discute-se depois o modo como a relação entre ideias económicas, discursos e políticas nos ajuda a compreender a persistência de mecanismos que produzem diversidade, e sublinha-se a relevância de apontar o foco também para os atores e para as esferas em que circulam — a comunidade académica dos economistas, os especialistas e/ou técnicos de organizações internacionais, os decisores políticos, os jornalistas, ou os cidadãos —, uma «comunidade epistémica» heterogénea composta por atores diversos, que, no entanto, partilham uma determinada infraestrutura cognitiva e uma visão do mundo. Finalmente, atenta-se ao problema das relações centro-periferia para introduzir a discussão da produção científica na área da Economia em Portugal como um caso de «periferia persistente».

No Capítulo 2, elaborado por Gonçalo Marçal, André Lopes, Jéssica Rocha e Vítor Neves, faz-se um mapeamento das publicações em revistas nacionais e internacionais de autores afiliados a instituições de investigação portuguesas,

[7] É um conceito que encontra paralelo na sugestão de Naomi Oreskes — uma historiadora da ciência, dedicada aos estudos de história das Ciências da Terra e das questões ambientais — no sentido de dar a devida atenção a um conjunto de afinidades «intelectuais, estéticas e éticas» (2004: 375–376), afiliações e lealdades pessoais, afiliações disciplinares, preconceitos e preferências metodológicas e diferentes filosofias da ciência que condicionam a realização do trabalho científico. Nas palavras desta autora: «Os cientistas fazem escolhas baseadas em afinidades epistemológicas, afiliações disciplinares, preferências probatórias e metodológicas — e todas elas são, pelo menos em parte, constituídas antes de qualquer debate teórico. O debate teórico pode alterar afinidades e afiliações mas, no entanto, depara-se com um conjunto preexistente delas. Por esta razão, se não por outra, o desenvolvimento do conhecimento científico é inescapavelmente *histórico*» (Oreskes, 1999: 317). Antes, a propósito do modo como os cientistas encaram a relevância, ou não, da «evidência» científica, tinha também afirmado: «embora estas afinidades se expressassem epistemologicamente — em termos de ponderações diferenciais de evidências —, as suas fontes eram amplamente sociais» (1999: 53).

cobrindo o período de 1980 a 2015. Neste âmbito, analisam-se padrões autorais e institucionais, áreas temáticas das publicações, as referências bibliográficas indicadas nos artigos, coautorias e redes de colaboração institucional. É um exercício original de produção de informação — de natureza quantitativa, em que toda a equipa do projeto esteve envolvida — que agora fica disponível e que é fundamental para se poder ter uma visão de conjunto da Economia que se tem vindo a fazer em Portugal.

No Capítulo 3, Carlos Bastien (que foi consultor do projeto RECON) analisa o caso português no período anterior ao estudado pela equipa do projeto. A sua análise tem por objeto os anos do Estado Novo, comportando dois períodos: um primeiro, a partir de meados da década de 1930, marcado pelo relativo isolamento; e um segundo, após a Segunda Guerra Mundial, em que a importação das ideias económicas foi mais intensa e relevante no processo de «destruição criativa» sofrida pelos campos económico, científico e doutrinário locais. Identificam-se neste capítulo canais e organizações formais e informais envolvidas no processo de importação e difusão das ideias (universidades, centros de investigação, organizações internacionais, livros, revistas, etc.), e explora-se também o processo de apropriação e transformação de sistemas teóricos e doutrinários no contexto da dinâmica global da sociedade portuguesa. É um trabalho que toma por referência os trabalhos pioneiros de A. W. (Bob) Coats sobre a internacionalização da Economia e a abordagem dos campos sociais de Pierre Bourdieu. Neste estudo, fica bem patente o caráter incipiente da Economia que se fazia então em Portugal, com um acesso muito restrito ao mercado externo das ideias, sobretudo até 1945. Após esta data, regista-se um processo de progressiva abertura a ideias produzidas noutros espaços, com a assimilação da síntese neoclássica-keynesiana. Contudo, como nota o autor, ao longo do período considerado, o progresso ao nível da investigação em economia aplicada continua a ser muito limitado.

A história das ideias económicas é, já o afirmei, uma história de *Ideias Vivas*, uma história de confronto de ideias e de controvérsia (mas também de disputas pelo poder, académico e não só). Em nenhum capítulo deste livro isso fica mais evidente do que no Capítulo 4. Neste capítulo, João Rodrigues, Ana Costa e José Reis apresentam a disputa que, nos anos 1970 e 1980, envolveu economistas defensores de uma estratégia desenvolvimentista para o país (os «economistas políticos» ou «críticos») e aqueles que consideravam primordiais os problemas macroeconómicos de curto prazo e os desequilíbrios da balança de pagamentos numa «pequena economia aberta» («economistas neoclássicos com simpatias neoliberais»). Neste âmbito, retoma-se a análise da importância do GEBEI (Reis, 2019), assim como dos esforços de um grupo de economistas, maioritariamente formados em universidades norte-americanas, no sentido da afirmação e hegemonia de uma «Nova Economia» (designação para o que era, ao mesmo tempo, a nova Faculdade de Economia da Universidade Nova de Lisboa, criada em 1978, tendo por base o modelo académico dominante nos Estados Unidos, e uma forma nova de pensar a Economia e a realidade económica do país, assente nas abordagens e nos princípios neoclássicos, a partir dos quais se pretendia conceber e desenhar políticas económicas «liberalizadoras»). Os anos de governação de Cavaco Silva são também aí objeto de reflexão. O que fica claro neste texto é que a compreensão da Economia no período analisado, sendo uma disputa no plano das ideias económicas, é também uma luta pelo desmantelamento do que para os «economistas críticos» eram «conquistas de Abril» e para os «novos» economistas um «socialismo» que era preciso reverter. É, afinal, uma disputa pelo controlo da autoridade e legitimação académica e científica, que, ao mesmo tempo, se revela uma componente essencial de uma importante disputa ideológica e política. Como escrevem os autores, o período analisado é um período onde «debate e deliberação, ideias e jogo político posicional, tudo convergiu para um mesmo processo de debate intenso». Fica também evidente que, diferentemente do que se tornaria «norma» a partir dos anos 2000, o que concentrava à época a atenção dos economistas portugueses eram sobretudo as questões que importavam para a tomada de decisão político-económica, não o refinamento de questões teóricas abstratas. A teoria era mobilizada para dar resposta a esses problemas.[8]

A Economia é — tem-no sido em Portugal — uma disciplina plural. No Capítulo 5, Vítor Neves convoca o leitor para uma análise da vida e obra de Manuela Silva (1932–2019), uma economista sobejamente conhecida no país, e, por essa via, para a questão da relevância das crenças, valores e princípios éticos na Economia. Depois de no livro *A Ciência Económica em Portugal: Uma História Recente* ter mapeado as posições dos economistas portugueses sobre a controversa questão da relação entre ciência, valores e política (Neves, 2019), o autor regressa aqui ao tema para o aprofundar com a análise do trabalho de Manuela Silva. Esta representa, de forma cristalina, uma visão da Economia que o autor designa por «abordagem humanista», isto é, um entendimento da disciplina que coloca no centro das preocupações (e da análise) a

[8] Consultar, a este propósito, Augello *et al.* (2020) sobre Itália, e Montecinos e Markoff (2009) para as experiências da América Latina.

dignidade da pessoa humana, o bem comum e o desenvolvimento humano, e que reivindica a importância de um regresso à ética e de trazer para o interior da Economia a discussão sobre as finalidades do agir humano. O capítulo inclui ainda, em apêndice, as respostas dadas por Manuela Silva, por escrito, em janeiro de 2019, a um conjunto de questões que o autor lhe colocou.

Finalmente, no Capítulo 6, Ana Costa, Gonçalo Marçal e Manuel Branco estudam a evolução do ensino pós-graduado em Economia em Portugal dos anos 1980 até aos nossos dias. Os autores analisam planos de estudos, programas e textos recomendados para cursos de mestrado e de doutoramento em cinco universidades públicas portuguesas. Esta análise permite-lhes concluir ter-se registado um claro processo de convergência e uniformização ao nível do ensino, com aqueles cursos a tornarem-se cada vez mais iguais, independentemente da instituição em questão, o que apontará para um reforço das tendências isomórficas em detrimento do pluralismo na Economia que se faz em Portugal.

Numa perspetiva de conjunto, o que se oferece neste livro é um exercício assumidamente plural que procura dar conta da riqueza e diversidade de modos de pensar a Economia em Portugal, não a reduzindo a uma disciplina monolítica e fechada.

O pluralismo (ao nível das abordagens, dos métodos e das teorias) encontra boas razões nas limitações do nosso próprio olhar sobre o mundo (Dow, 2008, 2019) e na consequente necessidade de concatenar contributos diversos, de «não desperdiçar o que existe» e de «usar todas as forças» (Neves e Reis, 2019: 16).

Contudo, as tendências para a crescente homogeneização da disciplina no passado recente — também em Portugal, como tem vindo a acontecer no ensino pós-graduado — parecem inquestionáveis. O exercício de investigação sobre a evolução das ideias económicas que aqui se propõe revela uma realidade complexa, com tendências contraditórias.

Uma última nota se impõe. Esta é uma obra coletiva, escrita a várias mãos, exprimindo vozes, sensibilidades, ênfases e entendimentos diversos. É, por isso, ela própria plural na sua diversidade. Por outro lado, os autores dos ensaios incluídos neste livro não são neutros, como as histórias que aqui se apresentam também o não são. Como bem lembrou recentemente o historiador Álvaro Garrido, «[a] história e a memória não são construções neutras ou isentas de conflito», tendo acrescentado que «a escrita da história e os trabalhos da memória são assuntos do presente e por isso se diz que toda a história é contemporânea» (2021). O que neste livro se oferece ao leitor é, na verdade, um conjunto de histórias, que procurámos reconstruir, sobre a Economia que se tem vindo a fazer em Portugal no passado recente. Não sendo neutras, estas histórias são, contudo, assim o esperamos, intelectualmente rigorosas. Cabe ao leitor ajuizar.

Referências bibliográficas

Almodovar, António; Cardoso, J. Luís (1998), *A history of Portuguese economic thought.* Londres; Nova Iorque: Routledge.

Arango, Gabriel Misas (2007), «El Campo de la Economía», *Revista de Economía Institucional,* 9(17): 109–130.

Augello, Massimo; Guidi, Marco; Bientinesi, Fabrizio (2020), «Italian Economics and Fascism: An Institutional View», *in* Massimo Augello, Marco Guidi e Fabrizio Bientinesi (orgs.), *An Institutional History of Italian Economics in the Interwar Period — Volume I: Adapting to the Fascist Regime.* Cham: Palgrave Macmillan, 1–32.

Boianovsky, Mauro (no prelo), «Contributions to Economics From the "Periphery" in Historical Perspective: The Case of Brazil After Mid 20th Century», *in* R. Bielschowsky, M. Boianovsky e M. Coutinho (orgs.), *A History of Brazilian Economic Thought: From Colonial Times Through the Early 21st Century.* Routledge. https://ssrn.com/abstract=4117884.

Bourdieu, Pierre (1976), «Le champ scientifique», *Actes de Ia Recherche en Sciences Sociales,* 2(2/3): 88–104. https://doi.org/10.3406/arss.1976.3454.

Cardoso, José Luís (1997), *Pensar a Economia em Portugal: Digressões Históricas.* Lisboa: Difel.

Cardoso, José Luís (2001), *História do Pensamento Económico Português: Temas e Problemas.* Lisboa: Livros Horizonte.

Dow, Sheila (2008), «A Future for Schools of Thought and Pluralism in Heterodox Economics», *in* J. Harvey e R. Garnett, Jr. (orgs.), *Future Directions for Heterodox Economics.* Ann Arbor, MI: The University of Michigan Press.

Dow, Sheila (2019), «Pluralist economics: Is it scientific?», *in* Samuel Decker, Wolfram Elsner e Svenja Flechtner (orgs.), *Advancing Pluralism in Teaching Economics: International Perspectives on a Textbook Science.* Londres; Nova Iorque: Routledge, 13–30.

Fourcade, Marion (2006), «The Construction of a Global Profession: The Transnationalization of Economics», *American Journal of Sociology,* 112(1): 145–194. https://doi.org/10.1086/502693.

Garrido, Álvaro (2021), «A História da economia e os seus limites», *Público,* Opinião. https://www.publico.pt/2021/07/01/opiniao/opiniao/historia-economia-limites-1968485.

Glick, Thomas (1996), «Science in Twentieth Century Latin America», *in* Leslie Bethell (org.), *Ideas and ideologies in twentieth century Latin America.* Nova Iorque: Cambridge University Press, 287–359.

Hodgson, Geoffrey (2001), *How economics forgot history: the problem of historical specificity in social science*. Londres; Nova Iorque: Routledge.

Llombart Rosa, Vicent (2006), «Realidad nacional y circulación internacional del pensamento económico», *in* Alfonso Sánchez Hormigo (org.), *En la estela de Ernest Lluch. Ensayos sobre historia del pensamiento económico*. Zaragoza: Sansueña, 23–43.

Medina, Eden; Carey, Mark (2020), «New narratives of technology, expertise and environment in Latin America: the cold war and beyond», *in* Andra Chastain e Timothy Lorek (orgs.), *Itineraries of Expertise: Science, Technology, and Environment in Latin America*. Pittsburgh, PA: University of Pittsburgh Press [*e-book*].

Montecinos, Verónica; Markoff, John (2009), *Economists in the Americas*. Cheltenham: Edward Elgar.

Neves, Vítor (2017), «The internationalization of economic ideas. A search for connecting principles», *Iberian Journal of the History of Economic Thought*, 4(1): 63–73. https://doi.org/10.5209/IJHE.56516.

Neves, Vítor (2019), «Ciência, valores e política: como os economistas têm vindo a pensar a Economia em Portugal», *in* Vítor Neves e José Reis (coords.), *A Ciência Económica em Portugal: Uma História Recente*. Coimbra: Almedina, 183–221.

Neves, Vítor; Reis, José (2019), «As ideias económicas em debate», *in* Vítor Neves e José Reis (coords.), *A Ciência Económica em Portugal: Uma História Recente*. Coimbra: Almedina, 9–20.

Oreskes, Naomi (1999), *The Rejection of Continental Drift: Theory and Method in American Earth Science*. Nova Iorque: Oxford University Press.

Oreskes, Naomi (2004), «Science and public policy: what's proof got to do with it?», *Environmental Science & Policy*, 7(5): 369–383. https://doi.org/10.1016/j.envsci.2004.06.002.

Reis, José (2012), «Economics: A social science under pressure», *Portuguese Journal of Social Science*, 11(1): 31–40. https://doi.org/10.1386/pjss.11.1.31_1.

Reis, José (2019), «O GEBEI: Um pensamento económico estruturado na periferia da Europa», *in* Vítor Neves e José Reis (coords.), *A Ciência Económica em Portugal: Uma História Recente*. Coimbra: Almedina, 21–59.

Turchetti, Simone *et al.* (2012), «Introduction: have we ever been "transnational"? Towards a history of science across and beyond borders», *British Journal for the History of Science*, 45(3): 319–336. https://doi.org/10.1017/S0007087412000349.

Capítulo 1
Ideias vivas: os lugares, o movimento e os protagonistas do pensamento económico

José Reis, Vítor Neves e Ana Costa

Introdução

Como é que podemos considerar a Economia enquanto disciplina? Como «uma forma de *expertise* verdadeiramente generalista, definida por técnicas e processos epistemológicos próprios, mais do que pelas suas crenças acerca do modo como o mundo funciona» (Fourcade, 2018: 6), «um conhecimento centrado nos instrumentos, relativamente insensível às variações históricas e geográficas» (Fourcade, 2006: 160)? Ou, pelo contrário, como um universo composto por diversos campos não convergentes, com massas e velocidades diferentes?

Neste texto, adota-se a segunda hipótese. Os campos que é possível identificar correspondem, na verdade, a diferentes modos de formular o «problema económico» que, por isso, disputam a interpretação da vida coletiva e das formas de organização social e política. Tal disputa não é o resultado provisório de maiores ou menores capacidades para obter uma interpretação ou chegar a conclusões, mas, sim, de diferentes conceções. São ontologias e epistemologias diversas. Quer dizer, são modos distintos, próprios, de encarar a realidade, isto é, a vida material, as interações e as instituições, e noções igualmente conflituais acerca do conhecimento e dos seus fundamentos.

As ideias formam-se e circulam. São institucionalmente situadas, têm «lugares» onde se geram, em resposta a problemas que os mesmos suscitam. E circulam entre comunidades epistémicas, difundem-se no plano internacional e influenciam a vida quotidiana e os comportamentos comuns. Mas mesmo esta circulação é situada e guia-se pela pertença a comunidades. Não ocorre necessariamente num chão plano. Por múltiplas razões, os saberes económicos são particularmente relevantes na nossa contemporaneidade e constituem um bom caso de estudo não apenas das questões anteriores, mas também da forma como, em tempos relativamente recentes, se transformou a sua produção e circulação. E como de um quadro em que os vínculos a problemas histórica e geograficamente precisos eram a determinação essencial se passou para um outro em que se tornou mais forte a pressão para a sujeição a noções e instrumentos genéricos, abstratos, resultantes de uma forma redutora de representar o problema económico e, na verdade, de o «governar».

Neste capítulo, tratamos de discutir a Economia como ramo do conhecimento e de refletir sobre a circulação internacional das ideias económicas. Neste último plano, queremos analisar a hipótese da coexistência de um crescente isomorfismo com a persistência de mecanismos que produzem diversidade, que justificam o pluralismo. Defenderemos que é o peso da realidade substantiva, onde se realça a complexidade e a diversidade da vida, e as dinâmicas próprias das ideias, através do que vamos chamar «afinidades eletivas», que ajudam a compreender porque há uma resistência à homogeneização. As «afinidades eletivas» são escolhas intelectuais dentro dos campos estabelecidos no universo plural das ideias económicas através das quais se adere a formas de representar a realidade e o problema económico e aos conceitos aí presentes.

Portugal é, para esta finalidade, importante. Por isso, discutiremos como, ao contrário de uma ideia comum, mas errada, persiste uma diversidade de modos de encarar a Economia e o sistema económico e como, embora sob influências poderosas, isso reflete não só o debate dos dias de hoje como uma matriz de formas de pensamento cujo mapa é possível reconstituir identificando problemas e protagonistas que são do nosso tempo. Também neste plano podemos procurar compreender porque é que, em várias aceções da expressão, Portugal é uma «periferia persistente». A complexidade da vida material de uma sociedade de características intermédias (nem central nem periférica), a sua consolidação como periferia europeia e o facto de ter sempre desempenhado «funções de intermediação»[1] relativamente aos países centrais mostram essa persistência de modos de desenvolvimento e organização muito próprios. Ora, isso não está desligado de uma também continuada pressão intelectual para refletir tal materialidade nas formas de pensar a Economia e de a conceber como campo científico. E assim tem sido.

[1] Referimo-nos ao modo como, pela emigração, se liga aos mercados de trabalho de outros países, como, pela importação de bens, lhes oferece a ampliação dos seus mercados de bens e como, pelo endividamento, lhes possibilita a reciclagem de excedentes financeiros (Reis, 2018: 74–76).

1. As ideias económicas: um universo plural composto por diversos campos

Assumimos então que

> há um «universo» das ideias económicas formado por uma pluralidade de «campos epistemológicos» autónomos, conflituais e não convergentes, em que alguns privilegiam a análise da vida material, histórica e geograficamente situada, enquanto outros são insensíveis ao tempo e ao espaço, sendo também portadores de uma normatividade autossuficiente. (Reis, 2019: 33)

Tal universo é hierárquico, assenta em poderes diferentes e, por isso, comporta diferentes capacidades de influência. Tem centros e periferias. Mas também podemos dizer que tem vários centros e várias periferias, pois a resistência à homogeneização e à integração hierárquica é persistente. É possível, por isso, encontrar vários campos estruturados. Esses campos são autónomos, conflituais e não convergentes. Não se distinguem pelo maior ou menor grau de complexidade e de aproximação ao que pretendem representar, mas, sim, pela forma como o concebem, isto é, pelo modo como formulam a economia e o problema económico. Foi Pierre Bourdieu (1981) quem deu um sentido preciso à noção de campo enquanto espaço de validação e legitimação da ação e da representação. Com o acréscimo de que, neste caso, à condição, já de si poderosa, de espaço simbólico se tem de juntar a de espaço material, onde se criam *habitus*.

A teoria neoclássica — ou, para sermos mais rigorosos, os princípios em que tal teoria se funda — tornou-se o que podemos designar, por facilidade, o núcleo canónico da Economia. É, sem dúvida, um dos seus centros. E até o mais poderoso. O que melhor a caracteriza é a limitação da economia e das interações económicas ao jogo das transações individuais e da sua determinação por critérios de racionalidade maximizadores de utilidades singulares, que assim estabelecem equilíbrios. Individualismo, racionalidade formal e otimização — eis as palavras-chave desta abordagem. Essas interações, por si mesmas, constituem e definem integralmente os mercados. A economia e a sociedade, quando não são consideradas exógenas, são representáveis apenas enquanto mercados. Uma das características da economia neoclássica é a sua autossuficiência e, dizem alguns (em aceções muito diferentes, Stigler, 1984, por um lado, Fine, 2000, por outro, e Coase, 1978, ainda por outro), o seu imperialismo. Autossuficiência, porque o quadro conceptual e analítico que estabelece lhe permite, no seu entender, explicar inteiramente o que se passa, rejeitando para o campo do não económico ou da irracionalidade o que não caiba em tal explicação. Imperialista, porque considera que todas as interações entre indivíduos, mesmo as que são de outras esferas da vida, são legíveis através daquela interpretação.[2]

Evidentemente que este corpo canónico tão irreal tem sido objeto de «afinações», como as que resultam da introdução de hipóteses de concorrência imperfeita, de informação assimétrica ou de racionalidade limitada. Mas acontece que o núcleo conceptual fundamental subsiste e, no essencial, ele considera que os aspetos coletivos da vida podem ser vistos como agregações das ações individuais. A sua metodologia é radicalmente individualista. Mas isto não quer dizer que os seus cultores não reconheçam desde há muito que, para os modelos terem alguma relação com a realidade, é preciso configurar as sociedades segundo tais visões. Por isso, uma das suas evoluções mais recentes é a que consiste num grande ativismo teórico e político no sentido de que as instituições sejam compatíveis e facilitadoras das interações individuais e da lógica individualista. Nisto consiste o que se tem chamado neoliberalismo, ou seja, o conjunto de prescrições políticas que se vieram juntar à síntese neoclássica, cooptando o Estado, isto é, para que a ação pública, em vez de ser a esfera do interesse coletivo e dos valores que se querem comuns, seja o lugar da configuração da sociedade e da economia segundo os interesses dos poderosos e da circulação de capital (Rodrigues, 2022).

A pluralidade e a diversidade do universo da Economia reconstituem-se quando se identificam as grandes linhas de rutura. Elas são interpretativas, conceituais e fundam-se em diferentes raízes ontológicas (Dow, 2019). Apenas a título ilustrativo, observem-se três campos: o keynesiano e pós-keynesiano, o institucionalista e o da teoria da regulação. É isto que leva a que, na síntese de várias intuições, possamos falar de Economia Política.

[2] O melhor exemplo é a obra de Gary Becker, laureado com o Prémio Nobel da Economia (na realidade, o Prémio do Banco da Suécia para as Ciências Económicas em Memória de Alfred Nobel). Por exemplo: Gary Becker (1968), acerca da abordagem económica do crime, Gary Becker (1991), acerca da família, Gary Becker (1996) sobre os gostos e, em geral, Gary Becker (1976). Para uma apreciação mais ampla, cf. Uskali Mäki (2009).
No mesmo sentido se podem considerar as análises económicas da democracia de Anthony Downs (1957), James Buchanan e Gordon Tullock (1999 [1962]) ou Mancur Olson (1965).
De acordo com Ralph William Souter: «A salvação da Ciência Económica no século xx reside num "imperialismo económico" esclarecido e democrático que invade o território dos seus vizinhos, não para os escravizar ou para os engolir, mas para os ajudar e enriquecê-los e promover o seu crescimento autónomo no próprio processo de ajuda e enriquecimento» (Souter, 1933: 94).

No primeiro destes campos, assume-se o argumento originário de Keynes de que a procura efetiva é o determinante principal das dinâmicas económicas, rejeita-se o individualismo próprio da economia *mainstream* e valoriza-se a incerteza e a conflitualidade social. Isto conduz a uma análise dos comportamentos humanos baseada nas convenções incrustadas em contextos institucionais específicos. São as interações sociais que dão lugar a diferentes regimes macroeconómicos.[3] Encontramo-nos, pois, perante o essencial da visão keynesiana: a ideia de que há, por norma, desequilíbrios — desemprego, desde logo, mas também quanto à oferta de moeda e de crédito, ou à oferta de bens e serviços. Daí resulta uma segunda distinção: os desequilíbrios não só não legitimam os pressupostos acerca da ação individual como justificam a consideração da esfera pública. As políticas públicas fazem parte do problema económico e da representação da economia. Por isso, a perspetiva pós-keynesiana insiste nas questões estruturais da sociedade e das decisões económicas e trata da distribuição do rendimento e de problemas com a formação da procura agregada e insiste, sobretudo, na ideia de que as decisões económicas são tomadas em contexto de incerteza radical. O problema económico tem, por tudo isto, de ser representado em estreita relação com o social e o político, com as instituições e com o Estado.[4]

As abordagens institucionalistas, por sua vez, contrapõem as instituições ao pressuposto individualista, afirmando que elas contam na vida material. Mas fazem-no de dois modos diferentes. O que se tornou dominante e quase canónico é a ideia de que as «instituições são as regras do jogo numa sociedade ou, mais formalmente, são os constrangimentos humanamente concebidos que moldam a interação humana. Em consequência, estruturam incentivos no intercâmbio humano, sejam eles políticos, sociais ou económicos» (North, 1990: 3). Mas uma velha tradição institucionalista, firmada ainda em finais do século XIX e confirmada no primeiro quartel do século XX, é a que supõe que as instituições

> são princípios de ação subjacentes ao atual esquema de vida económica e, como tal, enquanto motivos práticos de conduta, não devem ser postos em

[3] É esta a forma como a Post-Keynesian Economics Society se apresenta em: https://www.postkeynesian.net/post-keynesian-economics.

[4] Não vem agora ao caso discutir-se a questão levantada pela «síntese neoclássica» quando quis compatibilizar a sua microeconomia (equilíbrio, racionalidade e otimização) com a macroeconomia keynesiana, tendo em vista os desequilíbrios e as crises que atingiam as sociedades. Nem vem também ao caso referir os chamados novos keynesianos, que assumiram os pressupostos microeconómicos da fricção, rigidez ou assimetria de informação.

> causa sem questionar a lei e a ordem existentes. Como é óbvio, os homens ordenam as suas vidas por estes princípios e, na prática, não questionam a sua estabilidade e finalidade. (Veblen, 1909: 626)

Quer dizer, em lugar de instituições que são entidades exteriores que configuram a ação dos indivíduos e as tornam mais previsíveis e seguras, temos a noção de que elas são parte da ação coletiva, da conflitualidade e da ordem, sendo, portanto, um elemento central de cada forma de organização social.

A teoria da regulação partilha o pressuposto de que à ideia de equilíbrio se contrapõe a de incerteza, instabilidade e crise, nisto consistindo a noção de que as economias são necessariamente objeto de «regulação»: «o estudo das crises estruturais de regimes socioeconómicos anteriormente bem-sucedidos é o complemento necessário para a análise do seu aparecimento e amadurecimento» (Boyer, 2017: 382).

A teoria da regulação constitui uma já longa tradição intelectual, conceptual e analítica. Encontramos aí um autor e um livro fundador: Michel Aglietta (1976), *Régulation et Crises du Capitalisme*. Encontramos uma instituição: o CEPREMAP.[5] E encontramos um autor central, Robert Boyer, desde *Accumulation, Inflation, Crises* (Boyer e Mistral, 1978), até *Économie Politique des Capitalismes: théorie de la régulation et des crises* (Boyer, 2015). Mais recentemente, um outro livro, dirigido por Aglietta e destinado a pensar «os tempos das ruturas» sob o capitalismo, relembra-nos como uma boa compreensão da história continua a dar-nos «os ensinamentos [que] rejeitam categoricamente a noção de economia pura» (Aglietta, 2019: 20).

Esta é, pois, uma aproximação que trata tanto dos modos de regulação do capitalismo, isto é, das formas de estabilização e evolução das suas lógicas, quanto da desestabilização, quer dizer, das convulsões que recorrentemente afetam este sistema. Por isso, a teoria da regulação dá conta, simultaneamente, dos fatores que asseguram a existência de um modo de regulação e de um regime de acumulação e daqueles que contribuem para a sua

[5] O Centre d'Études Prospectives d'Économie Mathématique Appliquées à la Planification, fundado em 1967, inicialmente ligado à administração pública e, em especial, ao Comissariado do Plano, integrou várias unidades de investigação e foi a sede principal daquela que ficaria conhecida como a Escola Francesa da Regulação. Em 2005, foi designado Centre pour la Recherche Économique et ses Applications, conservando a sigla CEPREMAP, e é uma associação sob tutela do Ministério da Investigação, integrada no laboratório Paris-Jourdan Sciences Economiques.

desestabilização (Boyer, 2015: 80). A ideia essencial consiste no facto de se pensar que «o crescimento não é o resultado garantido da aplicação do progresso técnico, mas a expressão da coerência de um conjunto de formas institucionais» (2015: 81). Por isso, procura-se responder à questão da viabilidade e da variabilidade do capitalismo: «Face à multiplicidade das formas institucionais que estão no centro da economia capitalista, quais são os mecanismos suscetíveis de lhe assegurar coerência e viabilidade durante algum tempo?» (2015: 33). Esta é a questão central da teoria da regulação, para a qual se assume «uma propriedade geral»: «o próprio sucesso de um modo de desenvolvimento suscita uma série de transformações estruturais que acabam por o desestabilizar» (2015: 89).

O que subjaz a estas perspetivas é a visão do mundo e a realidade ontológica que lhes interessa. Desde logo, todas elas supõem que o económico não é separável do social e do político e, portanto, da história. Há questões de organização coletiva que são tão constituintes do sistema económico como as interações individuais. E o indivíduo não é idealizável como uma entidade perfeita, completa e autossuficiente. A rejeição da microeconomia neoclássica e do pressuposto de que os fundamentos da macroeconomia são microeconómicos é, portanto, o primeiro passo dado por estas formas de pensar a realidade.

Ao apontar-se a pluralidade e a diversidade do universo da Economia e ao identificarem-se as grandes linhas de rutura entre a abordagem dominante e os demais campos onde se inscreve uma abordagem própria da Economia abre-se espaço para o que podemos designar por «Economia Política» e que entendemos como «o domínio científico que se dedica à análise dos processos e resultados económicos nos contextos institucionais, históricos e geográficos respetivos, entendendo os fenómenos económicos como sendo eminentemente configurados por fatores de ordem social, política, jurídica, cultural, tecnológica e ecológica».[6] É este, aliás, o espaço de discussão que reconhecemos como próprio deste livro.

2. Do isomorfismo às «afinidades eletivas»

Uma das formas de entender a difusão e consolidação do conhecimento é supor que este resulta da descoberta ou da acumulação progressiva de saberes unívocos, indiscutíveis e alheios a qualquer controvérsia por serem científicos.

[6] Esta é a definição contida na declaração de princípios da Associação Portuguesa de Economia Política, disponível em: https://www.economiapolitica.pt/sobre.

Nesse sentido, as diferentes comunidades participantes desse saber contribuem e convergem para um mesmo campo de conhecimento, sendo parte integrante dele. Quando isso não acontece é porque estamos perante atitudes recalcitrantes. A ideia de cientificidade da Economia é tributária desta ideia e assenta na convicção de que a formação e circulação de ideias é isomórfica. Uma vez formado o núcleo mais avançado do conhecimento económico, ele difunde-se, circula entre comunidades e é adotado por todas, visto que corresponde à melhor sabedoria possível.

Esta posição está amplamente presente no conhecimento económico e, no fundo, é a que a visão canónica perfilha e reclama. As citações de Marion Fourcade feitas na Introdução deste capítulo pressupõem que é esta a perspetiva que importa analisar, visto que a Economia seria essencialmente um conhecimento instrumental, em que o mundo e as diferentes realidades substantivas pouco interfeririam.

As hipóteses isomórficas são, contudo, pouco razoáveis se tomarmos em conta a presença de múltiplas formas de entender o económico e de estabelecer o núcleo essencial de conhecimentos que o representam. Afinal, é sobre a sociedade, isto é, sobre os espaços da vida, que a Economia deve incidir. E eles são radicalmente diversos, contingentes e incertos. Aquelas hipóteses são ainda muito menos razoáveis se tomarmos em consideração as indisfarçáveis controvérsias que perpassam pela Economia, quer em momentos de afluência, quer sobretudo em momentos de turbulência, quando há crises ou quando está em causa tomar decisões essenciais sobre o caminho que uma sociedade deve tomar.[7] Isso começa, como já vimos, na definição do próprio objeto da Economia. Foi o que se procurou deixar claro na secção anterior, quando tratámos do universo das ideias económicas composto por vários campos. Por isso, colocamos aqui uma hipótese rival das anteriores: a circulação de ideias faz-se através de afinidades eletivas. Visto que o universo tem vários campos, «as afinidades eletivas correspondem, portanto, e em primeiro lugar, a uma "escolha" relacional entre várias escolhas possíveis» (Reis, 2019: 34). O que permite estabelecer a ideia de afinidades eletivas é, evidentemente, o desenho do universo da Economia como conjunto de campos. Se o universo correspondesse a um único campo, a questão não se colocava.

[7] Foi, quanto a este último caso, o que aconteceu em Portugal no pós-25 de Abril (questão que se trata noutro capítulo deste livro). E, quanto às crises, basta lembrar todos os debates sobre a natureza da crise da década de 2010.

Ao observarmos a história, torna-se claro que estivemos frequentemente perante diversos campos com tradições, opções epistemológicas e maneiras de formular o problema económico muito diversas. Hoje mesmo, apesar da presença de um campo dominante dotado de grande poder académico, institucional e comunicacional, isso também acontece. Perante isto, quais são as condições que conduzem a uma opção, à formulação de uma afinidade? Quais serão os termos substantivos que levam a isso?

Não considerando uma eventual hipótese «eclética», segundo a qual um determinado problema justifica uma determinada aproximação, enquanto um outro, diferente, justifica outra (o que nalguns casos até fará sentido), a nossa perspetiva privilegia o pressuposto de que as escolhas são epistemológica e ontologicamente determinadas. A conceção sobre o mundo[8] e sobre o conhecimento e a sua validade (o que é o económico e como se compreende o económico) e as dimensões da vida que se pretendem estudar, designadamente quando estas são entendidas de forma plural e complexa, constituem o ponto de partida para a escolha de um campo e não de outro. Quer dizer, é a representação que se assume da realidade substantiva e da sua apropriação sob a forma de conhecimento que é essencial. Esta é uma razão de primeira ordem. Se a economia é o campo da vida material onde se conjugam interações de pessoas concretas, histórica, geográfica, política e socialmente situadas, que agem com motivações complexas e diversas e supõem um contexto institucional e de poder precisos, eles próprios construídos, então não será possível isolar das restantes razões uma suposta racionalidade económica maximizadora de uma qualquer função objetivo, nem assumir a suficiência da informação que cada ator dispõe nem deduzir a partir dos interesses individuais um quadro estabilizado pelos equilíbrios a que, desse modo, necessariamente se chega. A inserção da economia no tempo e no espaço que lhe são próprios, as circunstâncias que transcendem o individual, o jogo de relações dos indivíduos e das suas culturas com as relações de que são parte — e que consolidam ou alteram instituições —, os resultados que daí derivam, expressos em continuidades ou ruturas, equilíbrios ou desequilíbrios, assim como as finalidades que se podem atribuir à ação coletiva, tudo isto é que determinará as afinidades de quem dê valor a todas estas dimensões. Inversamente, quem pense que o económico se destaca do resto e ache que as razões essenciais estão na esfera singular de cada um, quem assuma que, não obstante,

[8] *The way the world works*, de que fala Uskali Mäki (2001).

há princípios universais que unificam essas esferas e que eles são a chave de soluções estáveis terá outras afinidades.

Ainda assim, surgirão razões de segunda ordem que encaminharão as escolhas. Elas têm que ver com as circunstâncias histórico-espaciais concretas dos problemas económicos, designadamente dos emergentes. O mundo estrutura-se em centros, periferias e semiperiferias. E segundo culturas e contextos institucionais muito diversos. E é confrontado com problemas novos e, até dado momento, insuspeitos. Ora, esta materialidade diferenciada no espaço e no tempo é certamente um dado relevante nas escolhas, na definição das afinidades eletivas. E a razão para isso é que cada circunstância desencadeia um tipo específico de problema económico.

Tal escolha pode ter diferentes razões: pode ser uma adesão liminar, estabelecida, à partida, a um campo emergente ou institucionalizado ou pode ser uma migração de um campo prévio; pode ser uma escolha num quadro de poder e assimilação; pode ser uma ação comandada por opções de divergência e dissensão relativamente ao campo dominante e determinada pela consciência da existência e da reprodução de um quadro plural e pluralista; pode ser, finalmente, o resultado de um processo de socialização e determinação contextual.

Vejamos agora que critérios podemos usar para perceber a construção de afinidades eletivas. O primeiro deverá ser o da formulação do problema e da delimitação do que é económico. O segundo é o da finalidade do processo ou da ação económica. E o terceiro consiste no uso que se pretende atribuir ao conhecimento alcançado.

Mesmo quando se assume que qualquer matéria que se pretenda estudar na economia será sempre relacional e complexa, ela pode ser delimitada de várias maneiras. Por exemplo, como questão que ocorre no campo da racionalidade, das subjetividades, das preferências e dos interesses individuais ou como algo que tem uma incrustação em dimensões que estão para lá do indivíduo, sem o excluir.

Defendemos que o universo das ideias económicas é composto por vários campos autónomos, conflituais e não convergentes, que representam epistemologias e ontologias diversas. A estes campos correspondem formas diferentes de representar e formular o problema económico e de o determinar. Podemos entender estes campos de ideias como incomensuráveis e incomparáveis (Chang, 1997; Richardson, 1997; Costa, 2008). A perspetiva segue de perto a análise de Clift (2014), que se apropria de Kuhn (1970) e do seu conceito de «paradigmas científicos» para falar de «paradigmas de política», conceito mais à frente explicitado. Tomar estes campos de ideias como incomensuráveis e incomparáveis não significa, porém, que não possam ser objeto de julgamento e de avaliação crítica, aspeto que também será alvo da nossa atenção.

3. Ideias económicas, hegemonia e políticas

Vejamos, então, como lidar com a hipótese de que um crescente isomorfismo coexiste com a persistência de mecanismos que produzem diversidade. Consideremos agora este objetivo por referência à relação entre ideias económicas, discursos e políticas. Trata-se de compreender como os vários campos que compõem o universo das ideias económicas, e se estruturam hierarquicamente, disputam a interpretação da vida coletiva e das formas de organização social e política. Isso supõe que se considerem os processos segundo os quais certos campos se tornam hegemónicos, mesmo que apenas provisória e parcialmente. Considera-se, pois, que a forma estruturante que se estabelece entre os vários campos de ideias económicas é a de uma *relação hegemónica limitada*.

Perante isto, a consideração da relação entre ideias económicas, discursos e políticas requer que se compreenda a circulação internacional de ideias económicas e que se fale de lugares e de movimento, mas também de protagonistas dos processos de produção de conhecimento económico. Estes protagonistas são quase sempre comunidades intelectuais, por contraponto a indivíduos, mas também, muitas vezes, atores políticos. Instituições como o Fundo Monetário Internacional (FMI), o Banco Central Europeu (BCE), a Comissão Europeia (CE), os bancos centrais, ou diferentes jurisdições da administração pública têm sido recorrentemente interpretadas na literatura da economia política internacional e da economia política comparada como instâncias do movimento das ideias e do modo como as ideias influenciam a vida quotidiana (Blyth, 1997, 2011; Béland e Cox, 2011; Hay, 2011; Clift 2014, 2018). Emergem na confluência entre investigação económica e tomada de decisão política. Não se trata, porém, de conceber esta relação em termos de adesão direta a uma certa formulação do problema económico, a uma teoria ou a um modelo económico. Esta relação é complexa. Em primeiro lugar, a tomada de decisão política define-se tendo por referência diversas contingências, bem como a ação de diferentes forças sociais, económicas e políticas e interesses variados, que entre si estabelecem relações de concorrência, conflito, negociação ou cooperação. A referência a instituições como as acima mencionadas, mesmo que circunscritas aos seus departamentos de investigação, requer que se reconheça que a mobilização de certos discursos e a adesão a certas políticas não se esgota na controvérsia teórica entre diferentes campos de ideias económicas. Em segundo lugar, as políticas são, elas próprias, também objeto de disputa, sendo-lhes atribuídos distintos significados, alcances e formas por diferentes campos de ideias e discursos económicos. Estes campos podem coexistir no seio das mesmas organizações como subculturas.

É por isso que, em diferentes lugares deste livro, quando se faz referência a processos de emergência, afirmação e consolidação, mas também de assimilação e de resistência, de jurisdições diversas, se mostra como para compreender estes processos é importante analisar o modo como estas jurisdições se vão distinguindo em termos de poder, recursos, léxicos, modos de credenciação, ou redes de colaboração com comunidades intelectuais diversas. Simultaneamente, a hegemonia que certos campos de ideias e discursos económicos experimentam, mesmo que apenas provisória e parcialmente, como já referido, relaciona-se com o modo como estes campos, constituindo-se em sistemas de produção, mobilizam léxicos e metodologias diversas, acedem a recursos, financeiros e outros, sustentam certos mecanismos de credenciação, influenciam o espaço mediático, ou estabelecem redes de colaboração institucional (A. S. Nunes, 1977). É por referência a esta dinâmica que a relação entre ideias económicas, discursos e políticas é considerada.

Outra dimensão constituinte daquela relação é a da porosidade de esferas, como a academia, jurisdições diversas da administração pública e privada, a nível nacional e internacional, ou meios de comunicação social. Na verdade, os economistas circulam frequentemente entre estas diferentes esferas, podendo ser académicos, mas também especialistas e/ou consultores em importantes organizações internacionais e nacionais, decisores políticos com atuação em diferentes jurisdições, como bancos centrais ou ministérios das finanças, membros de administração de grupos económicos e fazedores de opinião pública.

Vários autores têm procurado explicitar os processos que subjazem ao domínio de certas ideias (Blyth, 1997; Babb, 2007; Seabrooke, 2007; Béland e Cox, 2011; Gabor, 2011; Hay, 2011; Clift 2018). Da variedade de análises ressalta o acentuar de que as ideias económicas mais influentes parecem ser aquelas que, transpondo a esfera académica, mais contaminam a vida política e que oferecem uma grelha interpretativa dos problemas que se generalizam e um léxico comum (Blyth, 2007; Dewey, 2008 [1933]). É tendo esta discussão como pano de fundo que se considera a circulação internacional de ideias económicas, perspetivando este movimento como parte integrante do processo de afirmação dessas ideias. A difusão e circulação internacional de ideias é multiforme: circulam ideias, atores, discursos, instituições (Fourcade, 2006). As ideias estão inscritas necessariamente em políticas, em programas, e influenciam, muitas vezes, a definição da agenda de instituições internacionais, como o FMI ou a CE, e nacionais, como os bancos centrais.

O movimento de ideias económicas está, no entanto, sujeito a um processo de incrustação institucional — as ideias circulam, difundem-se internacionalmente e são objeto de reinterpretação e de apropriação em locais diferentes (Campbell, 2002; Ban, 2013). Esta perspetiva, presente, em geral, em abordagens de autores influenciados pela corrente do institucionalismo, tem assinalado a enorme diversidade e heterogeneidade institucional que se constata em casos nacionais. Para Campbell (2002), por exemplo, as ideias são «institucionalizadas» no processo de circulação internacional, sendo transpostas para um nível que remete para as práticas nacionais e locais e para as instituições aí prevalecentes. A par de processos isomórficos em contextos de assimilação e de afirmação de jurisdições influentes, existe e persiste uma enorme variedade em função da diversidade das práticas nacionais e locais, da sua história e dos contextos institucionais. Nesta linha, Ban (2013) assinala mesmo a relevância de estudos de casos nacionais que não se inscrevam apenas no modelo de difusão do centro produtor de conhecimentos, o Norte, para a periferia e/ou semiperiferia, o Sul, mas que mostrem formas horizontais de difusão e circulação de ideias.

A relação entre o movimento de ideias económicas e os processos de hegemonia ideológica e de criação de consentimento em torno de certas políticas estabelece-se, frequentemente, por intermédio de mecanismos de causalidade circular cumulativa. Como nota Fourcade (2006), a difusão mais alargada de certas ideias e das formas materiais que lhe podem estar associadas — como dispositivos de apoio à tomada de decisão pública (vejam-se os exemplos da análise custo-benefício ou da avaliação de impacto ambiental) — constitui-se como fonte da sua própria legitimação e, por conseguinte, da sua crescente adoção e difusão.

4. Comunidades epistémicas

O entendimento sobre como é que certas coligações de ideias económicas, discursos e políticas se tornam dominantes e sobre os processos de reprodução institucional que lhes estão subjacentes tem dado ênfase a aspetos como a circulação internacional de ideias e a sua natureza multiforme ou como a porosidade patente entre várias esferas de produção de conhecimento económico, já aqui referidos.

O conceito de *paradigmas de política* aponta para campos de ideias económicas a que correspondem certos entendimentos sobre o modo como a economia funciona e/ou deveria funcionar e para a influência que exercem na fixação de limites sobre o que se considera possível e/ou imaginável em termos de respostas de política (Campbell, 2002; Blyth, 2007, 2011; Clift, 2014). Já o conceito de *regimes de conhecimento* assinala os atores, as organizações ou as instituições determinantes na produção e disseminação de certas ideias — seja sob a forma de produção de informação, teorias, ou recomendações de política — com influência na tomada de decisão política (Campbell e Pedersen, 2011).

Por sua vez, o conceito de *comunidade epistémica* desloca o foco das ideias económicas para os atores e para as esferas em que circulam — a comunidade académica dos economistas, os especialistas e/ou técnicos de organizações internacionais, os decisores políticos, os jornalistas, ou os cidadãos —, entendendo-os como uma comunidade heterogénea, composta por atores diversos, que, no entanto, partilham uma determinada infraestrutura cognitiva e uma certa visão do mundo. Crenças, teorias, valores, certas formas de entender os problemas e de os representar, assim como dispositivos de apoio à tomada de decisão pública, farão parte desta visão do mundo que se entende como consensual entre os membros de uma determinada comunidade epistémica (Fourcade, 2006; Hirschman e Berman, 2014).

Nesta linha, alguns autores têm mesmo vindo a fazer referência ao neoliberalismo como uma comunidade epistémica, «"um pensamento coletivo", que integra alguns economistas, mas também decisores políticos, empresários e outros atores influentes» (Mirowski e Plehwe, 2009 *apud* Hirschman e Berman, 2014: 784).

Além desta pulverização de conceitos[9] e do que cada um conseguirá desvendar, ou, pelo contrário, tenderá a tornar invisível, sobressai a perspetiva comum de atender aos processos de hegemonia ideológica enquanto processos contestáveis e histórica e politicamente construídos (Béland e Cox, 2011; Clift, 2014).

[9] Veja-se ainda o conceito de «coligação» ou «conluio de discurso» (Hajer, 2006; Gabor, 2011), que dá relevo ao poder hegemónico que certas narrativas de política podem assumir e como isso enforma as práticas institucionais ao nível de certos grupos ou organizações.

Não perdendo de vista o objetivo central deste capítulo de analisar a hipótese da coexistência de um crescente isomorfismo com a persistência de mecanismos produtores de diversidade, justificar-se-ia que se inquirisse sobre o modo como conceitos como o de *comunidade epistémica* respondem a este debate. Um primeiro aspeto a assinalar é que o conceito parece estar mais bem equipado para explicar os mecanismos que contribuem para que certas visões do mundo se tornem consensuais e hegemónicas, com uma atenção especial aos atores e processos institucionais, do que para dar conta da presença de uma pluralidade de formas de entender e representar o económico. É afinal aos processos de hegemonia ideológica que estes conceitos procuram responder. Conceitos como o de *comunidade epistémica* constituem-se, fundamentalmente, por referência a espaços de poder.

Reconhecendo que o universo das ideias económicas é hierárquico e que desta forma a produção de conhecimento e de discurso económico e a influência sobre o desenho de políticas se processam em condições muito desiguais e com uma capacidade de determinação da vida quotidiana muito diferenciada, a hipótese que avançámos foi que esta relação hegemónica é limitada.

Trata-se então de compreender como é que o conceito de *comunidade epistémica* pode ser expandido no sentido de integrar aquela relação entre diferentes coligações de ideias económicas, discursos e políticas. Três condições parecem surgir como necessárias.[10]

A primeira condição implica que se atenda à heterogeneidade e plasticidade da própria *comunidade epistémica*. Esta comunidade, que é heterogénea nos atores que a compõem, pode conter e ter de acomodar uma diversidade crescente nas ideias que integra e nos interesses que são percecionados como relevantes pelos próprios atores.

A segunda pressupõe que se considere a natureza das relações entre diferentes campos de ideias e discursos económicos, bem como a possibilidade de efeitos de retroatividade. Questões como as seguintes são críticas: Prevalecerá uma relação de incomunicabilidade entre vários campos de ideias e discursos económicos? Até onde a existência de uma pluralidade de campos de ideias económicas intervém no processo de afirmação e de hegemonia de certas ideias? Como se expressam a divergência e a resistência de certos

[10] A consideração destas condições fundamenta-se numa perspetiva informada pela corrente teórica do pragmatismo-institucionalismo, onde se destaca o contributo pioneiro de autores como John Dewey e Thorstein Veblen sobre a relação entre hábito, deliberação e linguagem (Dewey, 1930 [1922], 1958 [1929], 2008 [1933]; Johnson, 2014). Para uma apreciação mais ampla da corrente teórica do pragmatismo-institucionalismo, ver Costa e Caldas (2011).

campos num contexto de poder e de assimilação? Que influência se poderá deduzir da existência de vários campos de ideias e de discursos económicos na dinâmica de evolução de diferentes jurisdições, na sua afirmação, consolidação e expansão, ou no seu declínio, assimilação e resistência?

A terceira requer uma visão mais substantiva sobre as ideias e os discursos económicos e a natureza das políticas que influenciam. Significa isto que não podendo os vários campos de ideias ser confrontados com um «mundo real», que está em permanente transformação e em relação ao qual não são exteriores, só poderão ser comparados e confrontados com outros campos alternativos de ideias. Esta comparação não se estabelece, porém, de um modo abstrato, mas, sim, pela consideração das consequências que deles pode decorrer na ação. É por isso que esta avaliação implica uma visão substantiva sobre os processos e resultados económicos, bem como a abertura desta reflexão a atores diversos, inquirindo sobre as condições para uma participação efetiva no debate e sobre os limites da persuasão na formação de opinião pública,[11] com destaque para o papel das elites políticas, dos jornalistas e dos economistas enquanto especialistas, criando enfim condições para o reforço da democracia. Tratar-se-ia de perceber como esta visão substantiva e a abertura poderiam ter influência no próprio processo de produção de conhecimento económico para o qual contribuem os vários campos de ideias.

5. As relações centro-periferia: a ideia de «periferia intelectual»

Rejeitámos, nas secções anteriores, a tese de que as ideias económicas circulam de forma isomórfica, num processo de progressiva homogeneização do conhecimento. Propusemos, pelo contrário, a hipótese de que a Economia é um universo plural no qual ideias e práticas circulam por «afinidades eletivas», num processo onde campos diversos se vão estruturando hierarquicamente em centros, periferias e semiperiferias. É um processo cujas características importa esclarecer, desde logo, clarificando o significado dos termos «centro», «periferia» e «semiperiferia».

Estes termos são frequentemente usados para classificar as realidades económicas, políticas e intelectuais de países e regiões, mas o seu significado preciso nem sempre é devidamente explicitado (Gavroglu *et al.*, 2008). No entanto, esta perspetiva tem sido tratada com bastante profundidade

[11] Billig (1996 [1987]) e Boulding (1997 [1961], 2013 [1989]) são referências que merecem ser assinaladas sobre o uso da retórica e os limites da persuasão.

e amplitude em Portugal desde há muito (B. S. Santos, 1993), sendo também objeto de reflexões recentes (A. Santos e Reis, 2018).

Em geral, a generalização da distinção centro-periferia tem vindo a ser utilizada para expressar a ideia de uma diferenciação entre «um centro denso de atividade especialmente importante para o desempenho de um sistema como um todo e uma área mais dispersa que é fortemente influenciada pelo núcleo desse sistema, mas menos influente na determinação do seu desempenho geral» (Davis, 2019: 409).

De acordo com esta perspetiva, o centro e a periferia estariam ligados entre si por uma relação hierárquica, em que o centro domina a periferia e, ao mesmo tempo, determina o comportamento geral do todo, em grande medida independente do que acontece na periferia. É uma definição que, quando aplicada às disciplinas, como acontece no caso da Economia, pode ter uma leitura geográfica (e essa tem sido a perspetiva dominante nos estudos sobre os processos de circulação internacional das ideias económicas), mas que envolve também uma dimensão de poder.

Segundo Almodovar e Cardoso (1998) e Cardoso (2002), um país é periférico no mapa da ciência económica se ocupa uma posição permanente ou quase permanente de subordinação, nunca alcançando a linha da frente da criação de teorias económicas, ou aproximando-se desta apenas muito episodicamente.[12] As relações intelectuais entre o centro e a periferia, como sublinharam também Bastien e Cardoso (2003), são relações assimétricas em que a influência em sentido inverso, da periferia para o centro, raramente acontece.

Uma tal abordagem é útil, mas exige alguma elaboração. Desde logo, uma distinção que reduza as relações centro-periferia a dois polos tem de ser rejeitada. Bastien e Cardoso sugerem que alguns países se distinguirão pela «disposição para aceitar influências de ambos os lados, preservando um certo grau de autonomia e identidade» (2003: 39). Uma terceira categoria — semiperiferia — será assim necessária para dar conta das situações intermédias entre os dois extremos («centro» e «periferia»).

Apoiando-nos em Uskali Mäki (1996), podemos dizer que identificar um país como parte da periferia ou da semiperiferia intelectual do sistema mundial de produção de conhecimento, no âmbito da Economia, num determinado período de tempo, dependerá, em simultâneo: (i) da sua propensão

[12] Pressupõe-se aqui, evidentemente, uma universalidade das teorias económicas que é questionável.

para importar ideias; (ii) do desfasamento de tempo entre a adoção de ideias no país de origem e no país importador; (iii) do grau de modificação (apropriação) de ideias no país importador; (iv) da disposição do país em aceitar influências de ambos os lados; e (v) do seu grau de autonomia e identidade.

A classificação de um país como periférico ou semiperiférico não tem assim que ver, simplesmente, com o ser um importador ou exportador líquido de ideias. Interessa analisar em que medida o país se comporta como um «recetor ativo», isto é, analisar *como* o que foi recebido foi ativamente apropriado (Gavroglu *et al.*, 2008) e também a contribuição específica do país recetor e a sua capacidade para exercer influência no exterior (V. Neves, 2017). Termos como «transmissão», «difusão» ou «disseminação», uma vez que supõem uma assimilação passiva e a mera reprodução/emulação de ideias produzidas (e validadas) no centro, são claramente insuficientes, porque redutores, para dar conta da complexidade das relações intelectuais que se estabelecem entre diferentes espaços geográficos.

Na verdade, uma historiografia centrada na ideia de «apropriação», como a proposta por Gavroglu *et al.* (2008), embora represente um avanço face à ideia de transmissão, invisibiliza a consideração da possibilidade de desenvolvimento de linhas de investigação dotadas de alguma autonomia para responder a problemas «localmente» situados e de espaços de legitimação próprios nos países periféricos ou semiperiféricos.

Importa também ter em atenção que o centro e a periferia são realidades plurais. Por isso, justifica-se falar de «centros», «periferias» e «semiperiferias» (no plural). Estes são, de facto, espaços relacionais, redes (ideias, práticas) ligando múltiplos nós (pessoas, instituições), num processo largamente determinado pelas «afinidades eletivas» a que já se fez referência (afinidades relacionais, disposição para adotar ideias próximas, resistências).

As ideias têm, sem dúvida, uma dimensão espacial que importa ter em consideração. O «local» não é, na perspetiva que aqui se defende, uma mera manifestação de uma ciência universal (cf. Ophir e Shapin, 1991: 5). Mas a distinção centro-periferia (e os ajustamentos já referidos) é também, como enfatizaram Boumans e Davis (2010: 136–138) e Davis (2019, 2022), um importante instrumento analítico para pensar a própria organização da Economia contemporânea no plano da sua estruturação interna como disciplina, onde diversas heterodoxias periféricas — porque remetidas para as franjas da disciplina — se afirmam e resistem, nos planos ontológico, epistémico, teórico e metodológico. Englobemo-las, por conveniência, sob o chapéu comum de Economia Política, sabendo que ela contrasta com a abordagem dominante (o centro). Esta última é, ela própria, complexa e heterogénea em termos teóricos (não se esgotando na ortodoxia neoclássica). Mas é metodologicamente monolítica.[13] Aqui, a distinção centro-periferia deixa de ser geográfica para sublinhar a dimensão de poder no interior da disciplina. Como escreveu um dos autores deste texto (Reis, 2019: 32), «as comunidades de ideias podem ser elas próprias periféricas ou centrais, independentemente da geografia. Há perspetivas críticas no centro, nas periferias e envolvendo centros e periferias [definidos enquanto realidades geográficas], e há comunidades irredutivelmente centrais, isto é, dominantes», mesmo nas periferias.

É neste quadro mais complexo, multipolar e multidimensional que o caso português deve ser analisado, tendo em vista uma mais clara identificação da posição que ocupa no contexto internacional da ciência económica.

6. O conhecimento económico numa periferia europeia: Portugal

Como classificar então o caso português? Antes do 25 de Abril de 1974 é manifesta a situação de subdesenvolvimento de Portugal no mapa internacional das ideias económicas. Até essa data, a produção científica na área da Economia é muito incipiente e os contactos internacionais dos economistas portugueses reduzidos (veja-se, neste livro, o Capítulo 3, de Carlos Bastien). Há, no entanto, exceções, como mostrou Reis (2019).

Na realidade, a formação em Economia como ciência e a profissão de economista só começam a ter significado em Portugal após a reforma curricular ocorrida em 1949 no então Instituto Superior de Ciências Económicas e Financeiras (ISCEF), à data a única escola de Economia no país.[14] Até aí, as cadeiras de Economia tinham um peso relativamente reduzido no currículo dos cursos do ISCEF (predominando as cadeiras jurídicas, matemáticas, tecnológicas e contabilísticas, em detrimento da formação teórica) e as matérias lecionadas estavam desatualizadas, sem densidade teórica e enfatizavam sobretudo a descrição e considerações jurídicas e doutrinárias sobre a economia (Bastien e Cardoso, 2000).

Como escreveram Jacinto Nunes *et al.* (2016: 374), «o significado crucial da reforma de 1949 foi o de ter posicionado a ciência económica como elemento nuclear da estrutura curricular dos cursos do ISCEF», tornando

[13] Um monolitismo que vai ao ponto de identificar a Economia com o que acontece no seu núcleo duro (o centro), rejeitando o que acontece na sua periferia como não fazendo verdadeiramente parte da ciência económica.

[14] Recorde-se que Alfred Marshall tinha conseguido instituir um curso de Economia separado dos estudos de Filosofia Moral, em Cambridge (Reino Unido), em 1903 (quase meio século antes).

o ensino aí ministrado mais alinhado com os cânones internacionais da época.[15] A ciência económica a que estes autores se referem é, no essencial, a que decorre da síntese neoclássica-keynesiana, que só a partir desta reforma começa a ter algum impacto no país. Aliás, o discurso neoclássico, sistematizado por Alfred Marshall nos seus *Principles of Economics* de 1890, dominante à época, era em Portugal largamente desconhecido.[16]

Em 1953 é criada uma segunda escola de Economia no país, a Faculdade de Economia do Porto, com um plano curricular assente prioritariamente nas áreas disciplinares da Economia, do Direito e da Matemática e com um perfil de formação híbrido, destinado à formação de técnicos, quer para a área empresarial, quer para a administração pública. A base teórica do curso é também a síntese neoclássica-keynesiana, similar à do ISCEF.

Podemos, assim, dizer que a Economia que se fazia no «centro» chega a Portugal com um significativo atraso. Ainda assim, alguns trabalhos de relevo vieram a lume ao longo dos anos 1950. Refira-se, a título de exemplo, o importante estudo de Francisco Pereira de Moura, Teixeira Pinto e Jacinto Nunes, *Estrutura da economia portuguesa*, publicado em 1954, e vários trabalhos publicados na *Revista do Gabinete de Estudos Corporativos*, em torno da qual um dinâmico grupo de jovens economistas[17] se reuniu até ao fim desta revista e da sua substituição, em 1963, pela revista *Análise Social*, liderada por Adérito Sedas Nunes. Contudo, a produção científica em Economia no nosso país será muito reduzida neste período. Até aos anos 1960 são, aliás, muito poucos os autores dignos de menção no panorama da Economia em Portugal.

Três nomes merecem, em todo o caso, particular destaque pelo papel que desempenharam na emergência e consolidação de uma Economia moderna

[15] A reforma de 1949 foi impulsionada por António Manuel Pinto Barbosa, que, desde 1946–47, vinha introduzindo profundas mudanças na regência da disciplina de «Economia Política. Legislação Industrial», com um ensino centrado na análise teórica e com recurso a uma linguagem diagramática e algébrica. Com a sua saída para o Ministério das Finanças, esta reforma seria em larga medida implementada pelos seus assistentes, Francisco Pereira de Moura, Manuel Jacinto Nunes e Luís Teixeira Pinto (M. J. Nunes *et al.*, 2016).

[16] Mas não por Teixeira Ribeiro, cujas lições de Economia na Faculdade de Direito de Coimbra constituíam, desde pelo menos os primeiros anos del940, «um primeiro momento de inovação científica e pedagógica, designadamente ao evidenciarem uma clara aposta na autonomização do discurso económico-teórico e por assentarem em grande medida nas estruturas da teoria económica neoclássica» (Bastien e Cardoso, 2000: 84).

[17] Citem-se os nomes de Pereira de Moura, Xavier Pintado, Raul da Silva Pereira, João Moura, Sedas Nunes, Manuela Silva, Mário Murteira, entre outros. Sobre a *Revista do Gabinete de Estudos Corporativos*, ver Cardoso (2013).

em Portugal: J. J. Teixeira Ribeiro, um jurista com apetência para as questões económicas, professor na Faculdade de Direito de Coimbra desde meados dos anos 1930, a quem muito se deve o desenvolvimento dos estudos de Economia em Portugal;[18] António Manuel Pinto Barbosa, o grande impulsionador da reforma de 1949 no ISCEF e autor de um importante texto — «A economia, do ponto de vista positivo e do ponto de vista teleológico» (Barbosa, 2006 [1943]) — considerado por José Luís Cardoso o «manifesto de cidadania da economia enquanto disciplina em Portugal» (Cardoso, 2006: 397); e Francisco Pereira de Moura, reconhecidamente considerado «o fundador da Economia moderna em Portugal» (Louçã, 1999: 361).

Os anos 1960 vão, entretanto, registar um significativo processo de consolidação do ensino da Economia e da profissão de economista em Portugal (veja-se, a este propósito, Gonçalves, 1998). Particularmente relevantes neste contexto são: (i) os manuais *Lições de Economia* e *Análise Económica da Conjuntura*, de Francisco Pereira de Moura, através dos quais sucessivas gerações de economistas portugueses tomaram contacto com um pensamento económico moderno; (ii) as necessidades de aprofundamento dos conhecimentos económicos que o processo de crescente abertura da economia portuguesa ao exterior (e a tomada de consciência da impreparação técnica dos negociadores envolvidos nos contactos com as instâncias internacionais) impuseram; e (iii) o envolvimento dos economistas na elaboração dos vários planos de fomento até ao 25 de Abril. Mas a produção científica continuará a ser relativamente reduzida, sendo evidente a natureza periférica e subalterna de Portugal no campo da produção de ideias em Economia.

A partir de 1974, tem lugar um profundo processo de expansão e transformação. Desde logo, registe-se o crescimento e a diversidade das formações oferecidas até ao início dos anos 1980, a que se segue um período (que se prolongará até ao presente) marcado pelo aparecimento de um número muito significativo de mestrados e doutoramentos e pelo crescente alinhamento da formação académica em Portugal com o cânone dominante (veja-se, neste livro, o Capítulo 6, da autoria de Costa, Marçal e Branco).

[18] Sobre a ação pedagógica e o papel inovador de Teixeira Ribeiro e da Faculdade de Direito de Coimbra no ensino da Economia e nos estudos científicos nesta área nas décadas de 1930 e 1940, veja-se Castro (1978), Ribeiro (1993) e Jacinto Nunes *et al.* (2016). Refira-se que, para lá dos seus próprios trabalhos, Teixeira Ribeiro teve um papel da maior importância enquanto mentor na formação de Pinto Barbosa na área da Economia e no apoio à institucionalização da iniciativa de reforma curricular no ISCEF (J. C. Neves e Silva, 1999).

Merece também destaque o crescimento muito acentuado, a partir de meados da década de 1980, da produção científica na área da Economia e a crescente internacionalização dos economistas portugueses, que os dados apresentados no Capítulo 2 deste livro por Marçal *et al.* claramente mostram (designadamente com uma presença cada vez maior de autores portugueses em publicações e redes internacionais).

A análise dos debates ocorridos no país nos anos 1970 (depois da Revolução) e 1980 não deixa dúvidas quanto à maior familiarização dos economistas portugueses com a literatura produzida no «centro». Ela evidencia também, sem dúvida, uma integração cada vez mais significativa em redes segundo diferentes «afinidades eletivas», umas mais bem-sucedidas nos espaços académico e político do que outras, como os estudos de Ana Costa (2019), José Reis (2019) e João Rodrigues (2019), ou o texto de Rodrigues, Costa e Reis incluído neste livro — Capítulo 4 — bem demonstram.

Mas poderá a expansão da produção científica na área da Economia e a crescente internacionalização dos economistas portugueses ser lida como uma diluição do caráter periférico da Economia que se faz em Portugal, como manifestação de uma maior «centralidade» dos economistas portugueses?

Vimos anteriormente que o grau de periferização de um país ou região tem muito que ver com a sua posição como importador ou exportador líquido de ideias, mas também, e sobretudo, com a sua capacidade de apropriação ativa de ideias, a sua capacidade para desenvolver linhas de investigação dotadas de alguma autonomia para responder a problemas «localmente» situados, do seu grau de autonomia e identidade e da sua capacidade para exercer influência no exterior, incluindo a sua capacidade para influenciar ou não o desempenho geral do sistema como um todo.

O que nos diz a experiência portuguesa nesta matéria? Para esclarecer a questão, considerem-se dois subperíodos: um primeiro subperíodo que, sem grandes preocupações de precisão temporal, situaremos entre 1974 e 1999; e o subperíodo seguinte, de 2000 até ao presente.

A viragem do milénio trouxe, de facto, muitas mudanças. A escolha do ano de 1999 reflete aqui, simbolicamente, a mudança trazida pela publicação, nesse ano, do último número da revista *Estudos de Economia*, uma revista do Instituto Superior de Economia e Gestão (ISEG), para dar lugar à publicação de uma nova revista, a *Portuguese Economic Journal*, cujo primeiro número foi publicado em abril de 2002. O propósito desta nova revista era, como se afirmava em nota editorial no 1.º número da revista, «construir uma revista de investigação internacional, com edição a partir de Portugal».[19]

A escolha de um título em inglês reflete a preocupação com a necessidade de internacionalização dos economistas portugueses[20], mas a substituição de uma revista pela outra representa mais do que isso. Indicia uma mudança profunda no tipo de investigação que se queria fazer.

A investigação em Economia nas duas décadas após o 25 de Abril de 1974, como o texto de Rodrigues, Costa e Reis incluído neste volume bem ilustra, é marcada pela centralidade dos problemas suscitados pela necessidade de intervenção na economia portuguesa. É neste contexto que tem de ser entendido o enfoque posto nas questões da política industrial, do planeamento e, em geral, do desenvolvimento do país e a importância dada ao estruturalismo e ao pensamento desenvolvimentista, como fundamento teórico da análise, por parte dos economistas a trabalhar na órbita do GEBEI, ou a atenção dada, no âmbito da chamada «Nova Economia», às questões suscitadas pela gestão macroeconómica de uma «pequena economia aberta» a partir de uma perspetiva neoclássica, nomeadamente a preocupação com a correção dos desequilíbrios externos e da balança de pagamentos, o que exigia uma atenção especial às políticas monetária e cambial.

O que sobressai dos debates então travados é, sem dúvida, e num grau muito mais elevado do que o que acontece nos países do «centro», designadamente nos EUA, o forte entrelaçamento da investigação económica com a política — com uma importância muito significativa atribuída à intervenção no debate público e na política económica, quando não mesmo à ocupação de pastas ministeriais.

A preocupação central não é a produção de novas teorias económicas, mas a mobilização dos recursos teóricos e metodológicos considerados mais adequados para lidar com os problemas económicos e sociais para os quais a atenção dos economistas se dirigia prioritariamente. Se, no caso dos economistas do GEBEI, o traço dominante é o ecletismo assente no recurso a todos os instrumentos e modelos de análise teórica suscetíveis de responder à necessidade de prosseguir objetivos de desenvolvimento do país (o que encontra paralelismo com a experiência da *Revista do Gabinete de Estudos Corporativos* nos anos 1950), no caso dos economistas da «Nova Economia»,

[19] «Editors' note», *Portuguese Economic Journal*, 1, 1 (2002). https://doi.org/10.1007/s10258-002-0005-0.

[20] O fim da publicação da importante revista *Economia*, a partir de 2003, reflete também a crescente preocupação com a vontade de publicar em revistas indexadas internacionalmente.

dominam os princípios e modelos de análise neoclássicos importados das universidades norte-americanas em que muitos desses economistas fizeram a sua formação.

Num caso ou no outro, não parece que tenha havido o desenvolvimento de qualquer pensamento verdadeiramente autónomo (ou que se possa falar de uma identidade própria do pensamento económico português), e muito menos que daí tenha decorrido qualquer capacidade para exercer influência no exterior ou para influenciar o desempenho geral do sistema como um todo. A condição subalterna do pensamento económico português permanece.

No subperíodo seguinte (2000 até ao presente), a produção científica em Economia em Portugal é marcada pelo crescimento muito significativo das publicações internacionais dos economistas portugueses, cada vez menos orientadas para o estudo da economia portuguesa. A preocupação parece ser agora a utilização de modelos económicos formais para analisar problemas também eles próprios muitas vezes meramente formais e capazes de suscitar a aceitação de *referees* internacionais, pouco interessados nas especificidades da economia portuguesa. Poder-se-ia pensar que tal traduziria a inserção numa profissão cada vez mais global, onde a distinção centro-periferia faria cada vez menos sentido. Não cremos que assim seja. A relação entre os economistas portugueses e os centros dominantes no estrangeiro continua a ser assimétrica. Não se conhece, além disso, nenhuma área de produção teórica ou de inovação metodológica onde o contributo específico de autores portugueses se tenha revelado marcante no panorama internacional. Finalmente, ao desvincular-se do estudo da realidade substantiva e das especificidades próprias da economia portuguesa, as possibilidades de afirmação de uma escola própria de Economia em Portugal ficam certamente reduzidas.

Tal não significa, no entanto, que o conhecimento económico produzido em Portugal seja irrelevante. São muitos e diversos os contributos de economistas portugueses que importa conhecer e aprofundar. Destaquem-se, a mero título de exemplo, autores como Francisco Pereira de Moura, João Cravinho, Mário Murteira, Armando Castro, António Simões Lopes ou Manuela Silva. A obra desta última, a primeira mulher a licenciar-se em Economia, em 1954, e que deu um contributo essencial para o desenvolvimento de uma abordagem humanista da Economia, é, como mostra o texto de Vítor Neves incluído neste livro (Capítulo 5), uma excelente ilustração da referida relevância.

Referências bibliográficas

Aglietta, Michel (1976), *Régulation et Crises du Capitalisme*. Paris: Calmann-Lévy.

Aglietta, Michel (coord.) (2019), *Capitalisme: Le temps des ruptures*. Paris: Odile Jacob.

Almodovar, António; Cardoso, J. Luís (1998), *A History of Portuguese Economic Thought*. Londres; Nova Iorque: Routledge.

Babb, Sarah (2007), «Embeddedness, Inflation, and International Regimes: The IMF in the Early Postwar Period», *American Journal of Sociology*, 113(1): 128–164. https://doi.org/10.1086/517896.

Ban, Cornel (2013), «Translating the IMF: Crisis, Aperture and the Fund's Teaching Institutes», *GECI Working Paper* 1, August.

Barbosa, A. M. P. (2006 [1943]), «A economia, do ponto de vista positivo e do ponto de vista teleológico», *in* J. L. Cardoso (org.), *Portugal como problema. A economia como solução: 1821–1974, Da Revolução Liberal à Revolução Democrática*. Lisboa: Fundação Luso-Americana e *Público*, 400–416.

Bastien, Carlos; Cardoso, J. Luís (2000), «Pinto Barbosa: Arejar o ensino da Economia», *Economia Pura*, 21: 84–87. https://www.academia.edu/10846231/Pinto_Barbosa_Arejar_o_ensino_da_economia.

Bastien, Carlos; Cardoso, J. Luís (2003), «Structuralism and Development Economics in the European Semi-Periphery: the case of Portugal», *Notas Económicas*, 17: 36–51. https://digitalis-dsp.sib.uc.pt/handle/10316.2/24972.

Becker, Gary (1968), «Crime and Punishment: An Economic Approach», *Journal of Political Economy*, 76(2): 169–217. https://doi.org/10.1086/259394.

Becker, Gary (1976), *The Economic Approach to Human Behavior*. Londres; Chicago: The University of Chicago Press.

Becker, Gary (1991), *A Treatise on the Family*. Cambridge, MA: Harvard University Press.

Becker, Gary (1996), *Accounting for Tastes*. Cambridge, MA: Harvard University Press.

Béland, Daniel; Cox, Robert H. (2011), *Ideas and Politics in Social Science Research*. Nova Iorque: Oxford University Press.

Billig, Michael (1996 [1987]), *Arguing and Thinking. A Rhetorical Approach to Social Psychology*. Cambridge: Cambridge University Press.

Blyth, Mark (1997), «"Any More Bright Ideas?" The Ideational Turn of Comparative Political Economy», *Comparative Politics*, 29(2): 229–250. https://doi.org/10.2307/422082.

Blyth, Mark (2007), «Powering, Puzzling, or Persuading? The Mechanisms of Building Institutional Orders», *International Studies Quarterly*, 51(4): 761–777. https://doi.org/10.1111/j.1468-2478.2007.00475.x.

Blyth, Mark (2011), «Ideas, Uncertainty, and Evolution», *in* Daniel Béland e Robert Henry Cox (orgs.), *Ideas and Politics in Social Science Research*. Nova Iorque: Oxford University Press, 83–101.

Boulding, Kenneth (1997 [1961]), *The Image*. Ann Arbor, MI: The University of Michigan Press.

Boulding, Kenneth (2013 [1989]), «The Pathologies of Persuasion», *in* S. Bowles, R. Edwards e W. G. Shepherd (orgs.), *Unconventional Wisdom — Essays in Honor of John Kenneth Galbraith*. Boston: Houghton Mifflin, 3–19.

Boumans, Marcel; Davis, John (2010), *Economic Methodology: Understanding Economics as a Science*. Hampshire: Palgrave Macmillan.

Bourdieu, Pierre (1981), «La représentation politique. Éléments pour une théorie du champ politique», *Actes de la Recherche en Sciences Sociales*, 36–37: 3–24. https://doi.org/10.3406/arss.1981.2105.

Boyer, Robert (2015), *Économie Politique des Capitalismes: théorie de la régulation et des crises*. Paris: La Découverte.

Boyer, Robert (2017), «Development and *régulation* theory», *in* Erik S. Reinert, Jayati Ghosh e Rainer Kattel (orgs.), *Handbook of Alternative Theories of Economic Development*. Cheltenham; Northampton, MA: Edward Elgar, 352–385.

Boyer, Robert; Mistral, Jacques (1978), *Accumulation, Inflation, Crises*. Paris: PUF.

Buchanan, James; Tullock, Gordon (1999 [1962]), *The Calculus of Consent: Logical Foundations of Constitutional Democracy* (The Collected Works of James M. Buchanan). Indianapolis, IN: Liberty Fund [3.ª ed.].

Campbell, John L. (2002), «Ideas, Politics, and Public Policy», *Annual Review of Sociology*, 28: 21–38. https://doi.org/10.1146/annurev.soc.28.110601.141111.

Campbell, John L.; Ove Pedersen (2011) «Knowledge Regimes and Comparative Political Economy», *in* Daniel Béland e Robert Henry Cox (orgs.), *Ideas and Politics in Social Science Research*. Nova Iorque: Oxford University Press, 167–190.

Cardoso, J. Luís (2002), «The history of economic thought in Spain and Portugal: a brief survey», *History of Political Economy*, 34: 137–147. https://doi.org/10.1215/00182702-34-Suppl_1-137.

Cardoso, J. Luís (2006), «O ponto de vista da ciência económica», *in* J. Luís Cardoso (org.), *Portugal como problema. A economia como solução: 1821–1974, Da Revolução Liberal à Revolução Democrática*. Lisboa: Fundação Luso-Americana e *Público*, 397–400.

Cardoso, J. Luís (2013), «O Gabinete de Estudos Corporativos (1949–1961) e a génese de uma biblioteca moderna de ciências sociais», *Análise Social*, 206, XLVIII (1.º): 193–219. http://hdl.handle.net/10451/23001.

Castro, Armando (1978), «O ensino da ciência económica na segunda metade dos anos trinta e a acção pedagógica do Professor Doutor Teixeira Ribeiro», *in Estudos em Homenagem ao Prof. Doutor J. J. Teixeira Ribeiro (vol. 1). Boletim da Faculdade de Direito da Universidade de Coimbra* (Número Especial): 245–253.

Chang, Ruth (1997), *Incommensurability, Incomparability, and Practical Reason*. Cambridge, MA: Harvard University Press.

Clift, Ben (2014), *Comparative Political Economy: States, Markets and Global Capitalism*. Basingstoke: Palgrave Macmillan.

Clift, Ben (2018), *The IMF and the Politics of Austerity in the Wake of the Global Financial Crisis*. Oxford: Oxford University Press.

Coase, Ronald (1978), «Economics and Contiguous Disciplines», *The Journal of Legal Studies*, 7(2): 201–211. https://doi.org/10.1086/467590.

Costa, Ana (2008), *A Dificuldade da Escolha. Acção e Mudança Institucional*. Tese de Doutoramento, ISCTE-IUL, Lisboa.

Costa, Ana (2019), «O Banco de Portugal e a disseminação de ideias económicas», *in* Vítor Neves e José Reis (coords.), *A Ciência Económica em Portugal. Discursos, Protagonistas e Instituições Recentes*. Coimbra: Almedina, 99–138.

Costa, Ana; Caldas, J. Castro (2011), «Claiming choice for institutional economics», *Journal of Economic Issues*, XLV(3): 665–684. https://doi.org/10.2753/JEI0021-3624450308.

Davis, John (2019), «Economics and economic methodology in a core-periphery economic world», *Brazilian Journal of Political Economy*, 39(3): 408–426. https://doi.org/10.1590/0101-35172019-3004.

Davis, John (2022), «Economics imperialism and economic imperialism: Two sides of the same coin». [manuscrito não publicado].

Dewey, John (1930 [1922]), *Human Nature and Conduct. An Introduction to Social Psychology*. Nova Iorque: The Modern Library.

Dewey, John (1958 [1929]), *Experience and Nature*. Nova Iorque: Dover Publications.

Dewey, John (2008 [1933]), *John Dewey, The Later Works, 1925–1953: Essays and How we Think* [Volume 8; Revised Edition] *in* Jo Ann Boydston (org.). Carbondale, IL: Southern Illinois University Press.

Dow, Sheila (2019), «Pluralist economics: Is it scientific?», *in* Samuel Decker, Wolfram Elsner e Svenja Flechtner (orgs.), *Advancing Pluralism in Teaching Economics: International Perspectives on a Textbook Science*. Londres; Nova Iorque: Routledge, 13–30.

Downs, Anthony (1957), *An Economic Theory of Democracy*. Nova Iorque: Harper.

Fine, Ben (2000), «Economics Imperialism and Intellectual Progress: The Present as History of Economic Thought?», *History of Economics Review*, 32(1): 10–35. https://doi.org/10.1080/10370196.2000.11733338.

Fourcade, Marion (2006), «The Construction of a Global Profession: The Transnationalization of Economics», *American Journal of Sociology*, 112(1): 145–194. https://doi.org/10.1086/502693.

Fourcade, Marion (2018), «Economics: the view from below», *Swiss Journal of Economics and Statistics*, 154(5): 1–9. https://doi.org/10.1186/s41937-017-0019-2.

Gabor, Daniela (2011), *Central Banking and Financialization. A Romanian Account of how Eastern Europe became Subprime*. Basingstoke: Palgrave Macmillan.

Gavroglu, Kostas *et al.* (2008), «Science and Technology in the European Periphery: Some Historiographical Reflections», *History of Science*, 46(2): 153–175. https://doi.org/10.1177/007327530804600202.

Gonçalves, Carlos (1998), *Emergência e Consolidação dos Economistas em Portugal*. Tese de Doutoramento em Sociologia, FLUP, Porto.

Hajer, Maarten A. (2006), «Doing Discourse Analysis: coalitions, practices and meanings», *in* Margo van den Brink e Tamara Metze (orgs.), *Words matter in policy and planning*. Utrech: Netherlands Geographical Studies.

Hay, Colin (2011), «Ideas and the Construction of Interests», *in* Daniel Béland e Robert Henry Cox (orgs.), *Ideas and Politics in Social Science Research*. Nova Iorque: Oxford University Press, 65–83.

Hirschman, Daniel; Berman, Elizabeth Popp (2014), «Do economists make policies? On the political effects of economics», *Socio-Economic Review*, 12(4): 779–811. https://doi.org/10.1093/ser/mwu017.

Johnson, Mark (2014), «Experiencing Language: What's Missing in Linguistic Pragmatism?» *European Journal of Pragmatism and American Philosophy*, VI(2): 14–27. https://doi.org/10.4000/ejpap.284.

Louçã, Francisco (1999), «Francisco Pereira de Moura, (1925–1998): The Founder of Modern Economics in Portugal», *The American Journal of Economics and Sociology*, 58(2): 361–364. https://doi.org/10.1111/j.1536-7150.1998.tb03477.x.

Kuhn, Thomas S. (1970), *The Structure of Scientific Revolutions*. Chicago: The University of Chicago Press.

Mäki, Uskali (1996), «Economic Thought on the Outskirts: Toward a Historiographical Framework for Studying Intellectual Peripheries», *Research in the History of Economic Thought and Methodology*, 14: 307–323.

Mäki, Uskali (2001), «The way the world works (www): Towards an ontology of theory choice», *in* Uskali Mäki (org.), *The economic world view: Studies in the ontology of economics*. Cambridge: Cambridge University Press, 369–389.

Mäki, Uskali (2009), «Economics Imperialism: Concept and Constraints», *Philosophy of the Social Sciences*, 39(3): 351–380. https://doi.org/10.1177/0048393108319023.

Neves, J. César; Silva, Francisco Azevedo (1999), *António Manuel Pinto Barbosa: uma biografia económica*. Lisboa: Verbo.

Neves, Vítor (2017), «The internationalization of economic ideas. A search for connecting principles», *Iberian Journal of the History of Economic Thought*, 4(1): 63–73. https://doi.org/10.5209/IJHE.56516.

North, Douglass (1990), *Institutions, Institutional Change and Economic Performance*. Cambridge: Cambridge University Press.

Nunes, A. Sedas (1977), *Questões Preliminares Sobre as Ciências Sociais*. Oeiras: Editorial Presença/Gabinete de Investigações Sociais.

Nunes, M. Jacinto; Cardoso, J. Luís; Porto, M. Lopes (2016), «Elementos para a história do ensino universitário de Economia e Finanças (1911–1974)», *Boletim de Ciências Económicas*, Faculdade de Direito da Universidade de Coimbra, LIX: 329–391. https://www.uc.pt/site/assets/files/639948/2016_lix.pdf.

Olson, Mancur (1965), *The Logic of Collective Action*. Cambridge, MA: Harvard University Press.

Ophir, Adi; Shapin, Steven (1991), «The place of knowledge: A methodological survey», *Science in Context*, 4(1): 3–21. https://doi.org/10.1017/S0269889700000132.

Reis, José (2018), *A Economia Portuguesa: Formas de economia política numa periferia persistente (1960–2017)*. Coimbra: Almedina.

Reis, José (2019), «O GEBEI: Um pensamento económico estruturado na periferia da Europa», *in* Vítor Neves e José Reis (coords.), *A Ciência Económica em Portugal: Uma História Recente*. Coimbra: Almedina, 21–59.

Ribeiro, J. J. Teixeira (1993), «A Faculdade de Direito de Coimbra na renovação do ensino e do estudo da Economia», *Boletim de Ciências Económicas*, Faculdade de Direito da Universidade de Coimbra, XXXVI: 247–260.

Richardson, Henry S. (1997), *Practical Reasoning about Final Ends*. Cambridge: Cambridge University Press.

Rodrigues, João (2019), «Novas Economias em Portugal: os economistas Pinto Barbosa», *in* Vítor Neves e José Reis (coords.), *A Ciência Económica em Portugal: Uma História Recente*. Coimbra: Almedina, 61–97.

Rodrigues, João (2022), *O Neoliberalismo não é um slogan*. Lisboa: Tinta da China.

Santos, Ana; Reis, José (2018), «Portugal: uma semiperiferia reconfigurada», *e-cadernos CES*, 29: 57–76. https://doi.org/10.4000/eces.3163.

Santos, Boaventura de Sousa (org.) (1993), *Portugal: Um retrato singular*. Porto: Afrontamento.

Seabrooke, Leonard (2007), «The Everyday Social Sources of Economic Crises: From "Great Frustrations" to "Great Revelations" in Interwar Britain», *International Studies Quarterly*, 51(4): 795–810. https://doi.org/10.1111/j.1468-2478.2007.00477.x.

Souter, Ralph William (1933), *Prolegomena to Relativity Economics*. Nova Iorque: Columbia University Press.

Stigler, George (1984), «Economics-The Imperial Science?», *Scandinavian Journal of Economics*, 86(3): 301–313. https://doi.org/10.2307/3439864.

Veblen, Thorstein (1909), «The limitations of marginal utility», *Journal of Political Economy*, 17(9): 620–636. https://doi.org/10.1086/251614.

Capítulo 2
A investigação em Economia em Portugal: um exercício de mapeamento das publicações de autores portugueses em revistas nacionais e internacionais (1980-2015)

Gonçalo Marçal, André Lopes,
Jéssica Rocha e Vítor Neves

Introdução

Quem publica? O quê? Onde? Com quem? Estas são perguntas essenciais a que importa dar resposta. Neste capítulo, propomo-nos fazer um exercício de mapeamento das publicações na área da Economia em revistas nacionais e internacionais de autores afiliados a instituições de investigação portuguesas, cobrindo o período de 1980 a 2015. Este exercício tem como objetivo contribuir para compreender como a investigação científica na área da Economia se tem vindo a estruturar em Portugal ao longo do tempo e para o esclarecimento do processo de afirmação, consolidação e internacionalização do campo da ciência económica no passado recente.

Nas últimas décadas, têm crescido os trabalhos dedicados à evolução da investigação em Economia, com particular destaque para o período entre o final da Segunda Guerra Mundial e o princípio do presente século. Estes estudos têm-se centrado nas transformações de ordem temática e metodológica da investigação e do ensino, no contexto de um processo de internacionalização da ciência e de aumento da produção científica. Neste âmbito, destacam-se, por exemplo, os trabalhos incluídos em Persson *et al.* (1992), Coats (1996) e Montecinos e Markoff (2009), dedicados a esta evolução em vários países.

Em particular, estes trabalhos focam-se no processo de transição da síntese neoclássica-keynesiana para a crítica do keynesianismo e a emergência do Monetarismo, a Nova Economia Clássica e o Novo-Keynesianismo, destacando o percurso dos economistas, a sua formação e investigação, as principais instituições académicas que se tornaram dominantes e que assumiram um papel relevante nesta transição, bem como os lugares que os economistas ocuparam não só nas instituições académicas, mas também em instituições governamentais e outras de caráter privado (como centros de investigação e *think tanks*). Um dos aspetos centrais nestas análises reside na evolução do conteúdo das publicações dos economistas, nas revistas onde publicaram e nas redes de parceria científica que materializaram esta transição.

Neste âmbito, destacam-se, no caso português, os trabalhos de Mata (1995) e Guimarães (2002) como os primeiros dedicados à evolução das publicações dos economistas portugueses em revistas indexadas no último quartel do século XX (as principais revistas de publicação, os autores que mais publicaram e as instituições a que estavam afiliados e os autores mais citados).

Este capítulo retoma o trabalho destes dois autores, estendendo o período de análise até 2015, mas com um foco distinto e acrescentando novas dimensões na análise. Em primeiro lugar, focamo-nos nas instituições portuguesas (onde os autores se encontravam afiliados no momento da publicação dos artigos) enquanto lugares de produção de conhecimento em Portugal.[1] Em segundo lugar, além das publicações em revistas indexadas, este capítulo inclui igualmente a análise das publicações em revistas nacionais não indexadas, dada a sua relevância em Portugal, sobretudo até ao princípio do século XXI. Adicionalmente, acrescentam-se novas dimensões na análise, nomeadamente: as temáticas das publicações, aferidas pelos códigos JEL atribuídos aos artigos; as referências bibliográficas mobilizadas pelos autores nos seus artigos; as coautorias e redes de colaboração científica.

A evolução do conteúdo temático das publicações possibilita identificar as principais áreas de interesse científico dos economistas portugueses ao longo do período. Por seu turno, o estudo das referências bibliográficas permite detetar os autores mais lidos pelos economistas portugueses e as principais revistas científicas consultadas. Assim, o estudo das referências bibliográficas é mais um contributo para compreender a disseminação das

[1] Deste modo, ao contrário de Mata (1995) e Guimarães (2002), não se contabilizam as publicações de autores portugueses afiliados a instituições estrangeiras.

ideias económicas em Portugal.[2] Relativamente às coautorias, realizou-se um primeiro estudo exploratório que procurou detetar as principais características da produção científica no país relativamente à colaboração científica intra e interinstitucional a partir de uma análise de redes.[3]

Um exercício de mapeamento deste tipo coloca algumas dificuldades metodológicas. Desde logo, o âmbito do que se considera como produção científica relevante. De facto, não pode ser ignorada a existência de trabalhos de investigação que são publicados em livros, capítulos de livros, *working papers* ou outros documentos elaborados em instituições académicas e governamentais, entre outros organismos públicos e privados. Contudo, a prática corrente na literatura tem sido no sentido de identificar, para efeitos de avaliação, a produção científica em Economia com as publicações em revistas indexadas. Este procedimento é justificado, principalmente, pelo facto de tais publicações terem sido objeto de avaliação entre pares, o que nem sempre acontece com as restantes publicações (Guimarães, 2002).

Neste capítulo, apresenta-se primeiro a análise das publicações em revistas internacionais. Para esta análise, recorreu-se aos artigos listados na base de dados *Investigação em Economia em Portugal: Pessoas e Instituições*, criada pelos centros de investigação NIPE (Universidade do Minho) e CEF.UP (Universidade do Porto), que reúne as publicações de autores e instituições portuguesas em revistas internacionais indexadas na *EconLit*.[4] Esta base de dados considera as publicações de autores portugueses e de outras nacionalidades afiliados a instituições portuguesas, incluindo as publicações realizadas em coautoria. No período 1980–2015, a base de dados contém um total de 4539 publicações em 632 revistas internacionais indexadas na *EconLit*. Para a análise da produção científica portuguesa, selecionaram-se as publicações em que pelo menos um autor reportou afiliação a uma instituição portuguesa. Esta seleção resultou num total de 2944 publicações em 465 revistas indexadas na *EconLit* entre os anos de 1980 e 2015 (inclusive).

[2] Para esta análise, tomou-se como referência o trabalho que Loureiro e Lima (1994) realizaram para o caso brasileiro.

[3] A literatura teórica nesta matéria é extensa, bem como a dos trabalhos aplicados — cf., a título de exemplo, Brandes *et al.* (2005), Koseoglu (2016), e Santos e Santos (2016).

[4] Base de dados *Investigação em Economia em Portugal: Pessoas e Instituições*, disponível em: https://cefup-nipe-rank.eeg.uminho.pt. Esta base de dados foi consultada durante o mês de maio de 2018.

Num segundo momento, apresenta-se a análise das publicações em revistas nacionais. Este exercício inclui as principais revistas portuguesas com publicações na área da Economia: *Análise Social*, *Cadernos de Ciências Sociais*, *Economia*, *Economia e Sociologia*, *Estudos de Economia*, *Notas Económicas* e *Revista Crítica de Ciências Sociais*. Tratando-se, na sua maioria, de revistas multidisciplinares na área das Ciências Sociais, procedeu-se a uma seleção dos artigos identificados como sendo da área de Economia. Dada a dificuldade da definição do que é, ou não, um trabalho de «Economia» (cf., a este propósito, Lebaron, 1999), foi necessário estabelecer um critério de seleção. Se, no caso das publicações em revistas internacionais indexadas, o critério foi a inclusão na base de dados da *EconLit*, no caso das publicações nacionais não indexadas, a definição assumida residiu na adoção de uma conceção abrangente e plural da ciência económica, enquanto campo interdisciplinar, para não desconsiderar qualquer corrente de pensamento económico. Para reduzir o fator de subjetividade da inclusão ou não de um artigo na área de Economia, a seleção foi efetuada, em cada revista, por dois investigadores do projeto RECON. Relativamente aos autores, estabeleceu-se o critério utilizado nas revistas internacionais, considerando-se apenas artigos de autores afiliados a instituições portuguesas e de autores portugueses sem indicação de qualquer afiliação.

A base de dados construída para as revistas nacionais atingiu um total de 1063 artigos para o período 1980–2015. A construção manual desta base de dados, requerendo a consulta dos artigos publicados, possibilitou a introdução de uma vertente adicional de análise, nomeadamente averiguar se o crescente número de publicações comportou uma alteração da quantidade de artigos dedicados empiricamente à economia portuguesa. Por último, nestas publicações não se analisaram as coautorias, dado o seu número reduzido quando comparado com o observado nas publicações em revistas indexadas (nomeadamente as de caráter interinstitucional).

A construção e o tratamento das bases de dados das revistas internacionais e nacionais implicou algumas opções de natureza metodológica, que são detalhadas no decurso do capítulo.

Por último, uma secção de conclusões encerra o capítulo.

1. Publicações em revistas internacionais

A base de dados *Investigação em Economia em Portugal: Pessoas e Instituições* mostra um crescimento muito significativo da presença dos autores portugueses nas publicações em revistas internacionais ao longo do período 1980–2015, presença essa marcada por uma grande dispersão de publicações por autor e lugar de publicação.

1.1 Número de publicações e padrão autoral

O Gráfico 2-1 ilustra a evolução do número de publicações indexadas entre os anos de 1980 e 2015, agrupadas em períodos de cinco anos.

Gráfico 2-1. Evolução do n.º de publicações indexadas (1980–2015)

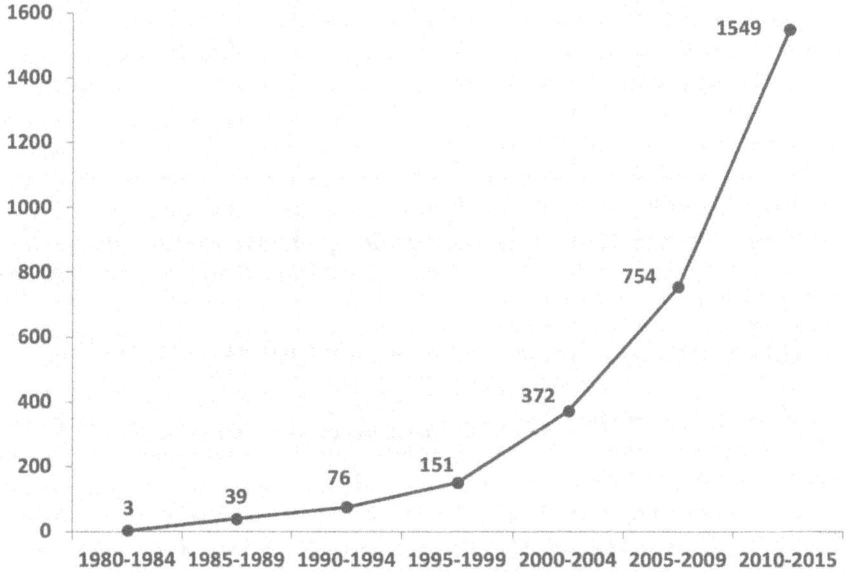

Fonte: Investigação em Economia em Portugal: Pessoas e Instituições.
Tratamento de dados: RECON.

Nos primeiros anos em análise (1980–1984), as publicações em revistas internacionais indexadas são relativamente escassas, tendo sido publicado, em média, menos de um artigo por ano (Quadro 2-1). No período seguinte (1985–1989), o número de publicações regista um crescimento muito significativo — este é 12 vezes superior em 1985–1989 relativamente ao período 1980–1984 (Quadro 2-2). A partir daí, o aumento das publicações em revistas internacionais indexadas é exponencial, com o número de publicações a atingir uma média de 258 artigos por ano no período 2010–2015.[5]

[5] Esta evolução crescente havia já sido também identificada por Mata (1995) e Guimarães (2002).

Quadro 2-1. Número médio de publicações por ano

Período	N.º de publicações	N.º médio de publicações por ano
1980–1984	3	0,6
1985–1989	39	8
1990–1994	76	15
1995–1999	151	30
2000–2004	372	74
2005–2009	754	151
2010–2015	1549	258
Total	2944	

Fonte: Investigação em Economia em Portugal: Pessoas e Instituições.
Tratamento de dados: RECON.

Quadro 2-2. Taxa de crescimento de publicações entre períodos

Período	N.º de publicações	Taxa de crescimento
1980–1984	3	
1985–1989	39	1200,0%
1990–1994	76	94,9%
1995–1999	151	98,7%
2000–2004	372	146,4%
2005–2009	754	399,3%
2010–2015	1549	316,4%
Total	2944	

Fonte: Investigação em Economia em Portugal: Pessoas e Instituições.
Tratamento de dados: RECON.

O número de artigos por autor (Quadro 2-3) revela uma grande dispersão. Em 2944 artigos, encontram-se 2487 autores afiliados a instituições portuguesas, destacando-se o facto de 62,1% da totalidade dos autores terem apenas uma publicação ao longo do período em estudo (1980–2015) e só cerca de 4,4% terem mais do que 10 publicações (tendo 2,1% mais de 15 publicações).

Quadro 2-3. Número de artigos por autor

N.º de artigos	N.º de autores	%
1	1545	62,1
2	378	15,2
3 a 5	330	13,3
6 a 9	124	5,0
10 a 15	57	2,3
mais de 15	53	2,1
Total	2487	100,0

Fonte: Investigação em Economia em Portugal:
Pessoas e Instituições.
Tratamento de dados: RECON.

O Quadro 2-4, por década, mostra que a grande maioria destes artigos foi produzida em coautoria, em todos os períodos superior a metade do total das publicações (constitui 73% das 2944 publicações analisadas). No último período analisado, entre 2010 e 2015, atingiu o valor mais elevado, 82% do total das publicações.

Quadro 2-4. Número de publicações por década

Período	N.º de publicações	N.º médio de publicações por ano	Taxa de crescimento	N.º de publicações em coautoria	%	N.º de publicações com autoria individual	%
1980–1989	42	4		29	69,0	13	31,0
1990–1999	227	23	440,5%	125	55,1	102	44,9
2000–2009	1126	113	396,0%	724	64,3	402	35,7
2010–2015	1549	258	37,6%*	1273	82,2	276	17,8
Total	2944			2151	73,1	793	26,9

*A taxa de 37,6% advém do facto de este período ser apenas de cinco anos.
Admitindo o mesmo número de publicações para o período em falta,
ou seja, de 2015 a 2019, a taxa de crescimento ficaria próxima de 350%.
Fonte: Investigação em Economia em Portugal: Pessoas e Instituições.
Tratamento de dados: RECON.

1.2 Instituições

Com o intuito de identificar a posição relativa das várias universidades portuguesas quanto ao número de publicações ao longo do tempo, construiu-se um *ranking* de instituições assente na simples contagem, não ponderada, dos artigos publicados (Quadro 2-5).[6]

Analisando as posições das diferentes universidades para o total do período 1980–2015, conclui-se que as cinco universidades com maior número de publicações em revistas internacionais indexadas na base de dados *EconLit* são a Universidade Técnica de Lisboa[7] (UTL), a Universidade Nova de Lisboa, a Universidade do Porto, a Universidade do Minho, o Iscte-IUL e a Universidade Católica Portuguesa, existindo, contudo, alguma variabilidade na posição relativa destas ao longo do tempo. Constata-se também que a UTL se manteve como a instituição com o maior número de publicações a partir do período 2000–2004.

[6] Este *ranking* foi elaborado ao nível da «universidade». Assim, no cálculo realizado a partir da já citada base de dados *Investigação em Economia em Portugal: Pessoas e Instituições*, substituiu-se a afiliação reportada a centros de investigação pela universidade à qual estes estavam associados. Contrariamente à contagem de artigos do CEF.UP + NIPE de 2012, disponível em https://cefup-nipe-rank.eeg.uminho.pt/, este *ranking* não é ponderado pelas coautorias. Na contagem de artigos por instituição, cada artigo foi contabilizado sempre que pelo menos um autor estava afiliado a essa instituição. Apresentam-se os resultados para as 10 primeiras universidades, que contabilizam o maior número de publicações.

[7] Num processo que terminou em 2013, a Universidade Técnica de Lisboa fundiu-se com a Universidade de Lisboa, sob a designação desta última. A partir dessa data, todos os autores anteriormente afiliados à Universidade Técnica de Lisboa, maioritariamente do Instituto Superior de Economia e Gestão (ISEG), passaram a reportar afiliação à Universidade de Lisboa. Deste modo, procurando manter uma coerência evolutiva dos dados ao longo do período, apesar desta mudança institucional, retomou-se a afiliação à UTL nos autores afiliados a instituições anteriormente pertencentes a esta instituição.

Quadro 2-5. *Ranking* das universidades portuguesas por publicações (1980–2015) (Afiliações indicadas nos artigos) — contagem de artigos RECON

Período-> *Ranking*	1980-1984	1985-1989	1990-1994	1995-1999	2000-2004	2005-2009	2010-2015	1980-2015
1	U Nova	U Nova	U Nova	U Nova	UTL	UTL	UTL	**UTL**
2	U Porto	U Porto	UCP	UCP	U Nova	U Nova	U Porto	**U Nova**
3		UTL	U Porto	UTL	U Minho	U Minho	U Nova	**U Porto**
4		U Coimbra	UTL	U Porto	U Porto	U Porto	U Minho	**U Minho**
5		UCP	U Minho	U Minho	UCP	Iscte-IUL	Iscte-IUL	**Iscte-IUL**
6			U Coimbra	U Évora	U Évora	UCP	U Coimbra	**UCP**
7			U Lisboa	U Algarve	U Algarve	U Coimbra	U Évora	**U Coimbra**
8			U Algarve	U Coimbra	Iscte-IUL	U Évora	UCP	**U Évora**
9				U Lisboa	U Coimbra	UBI	U Aveiro	**U Aveiro**
10				U Açores	U Açores	U Açores	UBI	**U Algarve**

Fonte: Investigação em Economia em Portugal: Pessoas e Instituições.
Tratamento de dados: RECON.

1.3 Revistas

Relativamente à distribuição das publicações por revistas, verifica-se que, à semelhança do que acontece com os autores, existe uma grande dispersão no que concerne às revistas onde os autores publicaram. As 2944 publicações em análise foram publicadas em 465 revistas, com um número médio de 6 artigos por revista, contabilizando-se 131 revistas com apenas uma publicação.

O Quadro 2-6 mostra a distribuição de artigos por revista[8] (apresentam-se apenas as primeiras 20 revistas onde os autores mais publicaram). Neste âmbito, destacam-se as revistas *Economics Letters, Applied Economics, Economic Modelling, Portuguese Economic Journal* e *Applied Economics Letters*, onde se concentra o maior número de publicações (14% do total de artigos).

[8] A distribuição de artigos por revista é condicionada pela data em que as revistas foram indexadas na base de dados *EconLit*. Por exemplo, as revistas *Notas Económicas* e *Portuguese Economic Journal* só foram indexadas em 2004 (https://www.aeaweb.org/econlit/journal_list.php).

Quadro 2-6. Número de publicações por revista

	Revista	N.º total de artigos	%
1	*Economics Letters*	105	3,6
2	*Applied Economics*	85	2,9
3	*Economic Modelling*	75	2,6
4	*Applied Economics Letters*	71	2,4
5	*Portuguese Economic Journal*	65	2,2
6	*Energy Policy*	52	1,8
7	*Tourism Economics*	39	1,4
8	*Ecological Economics*	36	1,2
9	*Empirical Economics*	36	1,2
10	*Social Indicators Research*	35	1,2
11	*International Journal of Industrial Organization*	33	1,1
12	*Economics Bulletin*	30	1,0
13	*Journal of Banking and Finance*	29	1,0
14	*International Journal of Production Economics*	26	0,9
15	*European Journal Of Finance*	26	0,9
16	*Research Policy*	25	0,8
17	*Journal Of Applied Statistics*	25	0,8
18	*Manchester School*	25	0,8
19	*Public Choice*	24	0,8
20	*Economic Theory*	24	0,8
			29,4

Fonte: Investigação em Economia em Portugal: Pessoas e Instituições.
Tratamento de dados: RECON.

No Quadro 2-7 consta uma análise mais pormenorizada tendo em conta a classificação das revistas atribuída pela *Scopus*[9] entre 1999[10] e 2015. A maioria dos autores publicou em revistas que incluem a área da Economia (em todos os períodos considerados, com valores que se situam, aproximadamente,

[9] Considerou-se a classificação atribuída pela *Scopus* na área de Economia e/ou áreas semelhantes (como *Economics and Econometrics*). Só foram consideradas classificações noutras áreas quando a área de Economia não figura nas áreas da revista referidas pelo *Scimago*.

[10] O ano de 1999 é o primeiro com informação por revista disponibilizado em www.scimagojr.com, que contabiliza um total de 2721 publicações no período referido.

entre 60% e 70%). Nas publicações nesta área, destaca-se o número de publicações em revistas classificadas no Quartil 1 (entre aproximadamente 30% e 40%). Em conjunto com as publicações em revistas do Quartil 2, perfazem mais de metade das publicações dos autores (56%). Em revistas classificadas em áreas que não a Economia, designadamente *Geography, Planning and Development, Social Science (Miscellaneous), Business and International Management, History* e *Business, Management and Accounting (Miscellaneous)*, o número de publicações foi menor do que em revistas dedicadas à área da Economia. Ao longo deste período, refira-se ainda o número relativamente reduzido de publicações (aproximadamente 9%) em revistas que em determinados anos ou mesmo no total do período não se encontravam registadas na *Scopus* (S/R).

Quadro 2-7. Classificação das revistas (*Scimago*)

Áreas	Quartil	1999	%	2000–2004	%	2005–2009	%	2010–2015	%	1999–2015	%
Economia	Q1	17	37,0	114	30,6	234	31,0	521	33,6	**886**	**32,6**
	Q2	7	15,2	66	17,7	176	23,3	385	24,9	**634**	**23,3**
	Q3	2	4,3	50	13,4	86	11,4	149	9,6	**287**	**10,5**
	Q4	2	4,3	9	2,4	15	2,0	23	1,5	**49**	**1,8**
	Subtotal	28	60,9	239	64,2	511	67,8	1078	69,6	**1856**	**68,2**
Outras áreas	Q1	5	10,9	39	10,5	91	12,1	340	21,9	**475**	**17,5**
	Q2	5	10,9	7	1,9	32	4,2	56	3,6	**100**	**3,7**
	Q3	1	2,2	4	1,1	10	1,3	28	1,8	**43**	**1,6**
	Q4	2	4,3	1	0,3	6	0,8	6	0,4	**15**	**0,6**
	Subtotal	13	28,3	51	13,7	139	18,4	430	27,8	**633**	**23,3**
S/R	Subtotal	5	10,9	82	22,0	104	13,8	41	2,6	**232**	**8,5**
	Total	46	100,0	372	100,0	754	100,0	1549	100,0	**2721**	**100,0**

Fonte: Scimago Journal & Country Rank.
Tratamento de dados: RECON.

1.4 Áreas temáticas

Quanto às áreas temáticas em que os autores publicaram, recorreu-se à(s) classificação(ões) JEL atribuída(s) a cada artigo (registadas na base de dados *Investigação em Economia em Portugal: Pessoas e Instituições*). Os resultados, restringidos ao primeiro nível de classificação JEL, constam no Quadro 2-8.

Quadro 2-8. Áreas em que os autores em instituições portuguesas publicaram (com base no primeiro nível da classificação JEL) (1980–2015)

Código JEL	Descrição	N.º de artigos	%
L	Industrial Organization	1102	13,9
E	Macroeconomics and Monetary Economics	901	11,3
D	Microeconomics	850	10,7
G	Financial Economics	826	10,4
O	Economic Development, Innovation, Technological Change, and Growth	689	8,7
J	Labor and Demographic Economics	667	8,4
F	International Economics	507	6,4
Q	Agricultural and Natural Resource Economics • Environmental and Ecological Economics	426	5,4
C	Mathematical and Quantitative Methods	384	4,8
R	Urban, Rural, Regional, Real Estate, and Transportation Economics	383	4,8
H	Public Economics	333	4,2
I	Health, Education, and Welfare	293	3,7
M	Business Administration and Business Economics • Marketing • Accounting • Personnel Economics	166	2,1
B	History of Economic Thought, Methodology, and Heterodox Approaches	106	1,3
N	Economic History	84	1,1
K	Law and Economics	77	1,0
P	Economic Systems	64	0,8
Z	Other Special Topics	49	0,6
A	General Economics and Teaching	29	0,4
Y	Miscellaneous Categories	16	0,2
			100

Fonte: Investigação em Economia em Portugal: Pessoas e Instituições.
Tratamento de dados: RECON.

Neste quadro mais global constata-se uma predominância das áreas *Industrial Organization*; *Macroeconomics and Monetary Economics*; *Microeconomics*; *Financial Economics*; *Economic Development, Innovation, Technological Change and Growth*; e *Labor and Demographic Economics*.

Quadro 2-9. Áreas em que os autores em instituições portuguesas publicaram (com base no primeiro nível da classificação JEL) (por período)

Período	1991–1995		1996–2000		2001–2005		2006–2010		2011–2015		Total	
Código JEL	N.º de artigos	%	N.º de artigos	%	N.º de artigos	%	N.º de artigos	%	N.º de artigos	%	N.º de artigos	%
L	30	20,8	60	15,5	123	11,2	285	12,9	604	14,7	1102	13,9
E	15	10,4	25	6,5	110	10,0	291	13,2	460	11,2	901	11,3
D	20	13,9	47	12,1	102	9,3	231	10,5	450	10,9	850	10,7
G	9	6,3	26	6,7	103	9,4	223	10,1	465	11,3	826	10,4
O	10	6,9	28	7,2	106	9,6	214	9,7	331	8,0	689	8,7
J	14	9,7	30	7,8	114	10,4	193	8,8	316	7,7	667	8,4
F	14	9,7	38	9,8	88	8,0	148	6,7	219	5,3	507	6,4
Q	6	4,2	22	5,7	38	3,5	65	3,0	295	7,2	426	5,4
C	9	6,3	35	9,0	73	6,6	115	5,2	152	3,7	384	4,8
R	4	2,8	12	3,1	37	3,4	102	4,6	228	5,5	383	4,8
H	2	1,4	20	5,2	49	4,5	95	4,3	167	4,1	333	4,2
I	1	0,7	11	2,8	51	4,6	86	3,9	144	3,5	293	3,7
M	1	0,7	9	2,3	23	2,1	45	2,0	88	2,1	166	2,1
B	1	0,7	12	3,1	22	2,0	20	0,9	51	1,2	106	1,3
N	6	4,2	9	2,3	18	1,6	12	0,5	39	0,9	84	1,1
K	0	0,0	0	0,0	18	1,6	31	1,4	28	0,7	77	1,0
P	1	0,7	3	0,8	13	1,2	13	0,6	34	0,8	64	0,8
Z	0	0,0	0	0,0	7	0,6	16	0,7	26	0,6	49	0,6
A	1	0,7	0	0,0	5	0,5	13	0,6	10	0,2	29	0,4
Y	0	0,0	0	0,0	1	0,1	5	0,2	10	0,2	16	0,2
	144	100	387	100	1101	100	2203	100	4117	100	7952	100

Fonte: Investigação em Economia em Portugal: Pessoas e Instituições.
Tratamento de dados: RECON.

Por período (Quadro 2-9), não existem alterações significativas ao longo do tempo, mantendo-se como áreas predominantes *Industrial Organization* (L), *Macroeconomics and Monetary Economics* (E) e *Microeconomics* (D). Contudo, destaca-se a área *International Economics* (F), que, ao longo do tempo, foi perdendo peso relativo; e, em sentido contrário, a área *Financial Economics* (G), que se tornou uma das principais áreas nas publicações entre 2006 e 2015; e, ainda, a área *Economic Development, Innovation,*

Technological Change, and Growth (O), pelo seu crescimento ao longo do período, apesar de um decréscimo entre 2011–2015.

Considerando o código JEL com o segundo nível de classificação[11] (Quadro 2-A-1, em Anexo a este capítulo), verifica-se que o interesse na área *Industrial Organization* (L) se deve, essencialmente, às subáreas *Market Structure, Firm Strategy, and Market Performance* (L1), *Firm Objectives, Organization, and Behavior* (L2) e *Industry Studies: Transportation and Utilities* (L9); na área *Macroeconomics and Monetary Economics* (E), deve-se principalmente a *Consumption, Saving, Production, Investment, Labor Markets, and Informal Economy* (E2) e *Prices, Business Fluctuations, and Cycles* (E3); o peso da área *Microeconomics* (D) está sobretudo associado a *Production and Organizations* (D2) e *Information, Knowledge, and Uncertainty* (D8); o de *Financial Economics* (G) deve-se a *General Financial Markets* (G1) e *Corporate Finance and Governance* (G3); por seu turno, o interesse na área *Economic Development, Innovation, Technological Change, and Growth* (O) incide sobretudo em *Economic Development* (O1), *Innovation, Research and Development, Technological Change, Intellectual Property Rights* (O3) e *Economic Growth and Aggregate Productivity* (O4); e, finalmente, o de *Labor and Demographic Economics* (J) está relacionado com a maior proporção da subárea *Demand and Supply of Labor* (J2).

A estrutura de interesses verificada nestas principais áreas de publicação aponta para uma preferência por estudos dedicados à área da Economia da Empresa e à estrutura dos mercados; aos grandes agregados macroeconómicos; aos mercados financeiros; ao crescimento económico, sobretudo a partir da perspetiva da inovação, Investigação & Desenvolvimento e análise da produtividade; e, por último, aos estudos relativos à procura e oferta de trabalho.

1.5 Referências bibliográficas

Para analisar as referências bibliográficas dos artigos publicados, foram selecionados três períodos. A escolha destes períodos procurou traçar a evolução das referências a partir da comparação de momentos de transição no que respeita ao aumento do volume de publicações: 1987–1990, 1997–1999 e 2011–2012.

[11] A lista completa dos códigos JEL, com o primeiro e segundo nível de classificação, pode ser consultada em: https://www.aeaweb.org/econlit/jelCodes.php?view=jel.

Nos quadros seguintes, identificam-se, por período, os 20 autores mais referenciados (Quadro 2-10) e as principais revistas referenciadas (Quadro 2-11).[12] Para cada autor e revista, apresenta-se o número de artigos em que foram citados (número de publicações distintas em que um autor ou uma revista foram referidos) e o número total de trabalhos referidos.

Entre os principais autores citados, encontram-se economistas que se tornaram referência nas áreas temáticas identificadas na secção anterior, relativa aos artigos publicados. Neste grupo de autores, verifica-se ainda que existe uma grande dispersão, sem a predominância expressiva de autores particulares, e que o número de autores portugueses é relativamente reduzido.

[12] As referências bibliográficas dos artigos foram registadas manualmente, dividindo-se pelo tipo de publicação: artigo publicado em revista, livro, capítulo de livro, livro do capítulo referenciado, e outros (como *working papers*, relatórios de instituições governamentais, etc.). A recolha dos dados das referências foi realizada conforme a referência original, abreviando-se apenas para as iniciais os nomes próprios dos autores. No processamento final dos dados, constatou-se que as referências ao nome dos autores não são unívocas, quer porque o mesmo autor está identificado de forma diferente quer porque existem autores distintos com as mesmas iniciais e o mesmo sobrenome.
Esta situação levou à necessidade de corrigir os dados para garantir que estes problemas eram minimizados. No entanto, o elevado número de autores não permitia uma correção exaustiva, tendo sido necessário estabelecer alguns critérios. Para que a uniformização dos nomes dos autores fosse o mais eficaz possível, adotou-se o seguinte método: em primeiro lugar, procedeu-se à criação de um *ranking* dos autores mais citados, tendo para tal sido utilizada uma agregação dos nomes dos autores com maior semelhança, dada pela distância Levenshtein. Posteriormente, confirmou-se a autoria de todos os artigos dos autores presentes nesse *ranking* — uniformizou-se o nome quando se tratava do mesmo autor e diferenciou-se quando se tratava de autores diferentes. Esta tarefa foi repetida várias vezes até se atingir um *ranking* dos autores mais citados, inequivocamente identificados.

Quadro 2-10. Autores mais referenciados

	1987–1990			1997–1999			2011–2012		
	Autores	N.º pub.	Trab. refer.	Autores	N.º pub.	Trab. refer.	Autores	N.º pub.	Trab. refer.
1	J. J. Heckman	5	7	R. J. Barro	8	12	J. M. Wooldridge	31	36
2	J. Farrell	4	6	J. Stiglitz	6	6	R. J. Barro	28	40
3	G. S. Becker	4	6	J. J. Heckman	6	6	A. Shleifer	25	42
4	C. Shapiro	3	6	P. Schmidt	5	6	A. Afonso	24	50
5	J. Stiglitz	3	4	A. B. Krueger	5	6	E. Helpman	24	28
6	B. T. Hirsch	3	4	C. W. J. Granger	5	7	R. Blundell	23	25
7	H. S. Farber	3	3	A. Mas-Colell	5	9	O. Blanchard	23	27
8	K. G. Abraham	3	3	X. Sala-i-Martin	4	7	R. E. Lucas Jr.	21	25
9	R. L. Oaxaca	3	3	J. Bound	4	6	S. Bond	19	31
10	W. Mellow	3	3	R. Blundell	4	5	J. Stiglitz	19	23
11	J. Tirole	3	5	K. L. Judd	4	4	P. Krugman	19	30
12	J. T. Addison	3	5	A. Dixit	4	6	J. Tirole	18	23
13	P. Portugal	3	4	M. Páscoa	4	7	J. Mata	17	34
14	E. P. Lazear	3	6	G. S. Maddala	4	6	P. Aghion	17	25
15	J. Mincer	3	4	J. A. Schumpeter	4	5	Yongcheol Shin	17	20
16	D. S. Hamermesh	3	4	R. Koenker	3	9	E. F. Fama	17	26
17	C. W. J. Granger	2	4	A. Alesina	3	4	D. Acemoglu	17	22
18	S. J. Turnovsky	2	4	C. Meghir	3	4	P. M. Romer	17	22
19	M. Hashimoto	2	3	P. Portugal	3	4	A. Alesina	16	24
20	E. Seghal	2	2	R. F. Engle	3	4	R. M. Sousa	16	53

Fonte: Investigação em Economia em Portugal: Pessoas e Instituições.
Tratamento de dados: RECON.

Quanto às principais revistas referenciadas, no Quadro 2-11 apresentam-se as 30 revistas mais referenciadas. Estas correspondem às que se encontram mais difundidas internacionalmente e mais bem posicionadas nos *rankings* (as revistas que, em geral, publicam artigos do que comummente se apelida de Economia *mainstream*). À semelhança dos autores mais referenciados, estas são sobretudo dos EUA e do Reino Unido, o que mostra o impacto exercido pela produção académica destes países na produção académica nacional.

Quadro 2-11. Principais revistas referenciadas

	Revista	N.º de artigos	Total de referências
1	*American Economic Review*	221	471
2	*Econometrica*	192	395
3	*Quarterly Journal of Economics*	167	288
4	*Journal of Political Economy*	163	304
5	*Review of Economic Studies*	119	159
6	*Review of Economics and Statistics*	111	163
7	*Economic Journal*	110	156
8	*Journal of Econometrics*	105	204
9	*European Economic Review*	89	138
10	*Journal of Monetary Economics*	79	149
11	*Journal of Economic Literature*	78	98
12	*Economics Letters*	76	102
13	*Journal of Finance*	73	307
14	*Applied Economics*	67	109
15	*Journal of Applied Econometrics*	58	76
16	*International Economic Review*	57	67
17	*Journal of Economic Theory*	53	102
18	*Rand Journal of Economics*	52	93
19	*Journal of Public Economics*	52	85
20	*Journal of Economic Dynamics and Control*	52	63
21	*International Journal of Industrial Organization*	51	100
22	*Journal of International Economics*	50	105
23	*Journal of Financial Economics*	50	175
24	*Journal of the American Statistical Association*	50	66
25	*Journal of Economic Perspectives*	47	63
26	*Economica*	47	57
27	*Journal of Money, Credit and Banking*	43	61
28	*Applied Economics Letters*	43	49
29	*Journal of Banking & Finance*	40	82
30	*Journal of Business & Economic Statistics*	38	63

Fonte: Investigação em Economia em Portugal: Pessoas e Instituições.
Tratamento de dados: RECON.

1.6 Coautorias e colaboração institucional

Na secção 1.1 apontou-se o elevado número de publicações realizadas em coautoria no total das publicações. A maior frequência de coautorias mostra, por um lado, a importância da colaboração científica entre autores na produção de artigos e, por outro, considerando o peso que assumiram no total das publicações, o registo de redes de colaboração científica intra e interinstitucional. Assim, estes dados permitem detetar elos de produção e transmissão de conhecimento entre autores e/ou instituições.

Apesar de uma coautoria interinstitucional não revelar, *stricto sensu*, que houve uma colaboração efetiva entre duas determinadas instituições, mostra que existiu um contexto institucional que a enquadrou, uma proximidade entre os autores e/ou as instituições, traduzindo uma orientação científica comum entre os autores e/ou as instituições do ponto de vista temático e metodológico. Estes aspetos são amplificados e tornam-se mais evidentes nos casos em que as colaborações entre os autores de instituições distintas têm um peso maior relativamente a outras colaborações que envolvem as mesmas instituições.

O Quadro 2-12a mostra o peso das coautorias, envolvendo quer colaborações entre apenas autores da mesma universidade (intrainstitucional), quer colaborações entre autores de diferentes universidades portuguesas ou estrangeiras (colaborações interinstitucionais). Os artigos com coautorias interinstitucionais representaram 78,5% do total das coautorias. O Quadro 2-12b mostra a dimensão nacional e internacional das coautorias, revelando que 60,3% das coautorias envolveram autores afiliados a instituições internacionais (as coautorias nacionais corresponderam a 39,7%).[13]

[13] Entende-se por coautoria nacional os artigos onde todos os autores de um artigo reportaram, pelo menos, uma afiliação a uma instituição portuguesa.

Quadro 2-12a. Dimensão das coautorias intrainstitucionais e interinstitucionais

Períodos	Autoria individual	Coautorias			Total c/ autorias individ.
		Intrainstitucional	Interinstitucional	Soma	
1980–1989	13	4	25	29	42
1990–1999	102	12	113	125	227
2000–2009	402	154	570	724	1126
2010–2015	276	292	981	1273	1549
Total	**793**	462	1689	**2151**	**2944**

Fonte: Investigação em Economia em Portugal: Pessoas e Instituições.
Tratamento de dados: RECON.

Quadro 2-12b. Dimensão nacional e internacional das coautorias

Períodos	Coautorias		
	Nacionais	Internacionais	Total
1980–1989	5	24	29
1990–1999	24	101	125
2000–2009	274	450	724
2010–2015	550	723	1273
Total	**853**	**1298**	**2151**

Fonte: Investigação em Economia em Portugal: Pessoas e Instituições.
Tratamento de dados: RECON.

Os Quadros 2-13a e 2-13b desagregam, para as dez principais universidades portuguesas, a informação relativa às coautorias por universidade (2-13a) e a respetiva distinção entre coautorias nacionais e internacionais (2-13b).[14]

A publicação em coautoria constituiu a principal fonte de publicação em todas as universidades (variando entre 64% e 90% das publicações) (Quadro 2-13a). Este quadro mostra ainda que, em todas as universidades consideradas, as coautorias interinstitucionais representaram mais de

[14] Nos Quadros 2-13a e 2-13b, o total por universidade corresponde à soma de todos os artigos em que é reportado pelo menos um autor afiliado a essa universidade. Note-se, por isso, que uma vez que os artigos em coautoria interinstitucional são contabilizados em mais do que uma universidade, o somatório dos artigos por universidade e o total de artigos não coincidem.

dois terços do total das coautorias (o valor mais baixo, 69,3%, regista-se na Universidade do Porto e o mais elevado, 95,9%, na Universidade Católica).

Nas Universidade do Algarve, Universidade Técnica de Lisboa, Universidade Nova de Lisboa, Universidade do Minho e Universidade Católica Portuguesa, as coautorias internacionais representaram mais de metade do total de coautorias (58,6%, 60,1%, 64,5%, 66,8% e 80,7%, respetivamente). O peso das coautorias internacionais nas universidades de Évora, de Aveiro, de Coimbra, no Iscte-IUL e na Universidade do Porto é menor (22,9%, 32,4%, 42,9%, 44,6% e 45,8% do total, respetivamente). Ainda assim, é de salientar que apenas nas universidades de Évora e de Aveiro as coautorias internacionais representaram menos de metade das coautorias interinstitucionais (28,7% e 41,8%).

Quadro 2-13a. Coautorias por universidade

	Autoria individual	%	Coautorias										Total c/ autorias individ.
			Intra-instit.	%	Interinstitucionais						Sub-total	%	
					Nac.	%	Internac.	%	Soma	%			
UTL	153	23,1	89	17,5	114	27,1	306	72,9	420	82,5	509	76,9	662
U Nova	140	25,5	41	10,0	105	28,5	263	71,5	368	90,0	409	74,5	549
U Porto	84	20,0	103	30,7	79	33,9	154	66,1	233	69,3	336	80,0	420
U Minho	100	26,3	47	16,8	46	19,7	187	80,3	233	83,2	280	73,7	380
Iscte-IUL	67	28,8	37	22,3	55	42,6	74	57,4	129	77,7	166	71,2	233
UCP	81	35,8	6	4,1	22	15,8	117	84,2	139	95,9	145	64,2	226
U Coimbra	33	17,6	34	22,1	54	45,0	66	55,0	120	77,9	154	82,4	187
U Évora	28	20,4	22	20,2	62	71,3	25	28,7	87	79,8	109	79,6	137
U Aveiro	12	14,5	16	22,5	32	58,2	23	41,8	55	77,5	71	85,5	83
U Algarve	8	10,3	8	11,4	21	33,9	41	66,1	62	88,6	70	89,7	78

Fonte: Investigação em Economia em Portugal: Pessoas e Instituições.
Tratamento de dados: RECON.

Quadro 2-13b. Dimensão nacional e internacional das coautorias por universidade

Períodos	Coautorias				
	Nacionais	%	Internacionais	%	Total
UTL	203	39,9	306	60,1	509
U Nova	145	35,5	264	64,5	409
U Porto	182	54,2	154	45,8	336
U Minho	93	33,2	187	66,8	280
Iscte-IUL	92	55,4	74	44,6	166
UCP	28	19,3	117	80,7	145
U Coimbra	88	57,1	66	42,9	154
U Évora	84	77,1	25	22,9	109
U Aveiro	48	67,6	23	32,4	71
U Algarve	29	41,4	41	58,6	70

Fonte: Investigação em Economia em Portugal: Pessoas e Instituições.
Tratamento de dados: RECON.

A análise das redes de colaboração interinstitucional a partir dos artigos publicados em coautoria é dificultada pelo grande número de afiliações — nacionais e internacionais — reportadas pelos autores, que são de diversa natureza: universidades, centros de investigação (públicos ou privados), instituições governamentais ou instituições privadas, como *think tanks* ou empresas, entre outras. Este aspeto, aliado a um grande número de artigos e de autores, dificulta o reconhecimento das principais redes que se estabeleceram.

Deste modo, procurou-se identificar as redes de colaboração estabelecidas pelos autores afiliados às instituições portuguesas onde se registou um maior número de artigos publicados: Universidade Técnica de Lisboa (UTL), Universidade Nova de Lisboa (U Nova), Universidade do Porto (U Porto), Universidade do Minho (U Minho), Iscte–Instituto Universitário de Lisboa (Iscte-IUL), Universidade Católica Portuguesa (UCP), Universidade de Coimbra (U Coimbra) e Banco de Portugal (Bank of Portugal). De seguida, por década, apresentam-se as redes institucionais que emergem dos artigos publicados por autores afiliados a estas instituições.[15]

[15] Nos grafos apresentados, adotaram-se algumas opções a nível metodológico. As coautorias foram contabilizadas cruzando, aos pares, as instituições reportadas pelos autores num dado artigo, centrando-se nas instituições portuguesas acima referidas. Em cada grafo, cada ligação (*edge*) entre instituições (*nodes*) indica o número de artigos distintos em que essa coautoria se efetivou,

Na década de 1980, como se pode verificar no Quadro 2-4, foram publicados 42 artigos em revistas indexadas por autores afiliados a instituições portuguesas. Destes, quase 70% foram realizados em coautoria. Este número de artigos é relativamente baixo em comparação com as décadas posteriores, sobretudo após o virar do século. Na referida década, realça-se sobretudo o facto de as coautorias dos autores afiliados a instituições portuguesas terem sido realizadas, com exceção de apenas uma entre a Universidade Técnica e a Universidade Nova de Lisboa, com autores afiliados a instituições estrangeiras (ver Grafo 2-1).

Grafo 2-1. Década de 1980

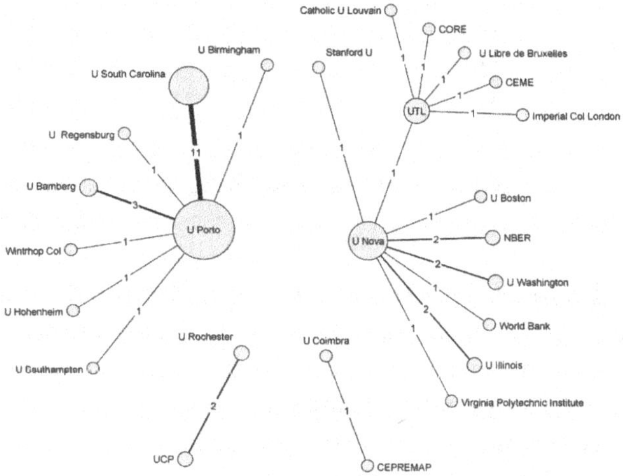

Fonte: Investigação em Economia em Portugal: Pessoas e Instituições.Tratamento de dados: RECON.[16]

Entre as instituições portuguesas, destacam-se as coautorias de autores afiliados às seguintes universidades: Universidade Nova de Lisboa, Universidade Católica Portuguesa, Universidade Técnica de Lisboa, Universidade do Porto e Universidade de Coimbra.

independentemente do número de autores envolvidos na produção do artigo. Cada ligação (segmento de reta) aumenta de espessura em função do número de artigos em que essas instituições foram reportadas nas afiliações, por comparação com o número de artigos afetos às restantes instituições. De igual modo, a dimensão de cada instituição (*node*) aumenta em proporção do número de artigos distintos em que cada instituição foi reportada na(s) afiliação(ões) do(s) autor(es).

[16] A fonte e o tratamento de dados aqui indicados são comuns aos grafos seguintes.

Relativamente à Universidade Nova de Lisboa, as coautorias foram realizadas sobretudo com autores afiliados a instituições norte-americanas, como as universidades de Boston, Virginia Polytechnic Institute, University of Washington e University of Illinois, o centro de investigação National Bureau of Economic Research (NBER), além do Banco Mundial (World Bank), sediado nos EUA. Também a Universidade Católica Portuguesa apresenta uma ligação com uma instituição norte-americana — a Univerity of Rochester —, da qual resultou a publicação de dois artigos. Quanto aos autores afiliados à Universidade Técnica de Lisboa, destacam-se as coautorias com autores de instituições europeias, como o Imperial College London, no Reino Unido, a Université Libre de Bruxelles e a Université Catholique de Louvain, ambas na Bélgica, tal como os centros de investigação CEME (Centre d'Economie Mathématique et d'Econométrie) e CORE (Center for Operations Research and Econometrics), associados a essas universidades, respetivamente. A Universidade de Coimbra regista apenas um artigo em coautoria, com um autor do CEPREMAP (Centre pour la Recherche Économique et ses applications), em França. Por último, a Universidade do Porto revela uma forte ligação à norte-americana University of South Carolina e, em menor grau, à também norte-americana Winthrop College (hoje Winthrop University), às alemãs Universität Hohenheim, Universität Regensburg e Universität Bamberg e às britânicas University of Birmingham e University of Southampton.

Na década de 1990, comparativamente à década anterior, como referido anteriormente, registou-se um aumento considerável do número de artigos publicados em revistas indexadas, incluindo também os artigos publicados em coautoria. Na década anterior foram publicados cerca de 4 artigos por ano, em média, tendo este valor ascendido aos 23 artigos nos anos 1990.

Grafo 2-2a. Década de 1990

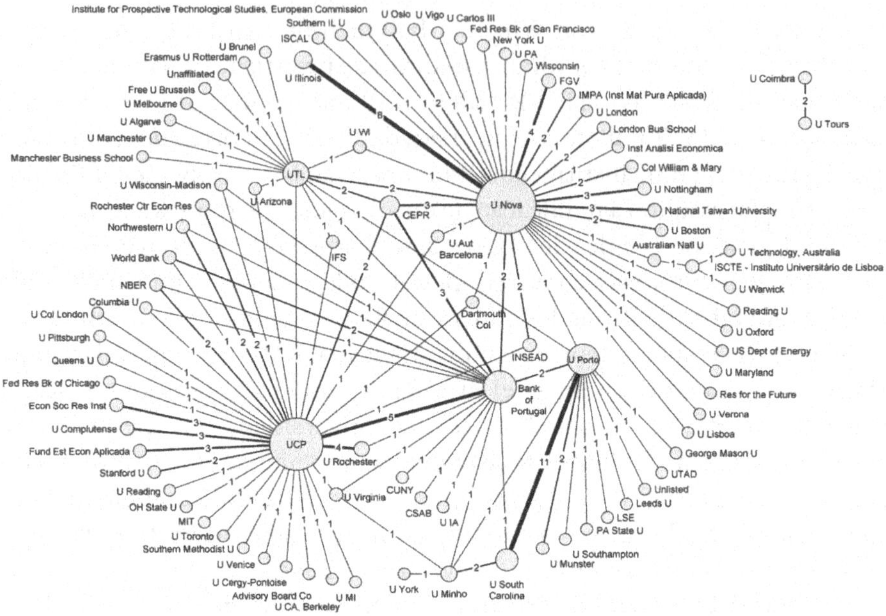

Nesta década, nota-se um claro protagonismo de autores afiliados à Universidade Nova de Lisboa, à Universidade do Porto, à Universidade Católica Portuguesa e ao Banco de Portugal (ausente na década anterior). Mais uma vez, regista-se uma escassa interligação entre os autores das universidades portuguesas neste âmbito, existindo, contudo, diversos artigos conjuntos entre autores do Banco de Portugal e da Universidade do Porto, da Universidade Nova de Lisboa e, sobretudo, da Universidade Católica Portuguesa. Destaca-se, ainda, a participação de autores de instituições inexistentes na década anterior, como o Iscte-IUL, a Universidade do Minho e a Universidade do Algarve, também sobretudo com coautorias internacionais.

A Universidade Técnica de Lisboa apresenta diversas coautorias com autores de instituições internacionais (excetuando um artigo com autores da Universidade do Algarve, do Banco de Portugal, da Universidade do Porto e da Universidade Católica Portuguesa), todas europeias, exceto a University of Melbourne, na Austrália. Quanto a autores afiliados ao Iscte-IUL, registam-se ligações apenas num artigo com autores afiliados às australianas Australian National University e University of Technology Sydney e à britânica University of Warwick. Na Universidade do Minho, coautorias com autores afiliados ao Banco de Portugal, à Universidade do Porto, à britânica University of York e às norte-americanas University of Virginia e University of South Carolina, esta última com dois artigos. Relativamente à Universidade de Coimbra, verificam-se dois artigos em coautoria com um autor afiliado à Université de Tours.

Para se visualizar mais claramente as principais redes institucionais, apresenta-se de seguida um outro grafo que restringe as ligações entre as instituições a um mínimo de dois artigos em coautoria.

Grafo 2-2b. Década de 1990 (limite mínimo de dois artigos)

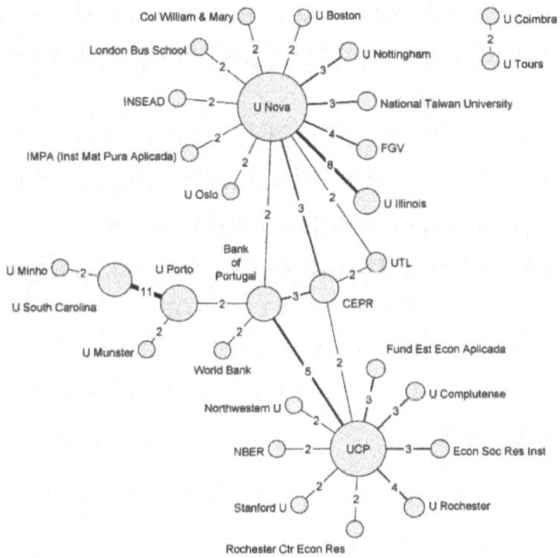

Na Universidade Nova de Lisboa, a nível nacional, destacam-se dois artigos com autores afiliados ao Banco de Portugal e à Universidade Técnica de Lisboa. A nível internacional, mantém-se uma forte ligação a instituições norte-americanas, com destaque para a University of Illinois, em oito artigos, com o Centre for Economic Policy Research (CEPR), em três, e com a College of William and Mary e a University of Boston, ambas em dois. Depois, no Brasil, quatro artigos em coautoria com autores da Fundação Getulio Vargas (FGV) e dois com autores do Instituto de Matemática Pura e Aplicada (IMPA). No Reino Unido, três artigos com autores da University of Nottingham e dois com autores da London Business School. Destaque ainda para três artigos com autores da National Taiwan University, em Taiwan, e dois com autores do INSEAD, em França, e da Universitetet i Oslo, na Noruega.

Na Universidade do Porto, salienta-se de novo a ligação à University of South Carolina em 11 artigos e, em dois artigos, com autores do Banco de Portugal e da Universität Münster, na Alemanha.

Na Universidade Católica Portuguesa, realçam-se os artigos com autores do Banco de Portugal e da University of Rochester (bem como ao centro de investigação dessa universidade, Rochester Center for Economic Research). À semelhança da Universidade Nova de Lisboa, do Banco de Portugal e da Universidade Técnica de Lisboa, há também dois artigos com autores do CEPR. Destacam-se, ainda, dois artigos com autores do NBER, da Stanford University e da Northwestern University, instituições sediadas nos EUA. Há ainda três artigos em coautoria com autores da Fundación de Estudios de Economía Aplicada e da Universidad Complutense de Madrid, em Espanha. Por último, três artigos com autores do *think tank* Economic and Social Research Institute, na Irlanda.

Na década de 2000 e entre os anos 2010–2015, aumenta exponencialmente o número de artigos, do mesmo modo que aumentam significativamente os artigos em coautoria, sobretudo entre 2010 e 2015.

Para a década de 2000, para identificar mais facilmente as principais redes institucionais, apresentam-se as coautorias considerando um número mínimo de três artigos distintos entre instituições. A nível nacional, nesta década assiste-se a uma maior interligação entre os autores afiliados a instituições portuguesas.

Grafo 2-3a. Década de 2000 (limite mínimo de 3 artigos)

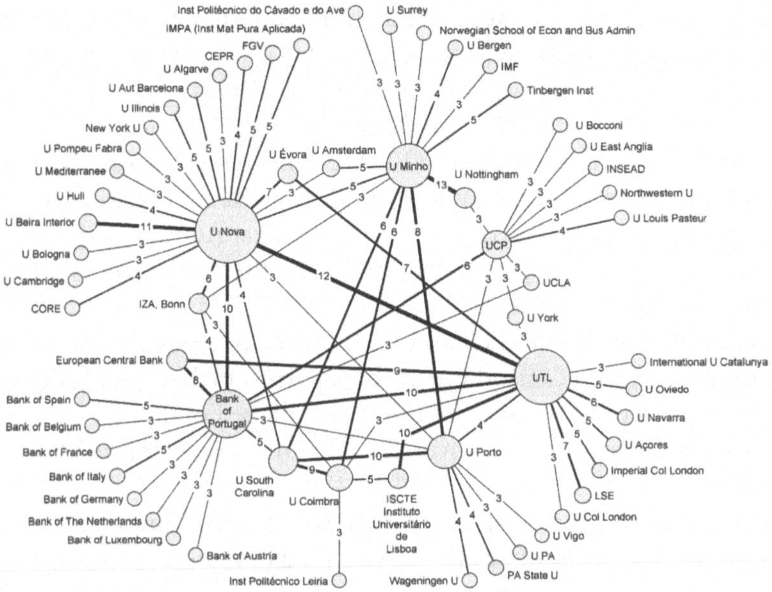

Com efeito, aumenta o número de artigos entre os autores afiliados à Universidade Nova e à Universidade Técnica de Lisboa e entre estas e autores do Banco de Portugal, bem como da Universidade de Évora, mantendo-se também um elevado número de artigos entre a Universidade Católica Portuguesa e o Banco de Portugal. Constata-se também o elevado número de artigos entre autores afiliados à Universidade Nova de Lisboa e à Universidade da Beira Interior ou à Universidade do Algarve, bem como entre autores da Universidade Técnica de Lisboa e autores da Universidade dos Açores ou do Iscte-IUL. Esta maior interligação está ainda patente no número de artigos entre autores da Universidade do Minho e autores da Universidade Nova de Lisboa, da Universidade do Porto ou da Universidade de Coimbra. Além da ligação já citada à Universidade do Minho, os autores afiliados à Universidade de Coimbra colaboraram ainda com autores do Iscte-IUL, da Universidade Técnica de Lisboa e do Instituto Politécnico de Leiria.

A nível internacional, verifica-se que os autores afiliados ao Banco de Portugal, já após a criação do Banco Central Europeu, em 1998, publicaram diversos artigos com autores do Banco Central Europeu e de outros bancos centrais integrados no Sistema Europeu de Bancos Centrais. Ao nível das universidades e dos centros de investigação, além das já referidas universidades portuguesas, destacam-se a University of South Carolina e a UCLA, nos EUA, assim como o Institute of Labor Economics (IZA), na Alemanha.

Entre os artigos publicados por autores da Universidade Nova de Lisboa, manteve-se a ligação a autores da University of Illinois e ao CEPR, nos EUA, bem como da FGV e do IMPA, no Brasil. De resto, destacam-se sobretudo a University of North Carolina, nos EUA, e universidades europeias, como a University of Cambridge e a University of Hull, no Reino Unido, a Universiteit van Amsterdam, nos Países Baixos, ou a Universitat Autònoma de Barcelona, e os centros de investigação CORE, da Université Catholique de Louvain, e Institute of Labor Economics (IZA).

Na Universidade Técnica de Lisboa, encontram-se sobretudo coautorias com autores do Banco Central Europeu e de universidades britânicas, como a London School of Economics, o Imperial College London e a University of York, ou espanholas, como a Universidad de Oviedo e a Universidad Pública de Navarra.

Na Universidade do Porto, verificam-se sobretudo coautorias com autores dos EUA, da University of South Carolina e da Pennsylvania State University, e com autores da Wageningen University & Research, dos Países Baixos.

Na Universidade do Minho, estende-se também a rede de coautorias a instituições internacionais, com autores da University of Nottingham, no Reino Unido, do Tinbergen Institute, nos Países Baixos, da Universitetet i Bergen, na Noruega, ou da Universiteit van Amsterdam, bem como do Institute of Labor Economics (IZA) e do International Monetary Fund (IMF).

Grafo 2-3b. Década de 2000 (limite mínimo de 4 artigos)

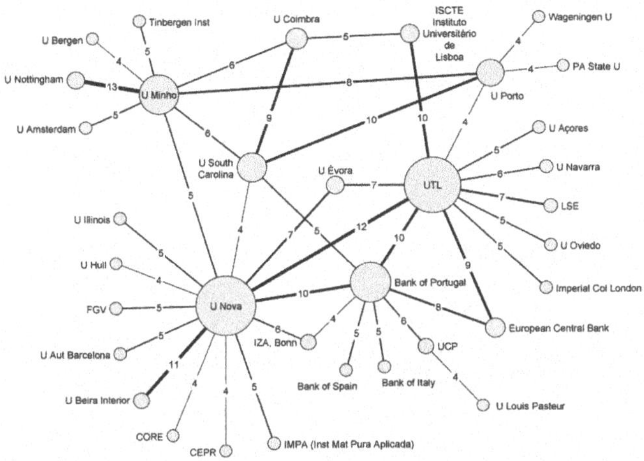

Tal como sucedeu na década de 2000, voltou a registar-se um elevado número de artigos publicados nos anos 2010–2015, sendo que os artigos em coautoria aumentaram consideravelmente, atingindo 82% do total de artigos neste período. Dado o elevado número de artigos, autores e coautorias, do mesmo modo que se selecionou um limite mínimo de artigos distintos na década de 2000, apresentam-se as coautorias considerando um mínimo de quatro artigos entre autores de diferentes instituições.

Grafo 2-4. Anos 2010–2015 (limite mínimo de 4 artigos)

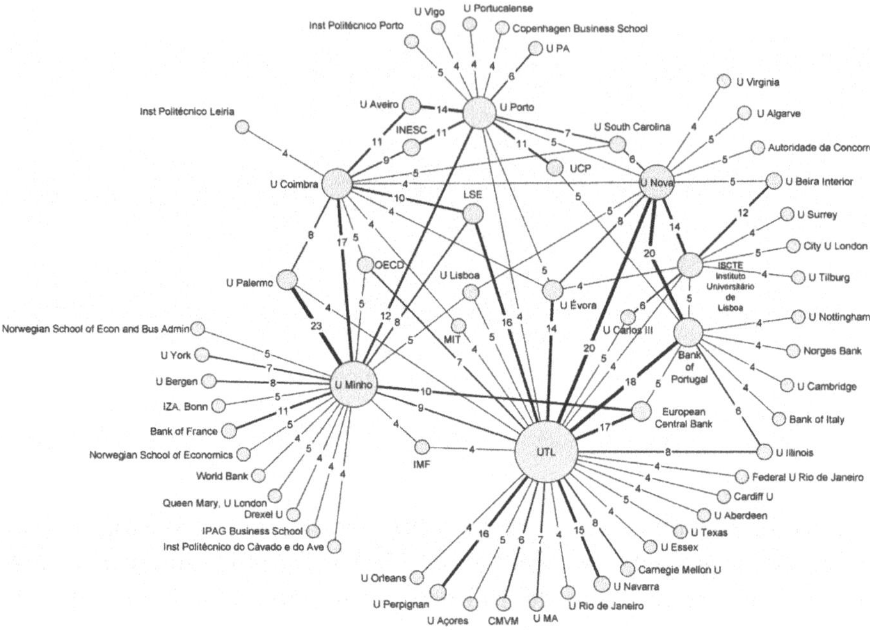

Nestes cinco anos, encontra-se a mesma dinâmica da década de 2000, com as instituições portuguesas a manter uma elevada interligação. Estruturalmente, verifica-se um maior protagonismo da Universidade Técnica de Lisboa e da Universidade do Minho, assistindo-se a um decréscimo das redes de coautoria da Universidade Nova de Lisboa e da Universidade Católica Portuguesa.

A nível nacional, destacam-se os artigos realizados em coautoria entre autores da Universidade Nova de Lisboa e da Universidade Técnica de Lisboa com autores do Banco de Portugal, do Iscte-IUL e da Universidade de Évora.

No Norte do país, aumenta também o número de artigos entre autores da Universidade do Minho e da Universidade do Porto, bem como entre autores destas universidades e autores da Universidade de Coimbra. Destaque ainda para o número de artigos entre autores da Universidade do Porto ou da Universidade de Coimbra com autores do INESC ou da Universidade de Aveiro, e da Universidade do Porto com a Universidade Católica Portuguesa.

A nível internacional, salientam-se as coautorias entre autores da Universidade Técnica de Lisboa ou da Universidade do Minho com autores da OECD (Organisation for Economic Co-operation and Development), do IMF (International Monetary Fund), da Università degli Studi di Palermo, da London School of Economics e do Banco Central Europeu.

Na Universidade do Minho, adicionalmente às anteriores, realçam-se as coautorias com autores das universidades norueguesas Norwegian School of Economics (até 2011, Norwegian School of Economics and Business Administration) e Universitetet i Bergen, das universidades britânicas University of York e Queen Mary University of London, do Banco de França, do Banco Mundial e do Institute of Labor Economics (IZA).

Quanto à Universidade Técnica de Lisboa, além das já referidas, destacam-se as coautorias com autores da Université de Perpignan, em França, da University of Illinois e da Carnegie Mellon University, nos EUA, e da Universidad Pública de Navarra, em Espanha.

Entre os autores do Banco de Portugal, são de salientar as coautorias com autores do Banco de Itália, do Banco da Noruega, do Banco Central Europeu e da University of Nottingham e da University of Cambridge, no Reino Unido.

Na Universidade Nova de Lisboa, registam-se, ao contrário de anos anteriores, apenas algumas coautorias com autores da University of South Carolina e da University of Virginia, nos EUA, para lá da Universidade do Algarve e da Autoridade da Concorrência.

Relativamente ao Iscte-IUL, verificam-se coautorias com autores das universidades britânicas University of Surrey e City University London e da holandesa Tilburg University.

Na Universidade de Coimbra, notam-se também coautorias com autores da University of South Carolina, nos EUA, e da London School of Economics.

Por último, a Universidade do Porto manteve uma forte ligação a autores da University of South Carolina e da Pennsylvania State University, nos EUA.

2. Publicações em revistas portuguesas

Para analisar a produção científica em revistas portuguesas, procedeu-se, conforme já indicado anteriormente, a uma seleção dos artigos de Economia presentes em sete revistas portuguesas: *Análise Social*, *Cadernos de Ciências Sociais*, *Economia*, *Economia e Sociologia*, *Estudos de Economia*, *Notas Económicas* e *Revista Crítica de Ciências Sociais*. Foram, assim, analisados 1063 artigos, distribuídos conforme mostra o Quadro 2-14.

Quadro 2-14. Número de artigos por revista

Revista	1980–2015
Análise Social	169
Cadernos de Ciências Sociais	47
Economia	155
Economia e Sociologia	76
Estudos de Economia	311
Notas Económicas	174
RCCS	131
Total	1063

Recolha e tratamento de dados: RECON.

2.1 Número de publicações e padrão autoral

O Quadro 2-15 mostra a distribuição dos artigos publicados nas revistas portuguesas ao longo do tempo.[17] Neste quadro, verifica-se um papel dominante, expresso pelo número de artigos publicados, das revistas *Estudos de Economia* e *Economia*, entre 1980 e 1994, e da revista *Notas Económicas*, a partir de então.

Em paralelo com o que se pode observar no *ranking* NIPE, existe uma mudança nos anos 2000 no que respeita à orientação em termos de publicação científica. Nas décadas de 1980 e 1990, os artigos de economistas afiliados a instituições portuguesas foram maioritariamente publicados em revistas nacionais. A partir do novo milénio, verifica-se um crescimento da publicação em revistas internacionais em detrimento da publicação em revistas nacionais.

[17] As revistas *Estudos de Economia*, *Economia* e *Economia e Sociologia* terminaram as suas publicações em 1999, 2003 e 2010, respetivamente. A revista *Cadernos de Ciências Sociais* mantém ainda hoje a sua publicação, não contendo, no entanto, nenhum artigo na área de Economia nos períodos 2005–2009 e 2010–2015. A revista *Notas Económicas* não tem artigos nos primeiros períodos, pois o primeiro número da revista foi publicado em 1993.

Quadro 2-15. Evolução do número de publicações nas revistas portuguesas, por período

Revista	1980–1984	1985–1989	1990–1994	1995–1999	2000–2004	2005–2009	2010–2015	1980–2015
Análise Social	29	23	35	23	31	19	9	**169**
Cadernos de Ciências Sociais	7	22	12	5	1	0	0	**47**
Economia	29	40	45	25	16	0	0	**155**
Economia e Sociologia	2	9	17	24	17	7	0	**76**
Estudos de Economia	53	85	100	73	0	0	0	**311**
Notas Económicas	0	0	16	62	32	33	31	**174**
RCCS	21	35	10	7	12	23	23	**131**
Total	141	214	235	219	109	82	63	**1063**

Recolha e tratamento de dados: RECON.

De modo similar ao que se verificou nas publicações em revistas internacionais indexadas, também nas revistas portuguesas se constata uma certa dispersão no número de artigos por autor. Conforme se revela no Quadro 2-16, 67,6% dos autores publicaram apenas um artigo ao longo do período em estudo (1980–2015), tendo apenas 1% dos autores publicado mais do que 10 artigos (só um autor tem mais do que 15 artigos publicados).

Quadro 2-16. Número de artigos por autor

N.º de artigos	N.º de autores	%
1	527	67,6
2	119	15,3
3 a 5	108	13,9
6 a 9	18	2,3
10 a 15	7	0,9
mais de 15	1	0,1
Total	780	100

Recolha e tratamento de dados: RECON.

2.2 Instituições

O Quadro 2-17 apresenta um *ranking* das instituições de afiliação dos autores portugueses, construído a partir dos artigos publicados nas revistas portuguesas selecionados para análise.[18]

Neste quadro, compreende-se o papel dominante, expresso pelo número de artigos publicados, das revistas *Estudos de Economia* e *Economia*, entre 1980 e 1994, e da *Notas Económicas*, a partir de então.

Adicionalmente, verifica-se que, de igual modo ao que se pôde observar no *ranking* NIPE, existe uma mudança nos anos 2000. Enquanto nos anos 1980 os artigos de economistas em Portugal foram maioritariamente publicados em revistas nacionais, nos anos 2000 verifica-se um crescimento da publicação em revistas internacionais por parte de algumas instituições, em detrimento da publicação em revistas nacionais.

Os Quadros 2-A-5a a 2-A-5k (em Anexo a este capítulo) detalham o número de artigos «por instituição», constatando-se uma predominância de artigos publicados por autores do ISEG, Universidade de Coimbra, Universidade de Évora, Universidade Nova de Lisboa, Universidade do Porto, Universidade de Lisboa e Universidade Católica Portuguesa, com mais de 50 artigos publicados no período em análise. O número de publicações por revista revela uma predominância de publicações em revistas criadas nas próprias instituições ou noutras com as quais existe alguma proximidade institucional e/ou regional, como é o caso do ISEG com a *Estudos de Economia*, da Universidade de Coimbra com a *Notas Económicas* e a *Revista Crítica de Ciências Sociais*, da Universidade de Évora com a *Economia e Sociologia*, da Universidade Nova de Lisboa e da Universidade Católica Portuguesa com a *Economia*, e do Iscte-IUL com a *Análise Social*.

[18] Este quadro complementa a informação disponibilizada no Quadro 2-3 (NIPE), ao mostrar a produção científica de economistas em Portugal a partir de publicações em revistas nacionais (em que a maior parte não está ou não esteve indexada à *EconLit*).

Quadro 2-17. *Ranking* das universidades portuguesas por publicações nas revistas portuguesas (1980–2015)

Períodos / ***Ranking***	**1980–1984**	**1985–1989**	**1990–1994**	**1995–1999**	**2000–2004**	**2005–2009**	**2010–2015**	**1980–2015**
1	ISEG	ISEG	ISEG	U Coimbra	U Coimbra	U Coimbra	U Coimbra	**ISEG**
2	UNL	U Coimbra	UNL	U Évora	U Évora	U Porto	U Minho	**U Coimbra**
3	U Coimbra	U Porto	U Coimbra	ISEG	ISCTE	ISEG	U Porto	**U Évora**
4	U Lisboa	UNL	U Évora	U Porto	ISEG	U Évora	ISEG	**UNL**
5	UCP	UCP	UCP	UNL	U Lisboa	ISCTE	U Lisboa	**U Porto**
6	U Porto	U Évora	U Porto	U Lisboa	U Porto			**U Lisboa**
7	ISCTE	U Lisboa	U Lisboa	BdP	UNL			**UCP**
8		ISCTE	ISCTE	UCP	U Minho			**ISCTE**
9		Min. Fin.	BdP	U Minho				**U Minho**
10			UTAD	UTAD				**BdP**

Recolha e tratamento de dados: RECON.

2.3 Áreas temáticas

No Quadro 2-18, apresenta-se, em percentagem, o peso de cada código JEL no conjunto total dos artigos por revista.[19] Nestas contagens, é possível identificar a orientação editorial de cada revista, bem como as tendências em torno dos objetos de estudo e das metodologias adotadas. Numa análise global, verifica-se que o tema predominante nos artigos publicados em revistas portuguesas, com base na classificação JEL, é *Mathematical and Quantitative Methods* (C), atribuído a 14,9% dos artigos. No entanto, quando se analisa por revista, verifica-se uma tendência diferente. Na revista *Análise Social*, predomina o tema *Economic History* (N); na revista *Cadernos de Ciência Sociais*, o tema *Labor and Demographic Economics* (J); nas revistas *Economia* e *Estudos de Economia*, o tema *Mathematical and Quantitative Methods* (C); nas revistas *Economia e Sociologia* e *Revista Crítica de Ciências Sociais*, o tema *Agricultural and Natural Resource Economics, Environmental and Ecological Economics* (Q); e na revista *Notas Económicas*, predominam os temas *Mathematical and Quantitative Methods* (C) e *International Economics* (F).

[19] Para efetuar uma análise ao código JEL semelhante à realizada para as publicações internacionais, foi necessário proceder a uma atribuição da classificação JEL aos artigos. A atribuição do código JEL, à semelhança da seleção dos artigos, foi efetuada por dois membros da equipa de investigação do projeto RECON.

Numa análise à evolução do código JEL por período (Quadro 2-19), verifica-se que existe ao longo dos anos uma predominância de temas como *Mathematical and Quantitative Methods* (C), *International Economics* (F), *Economic Development, Innovation, Technological Change and Growth* (O) e *Macroeconomics and Monetary Economics* (E). Destaca-se, no período 1980–1984, a predominância da temática *Agricultural and Natural Resource Economics — Environmental and Ecological Economics* (Q), ainda que nos períodos seguintes este tema perca peso, dando lugar aos temas mencionados anteriormente.

Quadro 2-18. Código JEL, por revista

	Análise Social		*Cadernos Ciências Sociais*		*Economia*		*Economia e Sociologia*		*Estudos de Economia*		*Notas Económicas*		*RCCS*		Total	
Código JEL	Art.	%	Art.	%	Art.	%	Art.	%	Art.	%	Art.	%	Art.	%	Art.	%
C	11	4,5	0	0,0	54	23,7	2	2,6	106	21,8	56	17,3	0	0,0	229	14,9
F	25	10,3	3	5,8	25	11,0	14	18,4	69	14,2	50	15,4	4	3,0	190	12,3
O	30	12,3	8	15,4	8	3,5	13	17,1	51	10,5	23	7,1	15	11,3	148	9,6
E	11	4,5	3	5,8	26	11,4	2	2,6	39	8,0	41	12,7	2	1,5	124	8,0
Q	13	5,3	7	13,5	12	5,3	21	27,6	28	5,8	6	1,9	24	18,0	111	7,2
D	9	3,7	1	1,9	26	11,4	2	2,6	35	7,2	29	9,0	8	6,0	110	7,1
N	75	30,9	1	1,9	2	0,9	0	0,0	23	4,7	5	1,5	0	0,0	106	6,9
J	19	7,8	13	25,0	11	4,8	4	5,3	17	3,5	15	4,6	13	9,8	92	6,0
H	11	4,5	3	5,8	12	5,3	2	2,6	19	3,9	21	6,5	5	3,8	73	4,7
L	13	5,3	3	5,8	15	6,6	0	0,0	15	3,1	15	4,6	8	6,0	69	4,5
R	4	1,6	1	1,9	1	0,4	9	11,8	21	4,3	10	3,1	15	11,3	61	4,0
I	5	2,1	1	1,9	9	3,9	0	0,0	16	3,3	10	3,1	11	8,3	52	3,4
B	5	2,1	4	7,7	4	1,8	0	0,0	17	3,5	9	2,8	9	6,8	48	3,1
G	1	0,4	0	0,0	13	5,7	2	2,6	15	3,1	16	4,9	0	0,0	47	3,0
A	0	0,0	2	3,8	8	3,5	3	3,9	7	1,4	6	1,9	0	0,0	26	1,7
P	7	2,9	2	3,8	0	0,0	0	0,0	3	0,6	1	0,3	11	8,3	24	1,6
M	1	0,4	0	0,0	2	0,9	2	2,6	2	0,4	7	2,2	2	1,5	16	1,0
K	0	0,0	0	0,0	0	0,0	0	0,0	2	0,4	2	0,6	3	2,3	7	0,5
Z	2	0,8	0	0,0	0	0,0	0	0,0	1	0,2	2	0,6	1	0,8	6	0,4
Y	1	0,4	0	0,0	0	0,0	0	0,0	0	0,0	0	0,0	2	1,5	3	0,2
	243	100	52	100	228	100	76	100	486	100	324	100	133	100	1542	100

Recolha e tratamento de dados: RECON.

Quadro 2-19. Código JEL, por período

	1980–1984		1985–1989		1990–1994		1995–1999		2000–2004		2005–2009		2010–2015		1980–2015	
Código JEL	Total	%	Total	%	Total	%	Total	%	Total	%	Total	%	Total	%	Total	%
C	24	12,6	35	12,4	59	17,7	61	17,9	23	13,7	15	12,0	12	11,7	229	14,9
F	21	11,1	36	12,7	39	11,7	65	19,1	8	4,8	14	11,2	7	6,8	190	12,3
O	25	13,2	32	11,3	38	11,4	20	5,9	12	7,1	17	13,6	4	3,9	148	9,6
E	19	10,0	19	6,7	23	6,9	44	12,9	11	6,5	4	3,2	4	3,9	124	8,0
Q	34	17,9	19	6,7	27	8,1	19	5,6	5	3,0	1	0,8	6	5,8	111	7,2
D	6	3,2	28	9,9	24	7,2	12	3,5	14	8,3	10	8,0	16	15,5	110	7,1
N	8	4,2	17	6,0	30	9,0	21	6,2	18	10,7	9	7,2	3	2,9	106	6,9
J	10	5,3	17	6,0	17	5,1	15	4,4	16	9,5	13	10,4	4	3,9	92	6,0
H	11	5,8	13	4,6	14	4,2	15	4,4	7	4,2	7	5,6	6	5,8	73	4,7
L	4	2,1	9	3,2	20	6,0	14	4,1	6	3,6	8	6,4	8	7,8	69	4,5
R	10	5,3	16	5,7	12	3,6	10	2,9	9	5,4	2	1,6	2	1,9	61	4,0
I	4	2,1	8	2,8	8	2,4	7	2,1	11	6,5	6	4,8	8	7,8	52	3,4
B	6	3,2	9	3,2	7	2,1	10	2,9	5	3,0	5	4,0	6	5,8	48	3,1
G	2	1,1	5	1,8	7	2,1	14	4,1	11	6,5	1	0,8	7	6,8	47	3,0
A	1	0,5	6	2,1	2	0,6	5	1,5	9	5,4	1	0,8	2	1,9	26	1,7
P	4	2,1	7	2,5	4	1,2	1	0,3	2	1,2	3	2,4	3	2,9	24	1,6
M	1	0,5	5	1,8	0	0,0	4	1,2	0	0,0	5	4,0	1	1,0	16	1,0
K	0	0,0	2	0,7	2	0,6	0	0,0	1	0,6	1	0,8	1	1,0	7	0,5
Z	0	0,0	0	0,0	0	0,0	3	0,9	0	0,0	1	0,8	2	1,9	6	0,4
Y	0	0,0	0	0,0	0	0,0	0	0,0	0	0,0	2	1,6	1	1,0	3	0,2
Total	190	100	283	100	333	100	340	100	168	100	125	100	103	100	1542	100

Recolha e tratamento de dados: RECON.

Quadro 2-20. Código JEL 2, por período

	1980–1984		1985–1989		1990–1994		1995–1999		2000–2004		2005–2009		2010–2015		1980–2015	
Código JEL	Total	%	Total	%	Total	%	Total	%	Total	%	Total	%	Total	%	Total	%
C6	18	9,4	19	6,3	18	5,0	21	5,5	6	3,3	5	3,3	2	1,6	89	5,3
Q1	28	14,6	16	5,3	20	5,6	16	4,2	4	2,2	0	0,0	1	0,8	85	5,0
F1	9	4,7	14	4,6	15	4,2	23	6,0	5	2,8	2	1,3	3	2,5	71	4,2
O1	17	8,9	17	5,6	15	4,2	8	2,1	2	1,1	7	4,6	1	0,8	67	4,0
C5	4	2,1	6	2,0	19	5,3	21	5,5	9	5,0	2	1,3	1	0,8	62	3,7
F3	2	1,0	3	1,0	5	1,4	32	8,4	0	0,0	1	0,7	5	4,1	48	2,8
N1	2	1,0	12	3,9	14	3,9	12	3,1	5	2,8	1	0,7	0	0,0	46	2,7
O3	1	0,5	10	3,3	13	3,6	5	1,3	5	2,8	3	2,0	1	0,8	38	2,2
C3	1	0,5	7	2,3	18	5,0	6	1,6	3	1,7	1	0,7	0	0,0	36	2,1
F5	4	2,1	8	2,6	10	2,8	9	2,4	0	0,0	2	1,3	0	0,0	33	2,0
E2	6	3,1	5	1,6	4	1,1	9	2,4	5	2,8	3	2,0	1	0,8	33	2,0

Recolha e tratamento de dados: RECON.

O Quadro 2-20 mostra que as principais subáreas da área *Mathematical and Quantitative Methods* (C) foram *Mathematical Methods, Programming Models, Mathematical and Simulation Modeling* (C6), *Econometric Modeling* (C5) e *Multiple or Simultaneous Equation Models, Multiple Variables* (C3); na área *Agricultural and Natural Resource Economics — Environmental and Ecological Economics* (Q), foi sobretudo *Agriculture* (Q1); na temática *International Economics* (F), destacam-se as subáreas *Trade* (F1), *International Finance* (F3) e *International Relations, National Security, and International Political Economy* (F5); e, para a área *Economic Development, Innovation, Technological Change and Growth* (O), como nas revistas internacionais, contribuem principalmente *Economic Development* (O1) e *Innovation, Research and Development, Technological Change, Intellectual Property Rights* (O3); na área *Macroeconomics and Monetary Economics* (E), realça-se sobretudo *Consumption, Saving, Production, Investment, Labor Markets, and Informal Economy* (E2).

Além desta análise às áreas sobre as quais incidiram os artigos publicados nas revistas portuguesas, procedeu-se também a uma classificação dos artigos em função da relação ou não com o estudo da economia portuguesa, tendo-se atribuído a classificação «1» aos artigos «não relacionados empiricamente com a economia portuguesa» e a classificação «2» aos artigos «relacionados empiricamente com a economia portuguesa». Os resultados obtidos constam dos Quadros 2-21 e 2-22.

Quadro 2-21. Códigos JEL 1* e 2, por período**

Classificação	1980–1984	1985–1989	1990–1994	1995–1999	2000–2004	2005–2009	2010–2015	1980–2015
1*	36,2%	39,3%	36,6%	40,2%	35,8%	47,6%	36,5%	38,6%
2**	63,8%	60,7%	63,4%	59,8%	64,2%	52,4%	63,5%	61,4%

* Artigos não relacionados empiricamente com a economia portuguesa.
** Artigos relacionados empiricamente com a economia portuguesa.
Recolha e tratamento de dados: RECON.

O Quadro 2-21 mostra que entre 1980 e 2015 existiu, nas revistas portuguesas em análise, uma predominância de artigos empiricamente relacionados com a economia portuguesa, pois, conforme revela o Quadro 2-22, a única revista onde predominam os artigos não relacionados empiricamente com a economia portuguesa é a revista *Economia e Sociologia*, tendo as revistas *Análise Social* e *Revista Crítica de Ciências Sociais* (RCCS) uma grande percentagem de artigos relacionados empiricamente com a economia portuguesa — 87% e 78%, respetivamente.

Quadro 2-22. Códigos JEL 1* e 2, por revista (1980–2015)**

Revista	1*	%	2**	%	Total
Análise Social	22	13,0	147	87,0	169
Cadernos de Ciências Sociais	21	44,7	26	55,3	47
Economia	76	49,0	79	51,0	155
Economia e Sociologia	47	61,8	29	38,2	76
Estudos de Economia	131	42,1	180	57,9	311
Notas Económicas	84	48,3	90	51,7	174
RCCS	29	22,1	102	77,9	131
Total	410		653		1063

* Artigos não relacionados empiricamente com a economia portuguesa.
** Artigos relacionados empiricamente com a economia portuguesa.
Recolha e tratamento de dados: RECON.

Em termos evolutivos, destaque apenas para a revista *RCCS*, que diminuiu o número de artigos com classificação «2» entre 2005 e 2015 (correspondendo, neste período, a cerca de metade dos artigos) relativamente aos períodos anteriores, e para a revista *Economia*, que, nos períodos 1980–1984 e 1985–1989, apresentava mais artigos com classificação «1», 69% e 65%, respetivamente, algo que se inverte nos períodos seguintes. Relativamente às restantes revistas, o padrão mantém-se constante com o que é apresentado para o período total, entre 1980 e 2015 (Quadro 2-A-6, em Anexo).

2.4 Referências bibliográficas

2.4.1 Autores mais referenciados

Para analisar as referências bibliográficas dos artigos publicados em revistas nacionais por autores afiliados a instituições portuguesas, foram selecionados os mesmos períodos de análise escolhidos para as revistas internacionais, com exceção do período 2011–2012, dado que o número de artigos em revistas portuguesas é relativamente reduzido neste último período.

De forma similar ao que se verificou na análise às referências bibliográficas das publicações em revistas internacionais, o Quadro 2-23 mostra que existe uma grande dispersão dos autores referenciados, mas, inversamente, verifica-se uma maior presença de referências a autores portugueses e uma maior pluralidade.

Quadro 2-23. Autores mais referenciados

	1987–1990			1997–1999		
	Autor	N.º de public.	Total de referências	Autor	N.º de public.	Total de referências
1.	P. Samuelson	12	16	R. J. Barro	12	22
2.	Boaventura S. Santos	11	19	P. Krugman	11	16
3.	K. J. Arrow	11	15	N. Valério	10	23
4.	José Reis	9	15	R. E. Lucas Jr.	9	13
5.	J. A. Schumpeter	9	12	A.B. Nunes	8	15
6.	J. E. Stiglitz	7	17	R. R. Nelson	8	12
7.	J. Johnston	7	8	E. Mata	8	17
8.	R. R. Nelson	6	7	J. E. Stiglitz	8	14
9.	A. J. Culyer	6	7	Jaime Reis	8	22
10.	A. Lipietz	6	9	D. F. Hendry	7	13
11.	P. Aydalot	6	8	S. G. Winter	7	9
12.	H. R. Varian	6	6	P. Perron	7	22
13.	J. M. G. Caraça	5	10	R. F. Engle	7	13
14.	A. M. Figueiredo	5	5	A. Maddison	7	12
15.	Giorgio Fua	5	5	R. M. Solow	7	12
16.	B. Balassa	5	11	D. Justino	7	9
17.	W. J. Baumol	5	11	P. B. Kenen	7	9
18.	J. N. Bhagwati	5	6	X. Sala-i-Martin	6	12
19.	W. A. Lewis	5	6	C. W. J. Granger	6	12
20.	R. G. D. Allen	5	5	P. Lains	6	9

Recolha e tratamento de dados: RECON.

2.4.2 Principais revistas referenciadas

Conforme os artigos publicados em revistas internacionais indexadas, a maioria das revistas referenciadas em artigos publicados em revistas portuguesas são dos EUA e do Reino Unido e de grande difusão internacional. Contudo, destaca-se nas revistas mais citadas a presença de artigos publicados em revistas portuguesas, como a *Análise Social*, *Estudos de Economia* e *Economia*, ausentes das principais revistas citadas em artigos publicados em revistas internacionais indexadas (ver Quadros 2-A-7 e 2-A-8, em Anexo a este capítulo).

Conclusões

O mapeamento realizado neste capítulo apresenta uma primeira visão de conjunto da investigação que se fez em Portugal no passado recente, expressa pelas publicações em revistas nacionais e internacionais.

Num contexto de aproximação aos padrões de investigação internacionais da ciência, este período foi marcado por um forte crescimento do número de publicações em revistas indexadas por parte dos economistas afiliados a instituições portuguesas, apesar de um maior número de publicações em revistas nacionais até ao final do século XX. Contudo, esta evolução não foi uniforme no conjunto das instituições portuguesas. Os autores da Universidade Nova de Lisboa, da Universidade Católica de Lisboa, do Banco de Portugal e da Universidade do Porto assumem de forma mais clara esta tendência de internacionalização face às restantes universidades no último quartel do século XX. Após a viragem para o presente século, as restantes universidades com faculdades de Economia acompanham este processo de internacionalização, dando-se um processo de convergência relativamente aos padrões de publicação iniciados no período anterior, diminuindo a proporção de publicações em revistas nacionais. O peso das coautorias «internacionais» nas publicações, os principais autores e revistas citados nas referências bibliográficas dos artigos, bem como a interligação evidenciada pelas coautorias interinstitucionais a nível nacional, além de mostrarem a tendência para a colaboração na produção científica, sustentam esta tendência de internacionalização (sobretudo com incidência norte-americana e europeia) da ciência económica em Portugal e da convergência das universidades portuguesas para um padrão comum.

Do ponto de vista temático, a evolução dos artigos publicados em revistas internacionais sugere que os autores se dedicaram sobretudo a trabalhos nas áreas da Microeconomia, Macroeconomia, Economia Monetária e Financeira e do Desenvolvimento Económico. Nas revistas nacionais, este padrão é relativamente distinto, dado que, além do Desenvolvimento Económico, se destacam os trabalhos em Métodos Matemáticos e Quantitativos, Economia Internacional e, em decréscimo nos últimos anos, Agricultura.

A análise das revistas nacionais revela ainda que, ao longo do período, os trabalhos dedicados à economia portuguesa representam pouco mais de metade do total das publicações, sendo que para este valor contribuem principalmente as publicações nas revistas *Análise Social* e *Revista Crítica de Ciências Sociais*, não exclusivamente dedicadas à área da Economia, mas às Ciências Sociais como um todo. As principais revistas e autores citados nos artigos publicados em revistas nacionais mostram ainda que, contrariamente às revistas internacionais, são citados mais autores portugueses, além de se revelar um maior pluralismo intra e interdisciplinar.

O mapeamento, essencialmente quantitativo, realizado neste capítulo constitui um primeiro exercício para procurar traçar o percurso da investigação publicada em Economia no passado recente em Portugal, mas não esgota a sua análise. Algumas dimensões analisadas deverão ser aprofundadas. Por exemplo, a classificação dos artigos e das referências bibliográficas do ponto de vista temático e metodológico; os lugares de formação académica dos autores; a caracterização das revistas onde os autores publicaram; o estudo de caso de instituições, de autores e dos debates científicos em que participaram; a análise integrada de dimensões das publicações, como o cruzamento entre redes de instituições, revistas onde os artigos são publicados e as citações bibliográficas; a interconexão destes elementos com as transformações institucionais das universidades e o contexto económico-político em que ocorreram permitirão descortinar de forma mais aprofundada as comunidades científicas e as correntes de pensamento económico em que se inserem.

Deste modo, a compreensão das mudanças que ocorreram neste período, as dinâmicas institucionais que lhes estiveram subjacentes, a estrutura da investigação e da comunidade académica, a estrutura dos tópicos de pesquisa, ou o desenvolvimento de redes nacionais e internacionais exige análises mais detalhadas, quer de natureza quantitativa, quer de natureza qualitativa. Em todo o caso, os resultados disponibilizados neste capítulo constituirão, assim o cremos, um importante recurso para o conhecimento da Economia que se tem vindo a produzir em Portugal.

Referências bibliográficas

Brandes, Ulrik; Kenis, Patrick; Raab, Jörg (2005), «La explicación a través de la visualización de redes», *REDES — Revista hispana para el análisis de redes sociales*, 9(6). https://doi.org/10.5565/rev/redes.75.

Coats, A. W. (org.) (1996), *The Post-1945 Internationalization of Economics, Annual Supplement to Volume 28, History of Political Economy*. Durham, NC; Londres: Duke University Press.

Guimarães, Paulo (2002), «The state of Portuguese research in economics: an analysis based on publications in international journals», *Portuguese Economic Journal*, 1(1): 3–25. https://doi.org/10.1007/s10258-001-0003-7.

Koseoglu, Mehmet Ali (2016), «Mapping the institutional collaboration network of strategic management research: 1980–2014», *Scientometrics*, 109(1): 203–226. https://doi.org/10.1007/s11192-016-1894-5.

Lebaron, Frédéric (1999), «Le champ des économistes français à la fin des années 1990. Luttes de définition, autonomie et structure», Comunicação apresentada no IDESP, São Paulo, 4 de outubro. http://lebaron-frederic.e-monsite.com/medias/files/saopaulo cor.pdf.

Loureiro, Maria Rita; Lima, Gilberto Tadeu (1994), «A internacionalização da ciência econômica no Brasil», *Revista de Economia Política*, 14(3): 31–50. https://centrode economiapolitica.org/repojs/index.php/journal/article/view/1290.

Mata, José (1995), «A investigação em economia em Portugal: 1980–1994», *Economia*, 19(2): 73–100.

Montecinos, Verónica; Markoff, John (orgs.) (2009), *Economists in the Americas*. Cheltenham; Northampton, MA: Edward Elgar.

Persson, Olle *et al.* (1992), «Swedish economics on the international scene», *in* Lars Engwall (org.), *Economics in Sweden: An Evaluation of Swedish Research in Economics*. Londres; Nova Iorque: Routledge, 90–109.

Santos, José; Santos, Margarida (2016), «Co-authorship networks: Collaborative research structures at the journal level», *Tourism & Management Studies*, 12(1): 5–13. https://doi.org/10.18089/tms.2016.12101.

ANEXOS

Quadro 2-A-1. Áreas em que os autores em instituições portuguesas publicaram (com base no segundo nível do código JEL), em percentagem (total superior a 2%), por período

1991–1995			1996–2000			2001–2005			2006–2010			2011–2015			Total		
Código JEL	N.º de artigos	%	Cód. JEL	N.º de artigos	%	Cód. JEL	N.º de artigos	%	Cód. JEL	N.º de artigos	%	Cód. JEL	N.º de artigos	%	Cód. JEL	N.º de artigos	%
L1	17	11,81	L1	31	8,01	G1	45	4,09	G1	104	4,72	G1	184	4,47	G1	342	4,30
D4	8	5,56	Q2	17	4,39	L1	40	3,63	E3	86	3,90	G3	159	3,86	L1	323	4,06
J6	6	4,17	G2	13	3,36	O1	37	3,36	L1	77	3,50	L1	158	3,84	G3	263	3,31
N1	6	4,17	O3	11	2,84	J2	37	3,36	E2	73	3,31	O1	135	3,28	O1	243	3,06
J2	5	3,47	F1	11	2,84	O3	31	2,82	O3	70	3,18	E2	129	3,13	E3	237	2,98
L6	5	3,47	L6	11	2,84	E3	29	2,63	G3	68	3,09	L9	127	3,08	E2	228	2,87
F2	5	3,47	F2	11	2,84	O4	29	2,63	O4	68	3,09	Q5	126	3,06	O3	228	2,87
E1	5	3,47	C2	11	2,84	G2	28	2,54	O1	62	2,81	L2	122	2,96	J2	224	2,82
G3	4	2,78	E3	9	2,33	F3	28	2,54	D2	62	2,81	D8	122	2,96	G2	217	2,73
E3	4	2,78	F3	9	2,33	G3	27	2,45	L2	60	2,72	G2	121	2,94	L2	199	2,50
G2	4	2,78	J3	9	2,33	I1	27	2,45	J2	56	2,54	J2	119	2,89	D2	194	2,44
O4	4	2,78	D4	9	2,33	C2	27	2,45	G2	51	2,32	O3	113	2,74	D8	190	2,39
D1	4	2,78	G1	8	2,07	J3	26	2,36	F1	50	2,27	E3	109	2,65	L9	189	2,38
E2	3	2,08	O1	8	2,07	F2	25	2,27	D8	48	2,18	D2	102	2,48	O4	169	2,13
O3	3	2,08	D7	8	2,07	J6	25	2,27	L8	44	2,00	Q4	90	2,19	F3	168	2,11
L2	3	2,08	C5	8	2,07	D2	24	2,18	J3	43	1,95	F3	88	2,14	Q5	167	2,10
Total	144	100		387	100		1101	100		2203	100		4117	100		7952	100

Fonte: Investigação em Economia em Portugal: Pessoas e Instituições.
Tratamento de dados: RECON.

Quadro 2-A-2. Principais revistas referenciadas no período 1987–1990[20]

	1987–1990		
	Revista	**N.º de artigos**	**Total de citações**
1	*American Economic Review*	17	30
2	*Quarterly Journal of Economics*	10	15
3	*Econometrica*	9	14
4	*Review of Economic Studies*	9	11
5	*Journal of Political Economy*	9	31
6	*Rand Journal of Economics*	6	14
7	*Bell Journal of Economics*	5	8
8	*Southern Economic Journal*	5	6
9	*Industrial & Labor Relations Review*	4	9
10	*Journal of Labor Economics*	4	8
11	*International Economic Review*	4	5
12	*Economic Journal*	4	4
13	*Economica*	4	4
14	*Public Finance*	3	3
15	*Review of Economics and Statistics*	3	4
16	*Journal of International Economics*	3	5
17	*Annals of Economic and Social Measurement*	3	3
18	*Monthly Labor Review*	3	3
19	*Journal of Public Economics*	3	4
20	*Journal of Economics and Business*	2	2
21	*Review of Income and Wealth*	2	4
22	*Journal of Econometrics*	2	2
23	*Journal of Economic Theory*	2	2
24	*Journal of Time Series Analysis*	2	2
25	*Oxford Economic Papers*	2	3
26	*Information Economics and Policy*	2	3
27	*British Journal of Industrial Relations*	2	2
28	*Applied Economics*	2	2
29	*Journal of Statistical Physics*	1	1
30	*Journal of the American Statistical Association*	1	1

[20] Neste quadro e nos seguintes neste Anexo, a fonte corresponde à base de dados Investigação em Economia em Portugal: Pessoas e Instituições; e o tratamento de dados foi efetuado pelo RECON.

Quadro 2-A-3. Principais revistas referenciadas no período 1997–1999

	1997–1999		
	Revista	N.º de artigos	Total de citações
1	*Econometrica*	37	76
2	*American Economic Review*	36	67
3	*Journal of Political Economy*	22	40
4	*Quarterly Journal of Economics*	21	33
5	*Review of Economic Studies*	18	25
6	*Journal of Econometrics*	15	32
7	*Journal of Economic Theory*	12	28
8	*Economic Journal*	12	17
9	*Review of Economics and Statistics*	11	19
10	*International Journal of Industrial Organization*	10	12
11	*Journal of Business & Economic Statistics*	9	17
12	*Journal of Economic Literature*	9	10
13	*Journal of Monetary Economics*	9	26
14	*International Economic Review*	8	9
15	*Economica*	8	13
16	*Journal of Applied Econometrics*	7	11
17	*Economics Letters*	7	10
18	*Journal of Public Economics*	7	14
19	*Oxford Economic Papers*	7	8
20	*Canadian Journal of Economics*	7	9
21	*European Economic Review*	6	9
22	*Oxford Bulletin of Economics and Statistics*	6	8
23	*RAND Journal of Economics*	6	6
24	*Journal of International Economics*	6	13
25	*Journal of Mathematical Economics*	6	21
26	*Journal of the American Statistical Association*	6	10
27	*Journal of Money, Credit and Banking*	5	8
28	*Journal of Economic Perspectives*	5	5
29	*Journal of Finance*	5	14
30	*Journal of Economic Dynamics and Control*	5	6

Quadro 2-A-4. Principais revistas referenciadas no período 2011–2012

	2011–2012		
	Revista	**N.º de artigos**	**Total de citações**
1	*American Economic Review*	168	374
2	*Econometrica*	146	305
3	*Quarterly Journal of Economics*	136	240
4	*Journal of Political Economy*	132	233
5	*Review of Economics and Statistics*	97	140
6	*Economic Journal*	94	135
7	*Review of Economic Studies*	92	123
8	*Journal of Econometrics*	88	170
9	*European Economic Review*	82	128
10	*Journal of Monetary Economics*	69	119
11	*Journal of Economic Literature*	69	87
12	*Economics Letters*	69	92
13	*Journal of Finance*	68	293
14	*Applied Economics*	61	103
15	*Journal of Applied Econometrics*	51	65
16	*Journal of Financial Economics*	47	169
17	*Journal of Economic Dynamics and Control*	46	56
18	*International Economic Review*	45	53
19	*Applied Economics Letters*	43	49
20	*Journal of the American Statistical Association*	43	55
21	*Rand Journal of Economics*	43	75
22	*Journal of Public Economics*	42	67
23	*Journal of Economic Perspectives*	42	58
24	*Journal of International Economics*	41	87
25	*International Journal of Industrial Organization*	40	87
26	*Journal of Economic Theory*	39	72
27	*Journal of Banking & Finance*	38	78
28	*Journal of Money, Credit and Banking*	37	52
29	*Economica*	35	40
30	*Review of Financial Studies*	35	92

Quadro 2-A-5a. N.º de artigos em Economia publicados em revistas portuguesas, por autores do ISEG (1980–2015)

Revista	1980–1984	1985–1989	1990–1994	1995–1999	2000–2004	2005–2009	2010–2015	1980–2015
Análise Social	5	0	4	2	5	7	0	**23**
Cadernos de Ciências Sociais	0	3	1	0	0	0	0	**4**
Economia	0	0	5	3	2	0	0	**10**
Economia e Sociologia	0	0	0	0	1	0	0	**1**
Estudos de Economia	29	55	56	20	0	0	0	**160**
Notas Económicas	0	0	1	7	4	3	4	**19**
RCCS	2	4	0	1	0	2	1	**10**
Total	36	62	67	33	12	12	5	**227**

Quadro 2-A-5b. N.º de artigos em Economia publicados em revistas portuguesas, por autores da U Coimbra (1980–2015)

Revista	1980–1984	1985–1989	1990–1994	1995–1999	2000–2004	2005–2009	2010–2015	1980–2015
Análise Social	1	0	1	1	3	0	1	**7**
Cadernos de Ciências Sociais	0	0	0	0	0	0	0	**0**
Economia	3	0	0	0	0	0	0	**3**
Economia e Sociologia	0	0	0	2	0	0	0	**2**
Estudos de Economia	1	2	5	7	0	0	0	**15**
Notas Económicas	0	0	14	32	15	8	17	**86**
RCCS	6	19	7	4	9	15	14	**74**
Total	11	21	27	46	27	23	32	**187**

Quadro 2-A-5c. N.º de artigos em Economia publicados em revistas portuguesas, por autores da U Évora (1980–2015)

Revista	1980–1984	1985–1989	1990–1994	1995–1999	2000–2004	2005–2009	2010–2015	1980–2015
Análise Social	0	0	0	4	1	1	0	**6**
Cadernos de Ciências Sociais	0	0	0	0	0	0	0	**0**
Economia	0	0	0	1	0	0	0	**1**
Economia e Sociologia	2	9	16	19	13	5	0	**64**
Estudos de Economia	0	2	1	11	0	0	0	**14**
Notas Económicas	0	0	0	2	2	2	2	**8**
RCCS	0	0	0	1	0	0	0	**1**
Total	2	11	17	38	16	8	2	**94**

Quadro 2-A-5d. N.º de artigos em Economia publicados em revistas portuguesas, por autores da UNL (1980–2015)

Revista	1980–1984	1985–1989	1990–1994	1995–1999	2000–2004	2005–2009	2010–2015	1980–2015
Análise Social	1	3	3	6	1	3	1	**18**
Cadernos de Ciências Sociais	0	0	1	0	0	0	0	**1**
Economia	10	15	20	7	3	0	0	**55**
Economia e Sociologia	0	0	0	0	0	0	0	**0**
Estudos de Economia	1	1	4	2	0	0	0	**8**
Notas Económicas	0	0	0	2	0	1	0	**3**
RCCS	0	1	1	0	1	0	0	**3**
Total	12	20	29	17	5	4	1	**88**

Quadro 2-A-5e. N.º de artigos em Economia publicados em revistas portuguesas, por autores da U Porto (1980–2015)

Revista	1980–1984	1985–1989	1990–1994	1995–1999	2000–2004	2005–2009	2010–2015	1980–2015
Análise Social	1	0	1	1	3	1	0	**7**
Cadernos de Ciências Sociais	2	10	5	1	1	0	0	**19**
Economia	2	4	3	2	0	0	0	**11**
Economia e Sociologia	0	0	0	0	0	2	0	**2**
Estudos de Economia	2	5	4	8	0	0	0	**19**
Notas Económicas	0	0	1	9	1	10	5	**26**
RCCS	0	2	0	0	0	0	1	**3**
Total	7	21	14	21	5	13	6	**87**

Quadro 2-A-5f. N.º de artigos em Economia publicados em revistas portuguesas, por autores da U Lisboa (1980–2015)

Revista	1980–1984	1985–1989	1990–1994	1995–1999	2000–2004	2005–2009	2010–2015	1980–2015
Análise Social	2	2	10	7	7	4	3	**35**
Cadernos de Ciências Sociais	0	0	0	0	0	0	0	**0**
Economia	1	0	0	0	0	0	0	**1**
Economia e Sociologia	0	0	0	1	0	0	0	**1**
Estudos de Economia	2	2	3	1	0	0	0	**8**
Notas Económicas	0	0	0	0	0	0	0	**0**
RCCS	6	4	0	0	0	0	2	**12**
Total	11	8	13	9	7	4	5	**57**

Quadro 2-A-5g. N.º de artigos em Economia publicados em revistas portuguesas, por autores da UCP (1980–2015)

Revista	1980–1984	1985–1989	1990–1994	1995–1999	2000–2004	2005–2009	2010–2015	1980–2015
Análise Social	1	0	1	0	0	0	0	**2**
Cadernos de Ciências Sociais	0	0	0	0	0	0	0	**0**
Economia	8	15	15	3	4	0	0	**45**
Economia e Sociologia	0	0	0	0	0	0	0	**0**
Estudos de Economia	1	0	1	2	0	0	0	**4**
Notas Económicas	0	0	0	1	0	1	0	**2**
RCCS	0	0	0	0	0	0	0	**0**
Total	10	15	17	6	4	1	0	**53**

Quadro 2-A-5h. N.º de artigos em Economia publicados em revistas portuguesas, por autores do Iscte-IUL (1980–2015)

Revista	1980–1984	1985–1989	1990–1994	1995–1999	2000–2004	2005–2009	2010–2015	1980–2015
Análise Social	4	3	1	1	9	2	1	**21**
Cadernos de Ciências Sociais	0	0	0	0	0	0	0	**0**
Economia	0	0	1	0	1	0	0	**2**
Economia e Sociologia	0	0	0	0	0	0	0	**0**
Estudos de Economia	0	0	3	0	0	0	0	**3**
Notas Económicas	0	0	0	0	3	3	2	**8**
RCCS	1	2	2	0	0	2	0	**7**
Total	5	5	7	1	13	7	3	**41**

Quadro 2-A-5i. N.º de artigos em Economia publicados em revistas portuguesas, por autores da U Minho (1980–2015)

Revista	1980–1984	1985–1989	1990–1994	1995–1999	2000–2004	2005–2009	2010–2015	1980–2015
Análise Social	0	0	0	1	0	0	1	**2**
Cadernos de Ciências Sociais	0	0	0	0	0	0	0	**0**
Economia	0	0	0	0	1	0	0	**1**
Economia e Sociologia	0	0	0	0	0	0	0	**0**
Estudos de Economia	0	0	2	2	0	0	0	**4**
Notas Económicas	0	0	0	1	3	3	6	**13**
RCCS	0	0	0	1	1	1	1	**4**
Total	0	0	2	5	5	4	8	**24**

Quadro 2-A-5j. N.º de artigos em Economia publicados em revistas portuguesas, por autores do Banco de Portugal (1980–2015)

Revista	1980–1984	1985–1989	1990–1994	1995–1999	2000–2004	2005–2009	2010–2015	1980–2015
Análise Social	0	0	0	0	0	0	0	**0**
Cadernos de Ciências Sociais	0	0	0	0	0	0	0	**0**
Economia	2	3	5	4	0	0	0	**14**
Economia e Sociologia	0	0	0	0	0	0	0	**0**
Estudos de Economia	0	1	0	2	0	0	0	**3**
Notas Económicas	0	0	0	1	0	0	0	**1**
RCCS	0	0	0	0	0	0	0	**0**
Total	2	4	5	7	0	0	0	**18**

Quadro 2-A-5k. N.º de artigos em Economia publicados em revistas portuguesas, por autores da UTAD (1980–2015)

Revista	1980–1984	1985–1989	1990–1994	1995–1999	2000–2004	2005–2009	2010–2015	1980–2015
Análise Social	0	0	0	0	1	0	0	**1**
Cadernos de Ciências Sociais	0	0	1	0	0	0	0	**1**
Economia	0	0	1	1	0	0	0	**2**
Economia e Sociologia	0	0	0	0	0	0	0	**0**
Estudos de Economia	0	0	3	2	0	0	0	**5**
Notas Económicas	0	0	0	2	1	0	0	**3**
RCCS	2	0	0	0	0	1	0	**3**
Total	2	0	5	5	2	1	0	**15**

Quadro 2-A-6. Códigos JEL 1* e 2, por revista e por período (1980–2015), em percentagem**

Revista	1980–1984		1985–1989		1990–1994		1995–1999		2000–2004		2005–2009		2010–2015		1980–2015	
	1*	2**	1*	2**	1*	2**	1*	2**	1*	2**	1*	2**	1*	2**	1*	2**
Análise Social	17,2	82,8	17,4	82,6	14,3	85,7	4,3	95,7	12,9	87,1	10,5	89,5	11,1	88,9	**13,0**	**87,0**
Cadernos de Ciências Sociais	57,1	42,9	40,9	59,1	50,0	50,0	40,0	60,0	0,0	100,0	-	-	-	-	**44,7**	**55,3**
Economia	69,0	31,0	65,0	35,0	37,8	62,2	16,0	84,0	56,3	43,8	-	-	-	-	**49,0**	**51,0**
Economia e Sociologia	50,0	50,0	77,8	22,2	41,2	58,8	54,2	45,8	70,6	29,4	100,0	0,0	-	-	**61,8**	**38,2**
Estudos de Economia	37,7	62,3	44,7	55,3	43,0	57,0	41,1	58,9	-	-	-	-	-	-	**42,1**	**57,9**
Notas Económicas	-	-	-	-	50,0	50,0	59,7	40,3	34,4	65,6	54,5	45,5	32,3	67,7	**48,3**	**51,7**
RCCS	4,8	95,2	0,0	100,0	0,0	100,0	14,3	85,7	25,0	75,0	52,2	47,8	52,2	47,8	**22,1**	**77,9**

* Artigos não relacionados empiricamente com a economia portuguesa.

** Artigos relacionados empiricamente com a economia portuguesa.

Recolha e tratamento de dados: RECON.

Quadro 2-A-7. Principais revistas referenciadas

	Revista	N.º de artigos	Total de citações
1	*American Economic Review*	88	174
2	*Journal of Political Economy*	60	119
3	*Economic Journal*	53	91
4	*Econometrica*	50	110
5	*Análise Social*	44	92
6	*Quarterly Journal of Economics*	38	70
7	*Review of Economic Studies*	37	58
8	*Review of Economics and Statistics*	37	49
9	*Estudos de Economia*	34	39
10	*European Economic Review*	26	40
11	*Journal of Economic Literature*	24	37
12	*Economia*	23	27
13	*Económica*	22	30
14	*Journal of Monetary Economics*	20	32
15	*Journal of the American Statistical Association*	20	29
16	*Revista Crítica de Ciências Sociais*	20	36
17	*Journal of Econometrics*	19	64
18	*Oxford Economic Papers*	18	21
19	*Journal of Finance*	17	23
20	*Journal of Economic Perspectives*	16	24
21	*Journal of Money, Credit and Banking*	15	20
22	*Journal of International Economics*	14	36
23	*International Economic Review*	14	19
24	*Economics Letters*	13	22
25	*Journal of the Royal Statistical Society*	12	20
26	*Journal of Business and Economic Statistics*	12	27
27	*Revue d'Économie Politique*	11	16
28	*Applied Economics*	11	12
29	*Brookings Papers on Economic Activity*	11	12
30	*Canadian Journal of Economics*	11	13

Recolha e tratamento de dados: RECON.

Quadro 2-A-8. Principais revistas referenciadas (1987–1990 e 1997–1999)

	1987–1990			1997–1999		
	Revista	N.º de artigos	Total de citações	Revista	N.º de artigos	Total de citações
1	*American Economic Review*	46	89	*American Economic Review*	42	85
2	*Journal of Political Economy*	33	74	*Economic Journal*	30	38
3	*Análise Social*	28	47	*Journal of Political Economy*	27	45
4	*Economic Journal*	23	53	*Econometrica*	27	57
5	*Econometrica*	23	53	*Estudos de Economia*	20	22
6	*Review of Economics and Statistics*	19	22	*Quarterly Journal of Economics*	19	35
7	*Quarterly Journal of Economics*	19	35	*European Economic Review*	19	31
8	*Review of Economic Studies*	18	25	*Review of Economic Studies*	19	33
9	*Revista Crítica de Ciências Sociais*	16	23	*Review of Economics and Statistics*	18	27
10	*Economia*	16	19	*Análise Social*	17	45
11	*Estudos de Economia*	15	17	*Journal of Economic Perspectives*	15	23
12	*Económica*	13	17	*Journal of Economic Literature*	15	16
13	*Oxford Economic Papers*	12	14	*Journal of Monetary Economics*	15	20
14	*Journal of Economic Literature*	10	21	*Journal of Econometrics*	14	58
15	*Journal of the American Statistical Association*	10	19	*Journal of Finance*	10	13
16	*Journal of International Economics*	8	26	*Journal of Business and Economic Statistics*	10	23
17	*Canadian Journal of Economics*	7	8	*Journal of the American Statistical Association*	10	10
18	*Economia e Socialismo*	7	10	*Económica*	9	13
19	*International Economic Review*	7	8	*Applied Economics*	9	10
20	*European Economic Review*	7	9	*Journal of Money, Credit and Banking*	9	10
21	*Journal of Finance*	7	10	*Economics Letters*	9	14
22	*Southern Economic Journal*	6	6	*Journal of the Royal Statistical Society*	8	10
23	*Public Finance*	6	14	*Oxford Bulletin of Economics and Statistics*	8	11
24	*Scandinavian Journal of Economics*	6	8	*European Economy*	7	8
25	*Journal of Money, Credit and Banking*	6	10	*Economia*	7	8
26	*Weltwirtschaftliches Archiv*	6	19	*Journal of Economic Dynamics and Control*	7	8
27	*Brookings Papers on Economic Activity*	6	7	*Journal of European Economic History*	7	12
28	*Journal of Law and Economics*	5	6	*International Economic Review*	7	11
29	*Journal of Economic Theory*	5	9	*American Journal of Agricultural Economics*	7	8
30	*Kyklos*	5	6	*Economic Policy*	6	16

Recolha e tratamento de dados: RECON.

Capítulo 3
A importação de ideias económicas numa sociedade semiperiférica: uma reflexão sobre o caso português

Carlos Bastien

Introdução

Neste capítulo pretende-se identificar as condições sociais, as organizações, os veículos e os conteúdos fundamentais no processo de importação de ideias económicas ocorrido em Portugal, uma economia de pequena dimensão, semiperiférica e dependente,[1] a partir de meados da década de 1930 e nas décadas que se seguiram ao termo da Segunda Guerra Mundial. O ano de 1945 assinala um momento divisor de duas configurações do campo dos saberes económicos[2] em Portugal e da relação deste com o exterior, em particular

[1] A natureza semiperiférica da sociedade portuguesa refletiu-se diretamente no papel passivo e na disponibilidade reduzida de recursos teóricos e doutrinais existentes no país em comparação com os países do centro, sobretudo no pós-1945, quando aumenta a propensão para a receção de ideias externas. Essa natureza reflete-se também na condição de importador líquido de ideias.

[2] Na sequência de posições teóricas de Bourdieu, designo aqui por campo científico e, por extensão, campo doutrinário uma estrutura que define relações objetivas e subjetivas de cooperação e/ou de confronto entre agentes envolvidos na produção, na troca, na disseminação e na receção de ideias, sejam esses agentes organizações, grupos sociais ou indivíduos. Esses agentes, que são o suporte material das ideias, detêm posições científicas e doutrinais na academia e em aparelhos sociais conexos, e têm por objetivo alcançar ou manter o domínio ou mesmo o monopólio da autoridade científica e doutrinal, definida como o poder social, técnico e burocrático e a capacidade retórica para produzir, impor e inculcar a representação da ordem económica no espaço nacional. Os quatro subcampos mencionados são porosos, estão inter-relacionados ainda que dispondo de regras de funcionamento próprias e que mantêm uma autonomia relativa entre si, mesmo quando os seus agentes estão presentes em mais do que um deles.
A autonomia relativa dos diversos campos está também limitada pela dependência (sob a forma de determinações ou restrições) de estruturas mais amplas (classes sociais) em que os membros

no que respeita à importação de ideias. Se a primitiva configuração daquele campo resultava de algum isolamento, a nova configuração, sobredeterminada pelas mudanças ocorridas nos demais campos sociais, em particular no político, traduziu-se no intensificar das relações internacionais e na assimilação de teorias, técnicas, linguagens e doutrinas provenientes do exterior, e perdurou, no essencial, até meados dos anos 1970.

Analiticamente, consideram-se quatro subcampos de ideias económicas, dotados de regras específicas de organização e funcionamento, que, no seu conjunto, compõem o sistema de produção, circulação e receção de ideias económicas. São eles o da teoria, ou da análise económica (pura e aplicada), que se ocupa das relações funcionais e das leis de evolução de uma economia específica; o da doutrina económica, que compreende os referenciais que devem guiar a ordem económica e as políticas públicas; o da política económica, que se reporta às ideias aplicadas pelas autoridades económicas numa dada conjuntura; e o da economia popular, isto é, o das ideias económicas de senso comum ou, em todo o caso, dos não especialistas.

dos diferentes campos estão inseridos, reproduzindo no interior dos campos, de modo transformado, aquelas estruturas. Daqui resulta que as posições político-económicas dos economistas se fundem e definam, no essencial, na articulação entre a respetiva posição teórica e doutrinária a que se encontram vinculados nos subcampos das ideias económicas e as posições que adotam no âmbito do campo político.
O campo científico e doutrinário é, pois, um local de produção mas também um local de circulação de ideias entre diversos agentes (economistas, políticos, jornalistas, divulgadores, etc.), ideias que pela sua difusão e pelos seus efeitos na reprodução do todo social se tornam factos sociais. É também o local gerador das tomadas de posição dos diversos economistas.
O momento da circulação — troca e confronto — das ideias pode, metaforicamente, ser equiparado a um mercado, mas um mercado onde estão presentes instituições e agentes, em princípio não mercantis, em concorrência imperfeita, já que se apresentam dispostos numa hierarquia de poder. É ainda um mercado *sui generis* porque envolve custos mas não preços — as ideias económicas são bens imateriais públicos —, os quais são aqui substituídos simbolicamente pelo prestígio e por eventuais indicadores de impacto. Este mercado também não dispõe de informação perfeita, nem de licitadores nem de pontos de equilíbrio fixos. Um mercado dinâmico e instável no qual vigora a mão visível dos interesses, tanto dos macrossociais como dos microssociais.
Os subcampos referidos são tendencialmente abertos, também no sentido em que são permeáveis, isto é, expostos a processos de troca de ideias com outros espaços nacionais. No processo de importação de ideias, este mercado é regulado por estratégias que se realizam num processo seletivo no sentido em que os agentes podem selecionar as ideias a importar, fragmentárias ou em pacote. As ideias importadas são tomadas como bens de capital considerando que podem ser utilizadas na produção local de novas ideias ou, pelo menos, de ideias que sendo aparentemente idênticas às importadas adquirem novos significados quando transplantadas para um ambiente nacional diferente, sendo recriadas como ideias autóctones. A análise da circulação/importação é também, em alguma medida, a análise da produção de ideias.

No entanto, neste capítulo reporto-me apenas à teoria económica e à doutrina económica — os «campos de produção restrita» —, considerando que os outros dois subcampos, o da política económica e o da economia popular — os «campos de produção alargada», ainda na tipologia de Bourdieu (1971) —, estão, em princípio, mais dependentes do contexto local do que das influências externas, embora algumas medidas de política económica possam ser inspiradas por experiências de outros países ou mesmo determinadas e impostas por instituições internacionais ou governos estrangeiros.

A metodologia usada, que, como se assinalou, assenta no conceito de campo do saber económico, assume que a análise da evolução das ideias económicas só é possível quando prescinde da versão universalista dominante — que atende preferencialmente à lógica imanente e associal do seu desenvolvimento — e toma em consideração o contexto nacional onde as ligações entre condições económicas, interesses, estratégias políticas, organizações, redes e tradições culturais têm lugar e condicionam a produção, a circulação e a receção das ideias e, como consequência, o papel destas na reprodução do todo social. Em qualquer caso, está aqui em consideração apenas um aspeto particular do processo de circulação referido, que é o das condições e dos veículos da importação de ideias económicas no âmbito dos dois subcampos de produção restrita acima referidos.

Em alguns estudos — Goodwin (1972), Caro (1983), Colander e Coats (1989), Llombart (1995), Maki (1996), Fourcade (2006) —, propuseram-se modelos analíticos, de diferente inspiração teórica, metodologia e grau de sofisticação, do processo de produção, mas sobretudo do processo de circulação, incluindo a importação e exportação das ideias económicas. Mais raros têm sido os estudos a ocupar-se da receção dessas ideias. Contudo, o objetivo neste capítulo é diferente dos estudos referidos. Não visa apresentar mais um modelo, ou discutir os existentes num plano geral e abstrato, mas tão-só, através da investigação de um caso nacional, compilar a informação disponível, de forma tão sistemática quanto possível, e contribuir desse modo para o alargamento da abordagem proposta por esses modelos emergentes. Como alguém já referiu, para um dia de síntese são necessários anos de análise. Em qualquer caso, a informação usada é essencialmente qualitativa pois não existem indicadores quantitativos que permitam evidenciar de forma rigorosa o movimento de importação das ideias.

Embora o presente capítulo não se assuma na continuidade direta dos estudos aplicados de Bob Coats (1986, 1997, 1999), estes constituem referência importante pela circunstância de valorizarem a análise das condições concretas, e dos casos nacionais em particular, no processo de evolução das ideias económicas. O mesmo sucede com a contribuição de Pierre Bourdieu (1975, 1997), em particular com a sua teoria dos campos sociais, que, ao inspirar a metodologia para o estudo das superestruturas, permite análises explicativas que procuram ir para lá da simples observação e descrição.

1. O campo dos saberes económicos até ao termo da Segunda Guerra Mundial

Nos anos 1930, Portugal era uma pequena economia nacional semiperiférica dominada por uma aliança de grandes proprietários rurais, industriais com fraco espírito empreendedor e banqueiros, e por um Estado autoritário, fortemente burocratizado e centralista, cuja estratégia económica visava manter a ordem económica e social e a estabilidade política.

Esta estratégia acarretou a criação estatal de um aparelho corporativo complexo, e de instrumentos de regulação, em especial o condicionamento industrial, cuja operacionalidade dependia mais de preconceitos económicos e de decisões voluntaristas mais ou menos diretamente ligadas a interesses parciais do que de alguma teoria ou racionalidade económica consistente. No entanto, esta estratégia procurou legitimação numa doutrina corporativa e, indiretamente, numa putativa teoria económica corporativa.

O campo das ideias económicas, teóricas e doutrinais, tinha uma base material fraca. O país tinha então apenas uma escola de economia de nível universitário, o Instituto Superior de Ciências Económicas e Financeiras (ISCEF); duas secções de economia nas faculdades de Direito, uma na de Coimbra e outra na de Lisboa; um número muito reduzido de economistas académicos; dois centros de estudos económicos recentes, um dedicado à Economia Matemática e outro à Economia Corporativa; uma revista científica, a *Economia & Finanças*; e um pequeno grupo social que poderia ser considerado de economistas profissionais, inexistindo um verdadeiro fórum de debate teórico.

Neste contexto, o campo teórico integrava fundamentalmente, além da já referida Economia Corporativa, a Economia Eclética, a Economia Neoclássica e a Economia Descritiva.

Após 1933, e em obediência a uma determinação estratégica, a Economia Corporativa tornou-se dominante, apesar da ausência de tradição de pensamento corporativo suscetível de constituir uma verdadeira escola corporativa própria. Assim, a estruturação deste sistema implicou um processo maciço de importação de ideias, em particular de Itália, cuja cultura económica assumiu uma influência relevante no campo do saber económico em Portugal. Uma construção teórica assente nos conceitos de *homo corporativus* e de monopólio bilateral foi então erigida em forma de representação de um sistema que se apresentava como uma terceira via entre capitalismo e socialismo.

A instauração desta corrente corporativa foi cometida aos Aparelhos Ideológicos de Estado, em especial às faculdades de Direito, e em menor escala ao ISCEF, sendo que essas faculdades estavam à época submetidas a forte pressão política e a rigoroso controlo ideológico e burocrático.

A Economia Eclética, articulando elementos da economia clássica, da economia neoclássica e do historicismo, e na qual teoria e doutrina surgiam tendencialmente associadas e sem grande distinção formal, foi a corrente dominante desde meados do século XIX até aos anos 1930 e esteve ainda presente neste período. E, tal como nas décadas anteriores, fortemente dependente dos economistas ecléticos franceses, que continuaram a ser uma referência relevante do pensamento económico local.

O paradigma neoclássico, apesar de dominante no contexto internacional, teve uma influência limitada em Portugal. Nem o foco marshaliano na análise marginal nem os modelos de equilíbrio geral walrasianos seduziram os economistas portugueses, na sua maioria com formação jurídica mas não matemática. A fraca ligação aos meios universitários ingleses e a pouca fluência na língua inglesa também contribuíram para o acesso limitado a esta literatura. A exceção residia na Universidade de Coimbra, onde as dissertações de João Costa Leite e de José Teixeira Ribeiro revelavam influência do paradigma neoclássico.

Num ambiente não particularmente aberto à teoria pura, a maioria da investigação em economia, mais do que apelar aos princípios económicos e a modelos sofisticados, tendeu a assumir uma natureza descritiva e a valorizar aspetos técnicos e práticos, em particular os de natureza monetária e fiscal. A intuição dos autores e o conhecimento corrente tomaram aí frequentemente o lugar da teoria.

No subcampo das doutrinas económicas, os sistemas presentes eram, fundamentalmente, o intervencionismo corporativo, o desenvolvimentismo e o liberalismo, sendo que a importação de ideias também foi importante.

A doutrina corporativa, que resultou num tipo específico de intervencionismo, foi naturalmente a dominante, sendo elaborada em larga medida pela universidade, ela própria sujeita a um processo de corporativização, mas também por intelectuais orgânicos não académicos, nomeadamente por líderes políticos e jornalistas. O núcleo da doutrina preconizava a instauração de um capitalismo fortemente regulado pelo Estado e pelas corporações (métodos de produção, investimentos, preços, salários, taxas de juro, comércio externo, etc.) de modo a fixar as relações económicas e sociais em detrimento do desenvolvimento económico. Particularmente relevante, na doutrina e na prática, era a regulação das relações laborais, o que foi conseguido através de um Estatuto do Trabalho Nacional, inspirado na *Carta del Lavoro* italiana e na Encíclica *Quadragesimo Anno*, cujo objetivo era suprimir a luta de classes e garantir o êxito de uma política de salários baixos. Outros aspetos, nomeadamente o equilíbrio orçamental, a estabilidade monetária, a relativa autarcia e o princípio do bilateralismo nas relações internacionais eram também elementos estruturantes desta doutrina. Em geral, este processo envolveu mais a importação e adaptação de fontes italianas do que a criação de uma doutrina especificamente portuguesa.

O desenvolvimentismo esteve presente, fundamentalmente, na doutrinação de alguns engenheiros-economistas. Na sua generalidade trabalhando isoladamente, mas incentivando o debate público, adotaram uma versão *naïve* de uma economia da oferta, mais baseada numa atitude voluntarista do que em qualquer tipo de teoria ou cálculo económicos. Apesar de adeptos de um Estado autoritário e intervencionista indutor de crescimento económico, tiveram apenas uma posição marginal no seio do bloco social e político dominante.

A doutrina liberal, apesar de um longo contacto com a literatura francesa afim, teve nesta fase uma posição residual, limitada a alguns ideólogos isolados herdeiros da burguesia republicana e continuadores da visão económica predominante naquele período.

Estas teorias e doutrinas circulando localmente resultaram em parte de um processo de importação de ideias, sendo esse processo sobredeterminado pelos interesses conflituantes na sociedade e no próprio grupo dos economistas. Acresce que, na situação portuguesa em concreto, a rigidez dos sistemas político e universitário resultou numa homologia quase perfeita entre posições científicas e doutrinais e compromissos políticos.

A principal organização envolvida neste processo de importação de ideias económicas foi a universidade, em especial o ISCEF e as duas faculdades de Direito, a de Coimbra e a de Lisboa. As duas unidades de investigação referidas acima estavam diretamente ligadas à universidade — uma delas, o Centro de Estudos Económico-Corporativos na Faculdade de Direito da Universidade de Coimbra, constituiu o centro mais importante na receção e adaptação das ideias corporativas italianas, mas os quatro centros de documentação económica e financeira criados no ISCEF em meados dos anos 1930 foram também importantes na receção de literatura económica estrangeira, nomeadamente literatura corporativa italiana, que era recebida em grande quantidade.

Em contrapartida, os economistas portugueses não participaram ativamente em nenhuma das associações científicas internacionais existentes na época, e também não há registo da eventual colaboração de economistas estrangeiros numa sociedade científica fundada em 1941 por professores do ISCEF, a Sociedade de Ciências Económicas. Ademais, outras organizações, nomeadamente associações profissionais, fundações, editoras, partidos políticos, sindicatos, grupos de pressão, tiveram também um papel muito limitado ou inexistente no processo de importação de ideias económicas.

À época quase não havia economistas portugueses formados fora do país, ou emigrados a regressar, embora a obtenção de um grau de doutoramento numa universidade estrangeira, muito mais do que a publicação de artigos em revistas internacionais, fosse uma fonte de *status* nos círculos académicos. Não obstante, apenas Armando Gonçalves Pereira obteve, em 1932, o doutoramento na Universidade de Toulouse.

Nesta mesma época, José Augusto Correia de Barros, formado na Universidade de Coimbra, esteve em 1936–1937 na London School of Economics como estudante investigador, mas, logo que regressou a Portugal, trocou a carreira académica pela administração e pela política. O economista corporativista Samuel de Oliveira, recém-doutorado no ISCEF, partiu em 1937 para a Universidade de Lovaina para prosseguir a sua formação, mas ao regressar não encontrou lugar na universidade e viu gorada a expectativa de carreira académica. Augusto Sá da Costa, um economista matemático que foi bolseiro de doutoramento no Instituto Politécnico de Zurique, foi objeto de discriminação política e viu recusada a discussão da sua tese de doutoramento e a reintegração na carreira académica no ISCEF. Amaro Guerreiro, economista e estatístico, frequentou o Institute of Statistics da Universidade de Oxford, em 1943, onde contactou com a macroeconomia moderna e com a contabilidade nacional, contudo, quando regressou a Portugal, viu recusada a discussão da sua tese de doutoramento e foi impedido de prosseguir a carreira universitária. De um modo geral, o processo de concessão de bolsas no estrangeiro prosseguido pela Junta de Educação Nacional e pelo Instituto para a Alta Cultura, os organismos públicos responsáveis pela afetação de recursos para a investigação científica, minimizou a área das ciências económicas pelo que não se alcançaram resultados importantes.

Neste período ocorreram os encontros Portugal-Espanha para o Progresso da Ciência, mas a participação de economistas foi pouco significativa, não dando lugar a contribuições científicas relevantes. A participação em outros encontros científicos internacionais foi igualmente inexpressiva. Costa Leite participou no Congresso Internacional de Ciências Económicas Aplicadas, na Bélgica, em 1930, mas foi uma exceção sem continuidade.

Entretanto, Francisco António Correia, professor do ISCEF, participou em conferências da Liga das Nações, mas a relação com a respetiva Organização Económica e Financeira, que teve um papel importante na disseminação do conhecimento de economia, nomeadamente através da publicação de memorandos e dos *World Economic Surveys*, não deixou sinais claros da sua possível influência no plano teórico, embora tenha instigado o debate local sobre a integração europeia. Acresce que a contratação de especialistas ou conselheiros estrangeiros na área da economia e das finanças também não foi uma prática seguida em Portugal nestes anos.

Já a vinda a Portugal de economistas académicos estrangeiros — até pela sua frequência — terá assumido alguma relevância neste processo de importação de ideias. René Gonnard, Daniel Faucher, William Oualid e Gaetan Pirou obtiveram, ainda no decurso dos anos 1930, o título de *Doctor Honoris Causa* pelo ISCEF e realizaram aí conferências, confirmando a ligação forte entre a cultura económica francesa, em especial na sua expressão teórica eclética ou mesmo na sua expressão doutrinária corporativa, e a portuguesa.

Mais relevante para a importação de ideias terá sido a estadia na Faculdade de Direito da Universidade de Coimbra de Paul Descamps, em 1930, e sobretudo a de François Perroux, na altura um jovem professor da Universidade de Lyon, simpatizante das ideias corporativas, que ensinou em Coimbra em 1935. Mas foram exceção, naqueles anos não existiram outros casos de professores vindos para Portugal para ensinar regularmente em cursos de Economia, nem, ao contrário do que sucedeu noutros países, existiu qualquer vaga de imigração de economistas.

A influência italiana fez-se sentir logo nos primeiros anos de afirmação do corporativismo, com a vinda a Lisboa de Bruno Biagi, funcionário corporativo e professor na Universidade de Bolonha, em 1934, para ser agraciado com um *Doctorat Honoris Causa* também pelo ISCEF. Outros professores corporativistas italianos, nomeadamente Giuseppe Valentini, realizaram cursos breves de Direito e de Economia no âmbito do Gabinete de Documentação Económica e Financeira, anexo ao ISCEF. Em 1936, foi a vez do economista romeno Mihail Manoilesco, figura destacada do movimento corporativo, visitar este mesmo Instituto acompanhado de grande aparato político, para proferir duas conferências. No seu conjunto, estas realizações terão tido alguma relevância na disseminação daquela teoria e doutrina entre a elite académica portuguesa, embora seja difícil avaliar com rigor o seu impacto.

Também Robert Mossé, um outro economista francês, da Universidade de Grenoble, mas representativo da corrente neoclássica, veio em 1940 proferir lições sobre o marginalismo, mas não teve impacto significativo; não era ainda o momento adequado para a assimilação desta teoria. Aliás, estas lições vieram na sequência da conferência realizada no ano anterior por Lionel Robbins, que recebeu o título de *Doctor Honoris Causa* — à semelhança do que havia sucedido com o banqueiro também inglês Josiah Stamp três anos antes —, mas a ideia de economia como ciência pura das escolhas não deixou traço relevante no ensino e na investigação em curso no país, assim como o liberalismo que Robbins representava não teve qualquer impacto. Não deixa também de ser significativo o facto de as autoridades e a imprensa portuguesa terem ignorado a presença de Keynes em Lisboa, quando este, já no fim da guerra, se dirigia para a conferência de Bretton Woods.

Outro veículo de transmissão de ideias económicas foi a importação dc livros. A atualização científica por esta via esteve presente no acesso à literatura económica da época por parte da academia de Coimbra, em particular por Teixeira Ribeiro. Nessa época, existia uma receção regular da literatura económica europeia nos gabinetes de documentação económica e financeira e na biblioteca do ISCEF — a mais antiga e vasta biblioteca de economia do país —, que dispunha de uma pletora de livros franceses (de economia, finanças, história do pensamento económico, etc.), incluindo alguns manuais de ensino usados como referências bibliográficas principais. Era o caso do livro de Clement Colson, *Cours d'économie politique professé à l'École des Ponts et Chaussées*, porventura o manual de ensino de economia mais difundido na Europa continental, e também, em matéria de finanças, o *Cours de finances publiques*, de Gaston Jèze.

Mas não deixa de ser significativo da fraqueza da cultura económica no país e do limitado investimento nesta área cultural que algumas das principais referências clássicas tenham chegado com atraso considerável a esta biblioteca, e frequentemente em traduções em língua espanhola ou francesa. No entanto, existiam algumas edições do século XIX vindas da antiga biblioteca do Instituto Industrial e Comercial de Lisboa (IICL). Era o caso da *Teoria dos sentimentos morais* de Adam Smith, numa edição francesa de 1860, mas *A riqueza das nações* parece só ter sido incorporada, em edição mexicana, em 1958. *Os princípios de economia política e de tributação* de David Ricardo e o *Ensaio sobre a teoria da população* de Malthus chegaram nas edições francesas de 1835 e 1852, respetivamente. Já os *Sofismas económicos* de Frédéric Bastiat chegaram pela edição portuguesa de 1879. Os *Principles of political economy* de J. Stuart Mill estiveram disponíveis na sua edição inglesa de 1873, mas *O Capital* de Marx só ficou ali disponível, com enorme atraso, nos anos 1970, com a importação das edições francesas e a aquisição das primeiras traduções portuguesas.

Também no que respeita à literatura do século XX, a situação foi irregular. Os *Principles of Economics* de Marshall chegaram numa edição italiana de 1917; a primeira versão da *General Theory* de Keynes surgiu na tradução espanhola de 1946 — a tradução publicada no Brasil em 1964, e revista pelo economista português Nuno Fidelino de Figueiredo, quase não circulou em Portugal —; e a *Theory of economic development* de Schumpeter chegou apenas em 1944, numa edição mexicana. Na hora, chegaram fundamentalmente obras representativas do corporativismo italiano, principalmente tratados e manuais de ensino, nomeadamente de F. Vito, de G. Arias e de A. Serpieri, na generalidade dos casos em traduções espanholas.

Em qualquer caso, os principais veículos de importação e difusão das ideias foram manuais de ensino e uma vasta literatura secundária. O livro de Manoilesco, *Le Siècle du Corporatisme* (1938), terá sido uma exceção, já que chegou a Portugal no ano da sua publicação. Embora nunca tenha tido uma edição portuguesa, teve enorme impacto entre os intelectuais do corporativismo português.

As traduções portuguesas, mesmo das obras que se revelaram internacionalmente mais importantes, foram raras, não só porque o número de economistas e potenciais leitores era reduzido, mas também porque muitos deles conheciam as línguas espanhola e francesa. Mesmo a literatura económica corporativa de origem italiana só excecionalmente foi traduzida. Os *Princípios fundamentais da economia corporativa* de Ugo Spirito foi uma exceção.

As revistas internacionais de referência divulgadoras da teoria económica permaneceram quase sempre desconhecidas ou nem sequer eram recebidas, como aconteceu no período da guerra.

A biblioteca do ISCEF tem coleções de revistas científicas de referência daquele período, como *The Quarterly Journal of Economics, Journal of Political Economy, The Review of Economic Studies* ou a *Econometrica*, mas várias dessas revistas só começaram a chegar no pós-guerra. As exceções mais relevantes, porque recebidas desde os primeiros tempos de publicação, ou, em qualquer caso, ainda antes da Segunda Guerra Mundial, terão sido *The Economic Journal*, *The American Economic Review* e a *Revue d'Economie Politique*.

A revista publicada pelo ISCEF, a já referida *Economia & Finanças*, era muito diversificada relativamente aos temas tratados, mas só um número limitado de artigos, incluindo os de autoria dos poucos economistas estrangeiros convidados, é que se situavam no campo da economia teórica.

Esta situação mostra que até 1945 houve um acesso restrito e muito seletivo ao mercado externo das ideias. As conferências de académicos estrangeiros e sobretudo o acesso a livros, em especial de origem francesa e italiana, a que se acrescentavam traduções espanholas, nomeadamente de manuais de ensino, foram as formas preferenciais de importação de ideias.

2. A renovação do campo dos saberes económicos após a Segunda Guerra Mundial

Após o termo da Segunda Guerra Mundial, o contexto político internacional alterou-se significativamente. Dois aspetos dessas alterações — a emergência dos Estados Unidos da América (EUA) como uma potência hegemónica global no contexto da Guerra Fria e o derrube da maioria dos regimes fascistas-corporativos na Europa — foram particularmente importantes na reordenação do campo das ideias económicas e nos próprios mecanismos e veículos de importação dessas ideias.

Em Portugal, sob a aparência de continuidade política, ocorreu uma recomposição do bloco social no poder, com o fortalecimento da burguesia industrial e, a curto prazo, com a formação de grupos económicos modernos, e houve também uma recomposição do sistema político informal, com o reforço dos movimentos antifascistas.

Após um curto período de incerteza e isolamento resultante do novo contexto internacional e de agitação política interna, o Estado Novo conseguiu sobreviver e desenvolver o seu aparelho corporativo, mas a velha estratégia económica conservadora, confrontada com a consciência generalizada do atraso do país, foi complementada com uma nova estratégia de industrialização, apoiada em novas formas de regulação, na continuidade do protecionismo externo e na emergência dos economistas enquanto grupo profissional.

Estas alterações tiveram consequências nos campos da teoria e da doutrina económica, que adquiriram nestes anos uma base material e organizativa mais sólida e maior disponibilidade de recursos em ligação com um esforço de modernização e com um maior papel atribuído aos economistas no espaço público. Foram então particularmente importantes a reforma curricular dos estudos de economia do ISCEF, em 1949, e a instalação, em 1953, na Universidade do Porto, de uma segunda Faculdade de Economia.

A nova centralidade das temáticas económicas em Portugal, nomeadamente no âmbito do debate político — mas também na vulgarização, com a inclusão de alguns textos económicos em coleções como a Biblioteca Cosmos e pouco depois com o aparecimento das primeiras páginas económicas em jornais generalistas a partir de 1954 —, esteve associada, em meados dos anos 1950, à realização dos dois primeiros congressos dos economistas portugueses. Foi a partir de então que uma nova geração de economistas vindos da universidade começou a ocupar lugares nos quadros da burocracia estatal, em especial na relacionada com o planeamento, e mesmo na política, incluindo pastas ministeriais, e, assim, a formar uma elite que ocupou posições anteriormente reservadas a políticos, juristas e engenheiros.

Esta afirmação social veio associada a um processo de destruição criativa, que incluiu a importação intensa de ideias económicas, e que resultou numa nova configuração do subcampo do saber teórico. Estava em causa a definição de um novo paradigma dominante, um «keynesianismo bastardo [a síntese neoclássica-keynesiana] que se desenvolveu nos EUA e invadiu as faculdades de economia de todo o mundo» (Turner, 1989: 112), ainda que estivessem presentes marginalmente, mas em confronto com a corrente dominante, a Economia Corporativa, a Economia Eclética e, à margem da universidade, a Economia Marxista.

O momento crucial deste processo foi a já referida reforma do ISCEF, que introduziu subitamente nos currículos os tópicos básicos à época lecionados na maioria das faculdades do mundo capitalista, em particular a Macroeconomia, a Microeconomia, a Economia do Desenvolvimento, a Economia Internacional e a Econometria. Este processo inovador foi encabeçado por uma nova geração de economistas, cujo líder, António Pinto Barbosa, tinha publicado alguns anos antes um artigo com o objetivo de pôr em causa o estatuto científico da Economia Corporativa e de realçar a objetividade e cientificidade da economia neoclássica-keynesiana (Barbosa, 1943). Nessa sequência, as suas lições, editadas através de duplicação por stencil (Barbosa, 1947), romperam com o passado recente ao importar e incorporar elementos analíticos colhidos em manuais neoclássicos, designadamente nos de Frederic Benham, de Richard Strigl e de Heinrich Stackelberg.

A naturalização do *homo economicus* e, sobretudo, a utilização de uma linguagem formal foram elementos-chave na nova configuração do saber e na diferenciação e prestígio dos economistas, mas também uma forma de ultrapassar barreiras linguísticas e de alcançar um maior grau de internacionalização e de convergência com o cânone internacionalmente dominante, mas, ainda assim, sem definir uma «monoeconomia» (Hirschman, 1984: 45).

A articulação em algum momento deste paradigma neoclássico-keynesiano com elementos estruturalistas importados essencialmente da experiência da Comissão Económica para a América Latina e o Caribe (CEPAL) foi uma tentativa de o adaptar a uma economia pouco desenvolvida e constituiu um caso singular de importação de ideias económicas a partir da periferia mundial. Entretanto, em Coimbra, Teixeira Ribeiro havia já introduzido elementos keynesianos, em particular a teoria do multiplicador, nas suas lições de finanças públicas desde 1942.

A Economia Corporativa, crescentemente desacreditada, colapsou no final da guerra, quando as relações privilegiadas com os autores italianos desapareceram. Ainda assim, em resultado da sobrevivência do Estado Novo nessa conjuntura, esta corrente do pensamento económico voltou a adquirir alguma relevância, mas num contexto de grande isolamento. Houve algumas tentativas, em particular de uma nova geração de economistas do ISCEF, para retomar a construção teórica corporativa, mas numa base diferente da que vigorava no período anterior à guerra. Estava então sobretudo em causa construir uma teoria da empresa corporativa, apelando à vasta literatura francesa sobre a reforma da empresa e adaptando-a às especificidades corporativas. A procura de legitimidade levou estes economistas a anunciar a emergência de uma suposta escola corporativa portuguesa (Cardoso, 1949), cuja principal característica seria a sua total independência das formas políticas fascistas. Em qualquer caso, a partir do final dos anos 1950, a teoria económica corporativa passou a ter uma existência meramente residual.

Entretanto, a longa tradição da economia eclética, fortemente influenciada pela literatura económica francesa, foi-se dissolvendo. Mas a relação com o campo do saber económico em França manteve-se importante para os economistas portugueses da nova geração, sobretudo em matérias relativas ao desenvolvimento económico e às técnicas de planeamento.

A economia marxista apareceu neste período no campo da teoria. Alguns intelectuais autodidatas produziram exposições relativamente elementares de problemáticas como a teoria do valor, que revelava a exploração do trabalho, e a teoria das crises económicas enquanto fenómenos recorrentes próprios das economias capitalistas. Procuraram criar um enquadramento teórico para o movimento comunista, mas, em alguns casos, envolveram-se também em questões mais sofisticadas como a crítica do keynesianismo, replicando o que alguns dos seus pares franceses discutiam na época. Por regra, foram impedidos de fazer carreira académica e de frequentar todas as instituições formais de investigação económica, dentro e fora da universidade. A receção destas ideias fez-se na maioria dos casos através da importação individual, e à margem de qualquer biblioteca pública, de edições francesas e inglesas de textos referenciais da corrente marxista e de livros marcantes de alguns economistas, nomeadamente de Maurice Dobb e de Paul Sweezy, e de revistas como *The Modern Quarterly*. Esta literatura apoiava o desenvolvimento local de posições críticas da economia e da sociedade capitalistas, mas não deu lugar a qualquer apresentação ou discussão local acerca da economia política do socialismo.

No que respeita às doutrinas, a influência da literatura anglo-saxónica foi menos clara do que na teoria, sendo que este campo, que foi também objeto de importante reordenação, pode ser sumariado nesta fase na seguinte tipologia: intervencionismo corporativo, desenvolvimentismo, intervencionismo keynesiano, marxismo, liberalismo.

A doutrina corporativa continuou a ser oficialmente a dominante no país e o aparelho burocrático a ser desenvolvido segundo esta doutrina, até ao momento em que, na década de 1950, foram criadas 11 corporações. Estes novos órgãos, mas sobretudo as organizações designadas de coordenação económica, continuaram subordinados ao propósito estratégico de tudo regular para preservar a ordem económica e social.

O desenvolvimentismo era neste período uma réplica do que havia sido nos anos 1930. Mas o mesmo tipo de doutrina autoritária, voluntarista, anticoncorrência, visando substituir o intervencionismo corporativo estagnante enquanto doutrina oficial, era agora alimentado pelos interesses de grupos de pressão industriais. O seu representante mais visível, o engenheiro José Ferreira Dias, tornou-se um membro influente do governo e na cena política.

O intervencionismo keynesiano era um tópico académico. Muitos dos princípios keynesianos contradiziam a ortodoxia corporativa, particularmente no que respeitava ao tipo e aos limites da intervenção do Estado, à gestão da procura agregada, à distribuição do rendimento e às regras da política fiscal. Mas os académicos keynesianos só muito limitadamente procuraram inspirar estratégias de reforma económica e social, que não a importação da doutrina do *welfare-state*, e nunca se opuseram à ortodoxia governamental. Ao contrário, procuraram até destacar em alguns dos seus trabalhos académicos que o recurso ao instrumental analítico keynesiano não era incompatível com os princípios da administração financeira do Estado Novo (p. ex., Nunes, 1956). Alguns deles chegaram a assumir posições relevantes no aparelho político, mas a influência da doutrina keynesiana manteve-se no essencial limitada ao ensino e à produção de dissertações. O que estes académicos trouxeram para a esfera pública, mais do que qualquer estratégia político-económica alternativa, foi um discurso técnico sofisticado. Entretanto, alguns economistas não académicos entusiastas da doutrina keynesiana reunidos em torno da *Revista de Economia* socorreram-se de elementos keynesianos na crítica da política económica do Estado Novo.

A doutrina marxista visava a transformação das estruturas económicas básicas do país, nomeadamente o desmantelamento do aparelho corporativo, a nacionalização do sistema bancário e das grandes empresas industriais, a implementação de uma reforma agrária e uma nova política de distribuição do rendimento. Frequentemente, surgiam posições críticas inspiradas no marxismo articuladas com prescrições decorrentes da visão keynesiana. Mas o núcleo da doutrina, acompanhando as ideias prevalecentes no marxismo internacional, residia no assumir da necessidade de superar o capitalismo e de instaurar uma economia socialista para alcançar o progresso económico e a justiça social.

O liberalismo continuou, como sempre, a ser uma doutrina minoritária entre os intelectuais portugueses e em geral na sociedade. Nenhum economista, em especial nestes anos em que a ideia dos planos de fomento veio à ribalta, terá acreditado que a liquidação do intervencionismo estatal e a abertura de uma economia tão frágil ao mercado externo conduzisse a um processo de convergência económica. Nem a publicação de um texto de von Mises (1944) contra o intervencionismo teve impacto significativo no espaço público e menos ainda na política posta em prática. Se alguma evolução houve na visão liberal, foi porventura alguma abertura à ideia de economia mista.

As organizações e veículos envolvidos na reordenação do campo do saber económico através da importação de novas ideias não foram exatamente os mesmos que vigoraram no período anterior, apesar de fundações, partidos políticos, sindicatos e grupos de pressão continuarem a ter um papel muito limitado.

Particularmente relevantes neste processo foram os centros de investigação anexos ao ISCEF. Em 1955, foi instalado o Centro de Estudos de Estatística Económica, que contou nos seus cursos e seminários com larga participação de economistas estrangeiros, como G. Tintner, H. Wold, E. Schneider, R. Roy, E. Malinvaud, L. Dupriez e A. Barrére, a qual está refletida nos cadernos então publicados, a partir de 1956, na série *Colectânea de Estudos*.

A grande importância dada pelas autoridades académicas à preparação em Economia Matemática e Econometria é explicada não só pelo facto de se viver então plenamente a revolução quantitativa na economia, mas também pelo facto de o governo ter fechado em 1946 a unidade de investigação em Economia Matemática que existia desde os anos 1930, o Centro de Estudos de Matemática Aplicada à Economia, e ter expulsado os seus membros da universidade por razões políticas. Tornava-se por isso urgente preparar uma nova geração de académicos especializada nestes tópicos.

Um outro centro, o Gabinete de Investigações Económicas, criado formalmente em 1931 mas ativo apenas a partir de meados dos anos 1950, impulsionado em particular pela ação de F. Pereira de Moura, teve como ação principal a publicação da revista *Análise Económica.*

À margem da universidade, existiram alguns núcleos que também integravam o sistema de investigação, preferencialmente dedicados à Economia Aplicada, nomeadamente o Centro de Estudos Económicos do Instituto Nacional de Estatística (INE), os centros da Fundação Gulbenkian e da Associação Industrial e o Gabinete de Estudos do Banco de Portugal, além de diversos gabinetes de estudos de diversos bancos. No entanto, o que teve porventura mais significado no processo de importação de ideias económicas terá sido o Grupo de Estudos Básicos de Economia Industrial (GEBEI), criado no início dos anos 1970, com a construção, apoiada por consultores académicos estrangeiros, de sistemas de matrizes relativas à economia portuguesa.

Mas o progresso das ideias também chegou a Portugal por outros canais igualmente relevantes neste período, em particular a vinda a Portugal de economistas estrangeiros para colaborar diretamente na implantação do novo currículo de estudos, como sucedeu com o economista espanhol José Castañeda, que esteve em 1953 no ISCEF para dar o primeiro curso de Econometria, e com Raymond Barre e Jacques Rueff, dois economistas antikeynesianos que lecionaram Macroeconomia na Faculdade de Economia do Porto nos anos 1950.

Neste período, a ida de economistas portugueses para universidades e centros de investigação estrangeiros intensificou-se. A partir de 1945, o Estado português, através do Instituto para a Alta Cultura, começou a conceder bolsas para estágios e para a frequência de cursos de pós-graduação nos EUA, sendo que até 1952 atribuiu três dessas bolsas a professores na «área de ciências económicas e financeiras» (Mineiro, 2017: 27). Nesta época, Bento Murteira, que viria a ter um papel decisivo no progresso da econometria em Portugal, preparou o seu doutoramento na London School of Economics.

Em 1954, dois economistas portugueses, o referido Bento Murteira e Jacinto Nunes, participaram nos seminários de Herman Wold na Universidade Complutense de Madrid e, pela primeira vez, num Congresso Europeu de Econometria, o 16.º, realizado em Uppsala no mesmo ano. Em 1961, Xavier Pintado doutorou-se na Universidade de Edimburgo. Ainda no início dos anos 1960, Manuel Duarte Pereira, professor do ISCEF, preparou o seu doutoramento na Universidade de Kiel, na Alemanha, o que acontecia então pela primeira vez. Em 1964, Alfredo de Sousa, bolseiro da Fundação Gulbenkian, foi para Paris, doutorou-se na Sorbonne em 1967 e regressou para integrar o corpo docente do ISCEF em 1971. Ainda nos anos 1960, um docente da Faculdade de Economia do Porto, Amílcar Pina, partiu para a Universidade de Cambridge para um doutoramento inconclusivo. Pouco depois, em 1971 e 1972, foi a vez de dois professores do ISCEF, António Simões Lopes e José António Girão, se doutorarem, respetivamente, na Universidade de Oxford e na de Cornell. Daí em diante o número de economistas das universidades portuguesas a frequentar pós-graduações ou a preparar ou realizar os seus doutoramentos em países europeus, particularmente em França e em Inglaterra, e mais tarde nos EUA, foi sempre crescente.

Em paralelo, prosseguiram os contactos, as visitas e algumas estadias em universidades e centros de investigação estrangeiros. O diretor do ISCEF, e depois reitor da Universidade Técnica de Lisboa, realizou visitas a universidades, sobretudo francesas, antes e depois de 1945, para realizar conferências e, em alguns casos, para receber o título de *Doctor Honoris Causa,* sem que tal tivesse efeitos claros na importação de ideias novas ou para a restruturação do ambiente académico em Portugal e no ISCEF em particular. Outros professores estiveram envolvidos em estágios em universidades e centros de investigação estrangeiros. Entre outros casos, Mário Murteira estagiou em Paris no Institut de Science Économique Appliquée (ISEA) com François Perroux e, em Roma, com Claudio Napoleone; Luís Teixeira Pinto esteve na sede da CEPAL, em Santiago do Chile; e Pereira de Moura visitou universidades norte-americanas. Também P. Pitta e Cunha, professor da Faculdade de Direito de Lisboa, fez estudos de Política Económica e Relações Internacionais em Paris com F. Perroux e com J. Weiller, e frequentou um curso de Finanças Públicas na Universidade de York com A. Peacock e R. Musgrave.

Entretanto, a Universidade de Coimbra distinguiu F. Perroux com um doutoramento *Honoris Causa* e o mesmo fez o ISCEF com L. Baudin, J. Hicks, J. Tinbergen, R. Mossé, F. Perroux, H. Abs e H. Wold, embora estes cerimoniais académicos tivessem um significado mais simbólico do que efetivo na transmissão de saberes. Na Faculdade de Economia do Porto esse significado terá até sido puramente político já que a única cerimónia desse tipo distinguiu J. Magalhães Pinto, um jurista ministro da ditadura militar brasileira.

As organizações internacionais desempenharam também neste período um papel relevante. Alguns economistas portugueses puderam contactar de forma regular com economistas norte-americanos e europeus na Organização Europeia de Cooperação Económica (OECE), que, mais tarde, em 1961, integrou o Canadá e os EUA, passando a designar-se por Organização para a Cooperação e Desenvolvimento Económico (OCDE). A situação exigia comunicação em inglês e capacidade de acompanhar o discurso económico dos seus pares. Este novo desafio foi uma oportunidade para comparar o cenário internacional com o cenário português e reconhecer o atraso existente no país (Nunes, 2009: 28). Um resultado direto e imediato desta avaliação foi a decisão de implementar a já citada reforma curricular de 1949, dando início a um processo de convergência com o ensino da Economia nas universidades europeias mais avançadas. A participação na OECE/OCDE, e posteriormente na Associação Europeia de Comércio Livre (EFTA), tornou-se um estímulo permanente para a continuidade deste processo, entre outros aspetos pelos estudos realizados sobre a realidade portuguesa envolvendo economistas portugueses, nomeadamente no âmbito da Economia Aplicada (p. ex., Pintado, 1964).

Em 1951, a vinda a Portugal de Henry C. Wallich como conselheiro no âmbito da ajuda do Plano Marshall revelou a existência de um novo canal de transmissão das ideias e técnicas económicas, designadamente ao debruçar-se sobre o sistema financeiro português (Wallich, 1951).

As revistas tornaram-se, mais do que nunca, a base da comunicação no campo científico e um veículo fundamental na importação de ideias, sendo que a principal inovação neste período foi que a maioria das internacionalmente mais relevantes, publicadas em inglês, francês e espanhol, passaram a estar disponíveis na biblioteca do ISCEF, incluindo, em alguns casos, a recuperação de números anteriores à guerra.

Nestes anos, acrescendo à *Economia & Finanças*, apareceram algumas revistas novas acompanhando os progressos no saber económico, mas apenas algumas delas tiveram significado direto na importação de novas ideias. Foi o caso da *Revista de Economia*, publicada a partir de 1948 por economistas na sua maioria expulsos ou impedidos de aceder ao ensino universitário, que revela preocupação com o pluralismo teórico e com a atualização dos conhecimentos de economia que chegavam ao país. Vários artigos e excertos de livros traduzidos para português, designadamente de Ragnar Frisch e Celso Furtado, foram nela publicados dando conta das novidades teóricas que estavam a surgir no exterior. O *Boletim de Ciências Económicas*, publicado pela Faculdade de Direito da Universidade de Coimbra, a partir de 1952, deu a conhecer o resultado da investigação de economistas portugueses, nomeadamente dos alinhados com o paradigma dominante. A *Análise Económica*, em publicação a partir de 1956, valorizou a problemática do desenvolvimento e da integração económica, mas sobretudo procurou tornar acessíveis, aos estudantes e aos estudiosos em geral, textos de economistas relevantes na cena internacional, nomeadamente de N. Kaldor, R. Dorfman, R. Prebisch, F. Vito, F. Perroux, J. Meade, R. Harrod, M. Byé, R. Triffin e M. Torres.

O facto de estas revistas publicarem apenas textos em português, e a quase inexistência de coautorias internacionais, mostra a preocupação com a difusão interna desses textos mas também a desvalorização de uma eventual estratégia de submeter a produção científica portuguesa a audiências externas.

A importação de livros, outro veículo de transmissão de ideias económicas, aumentou, sobretudo no que respeita a edições norte-americanas, pelo que a biblioteca do ISCEF passou a dispor, desde o início dos anos 1950, dos livros mais importantes que então se publicavam. As traduções portuguesas nestes anos permaneceram ainda relativamente raras porque o mercado interno continuava a ser demasiado pequeno para justificar edições locais.

Além de alguns manuais de ensino dos professores do Instituto (p. ex., Moura, 1964), e das tradicionais sebentas, foi frequente o recurso direto no processo de ensino a manuais estrangeiros que refletiam as perspetivas internacionalmente dominantes e tendiam a homogeneizar os saberes. O mais relevante de todos deles, o *Economics* de Samuelson, passou a integrar a biblioteca do ISCEF logo após o surgimento da primeira edição norte-americana, o mesmo acontecendo com a primeira edição espanhola de 1950. A importância deste livro e a barreira linguística levou ao aparecimento de uma edição portuguesa, mas apenas em 1964 (Samuelson, 1964). A expressar o peso da tradição eclética francesa, encontra-se apenas a edição em 1951, à margem da Universidade, do *Curso de economia política*, de Bertrand Nogaro, mas sobretudo a *Economie Politique*, de Raymond Barre, que, além da edição francesa original, chegou na edição brasileira e conheceu ainda uma tradução parcial em português, realizada no ISCEF, com propósito didático, em 1962 (Barre, 1962).

Ainda no ISCEF, as lições de desenvolvimento económico, iniciadas em 1953, seguiram a mesma linha de americanização crescente. O manual que serviu de base às lições foi o *Economic Development* de Benjamin Higgins, enquanto o *Monetary Theory and Fiscal Policy* de Alvin Hansen se tornou a referência para os tópicos de Economia Monetária. Outros livros norte-americanos foram também importados e utilizados como referência, não só diretamente no ensino graduado como na preparação dos professores. Disso é exemplo *The Theory and Measurement of Demand* de Henry Schultz.

No início dos anos 1960, com o aumento do número de estudantes de Economia e a consolidação da profissão de economista, surgiram com alguma regularidade traduções portuguesas de textos económicos básicos com o propósito didático e de divulgação. A coleção mais significativa foi a dos «Estudos de economia moderna», da Livraria Clássica Editora, dirigida por três professores do ISCEF — Jacinto Nunes, Pereira de Moura e Costa André. O primeiro volume editado nesta coleção, em 1962, foi um manual de ensino de Pereira de Moura, *Problemas fundamentais da economia*, que teve uma edição francesa, mas a generalidade dos títulos foram obras de economistas tendencialmente alinhados com o paradigma neoclássico-keynesiano dominante, como Bela Ballassa, Vitorio Marrama, Richard T. Gill e Gregory Grossman.

Conclusões

A abordagem que se acabou de delinear pretendeu analisar um estudo de caso de importação de ideias económicas, tanto na sua dimensão teórica como na doutrinária, e baseou-se na relação dialética entre o contexto das ideias económicas e o contexto histórico.

Considerou-se a reestruturação do campo das ideias económicas em Portugal num período histórico relativamente curto, ainda que compreendendo dois subperíodos. Após o relativo isolamento vivido nos anos 1930, a que o nacionalismo e a subalternização do discurso económico no espaço público não foram estranhos, adveio, após a Segunda Guerra Mundial, em articulação com a transformação do campo internacional dos saberes económicos, uma nova configuração do campo das ideias teóricas e doutrinárias no país. Esse foi um resultado da nova configuração da coligação social dominante e de novos propósitos estratégicos que sobredeterminaram esta nova configuração e impuseram uma forte abertura ao exterior.

As novas ideias presentes no mercado global — um mercado dinâmico quase-monopolístico — revelaram que diferentes campos nacionais tinham posições hierárquicas distintas. Do lado da oferta, as organizações norte-americanas (universidades, centros de investigação, editoras, etc.) eram os agentes principais, mesmo que organizações equivalentes de outros países tenham tido frequentemente um papel intermediário. Do lado da procura, economistas académicos portugueses enquadrados num campo de ideias económicas com estruturas fracas.

Na realidade, após 1945 existe fundamentalmente um processo de assimilação da síntese neoclássica-keynesiana, convertida externamente e internamente em paradigma hegemónico. Na prática, ocorreu um processo de internacionalização que significou de forma crescente uma norte-americanização, embora frequentemente por via indireta e com especificidades, já que a pequena dimensão do campo local das ideias económicas levou a que elementos importantes desse processo, o «progresso inexorável da especialização [...] e a multiplicação dos institutos de pesquisa dentro e fora dos departamentos governamentais relacionados com os problemas económicos» (Schumpeter, 1994: 1154) tenham sido esbatidos. Acresce que a avaliação da produção teórica dos economistas académicos também não mimetizou o modelo norte-americano, centrado na publicação de artigos em revistas com circulação internacional.

Uma outra característica deste processo foi o progresso limitado da investigação em Economia Aplicada. A fraca qualidade do sistema nacional de estatística tornava a sua produção pouco fiável, contribuindo desse modo para a fraqueza do processo.

Em qualquer caso, há no segundo período considerado uma multiplicação dos veículos de transmissão de ideias e, ainda que em posição subalterna, um processo de abertura ao exterior e de convergência do campo do saber económico em Portugal com o campo internacional homólogo.

Referências bibliográficas

Barbosa, António Pinto (1943), «A economia do ponto de vista positivo e do ponto de vista teleológico», *Economia & Finanças*, 11: 233–246.

Barbosa, António Pinto (1947), *Economia política* (stencil). Lisboa: ISCEF.

Barre, Raymond (1962), *Economia política* (stencil). Lisboa: ISCEF.

Bourdieu, Pierre (1971), «Le marché des biens symboliques», *Année Sociologique*, 22: 49–126. https://www.jstor.org/stable/27887912.

Bourdieu, Pierre (1975), «The specificity of the scientific field and the social conditions of the progress of reason», *Social Science Information*, 14(6): 19–47. https://doi.org/10.1177%2F053901847501400602.

Bourdieu, Pierre (1997), *Les usages sociaux de la science: Pour une sociologie clinique du champ scientifique*. Versalhes: Editions Quæ.

Cardoso, José Pires (1949), «Uma escola corporativa portuguesa», *Economia & Finanças*, 17: 181–212.

Caro, Jean-Yves (1983), *Les économistes distingués*. Paris: Presses de la Fondation Nationale des Sciences Politiques.

Coats, Alfred W. (org.) (1986), *Economists in international agencies*. Nova Iorque: Praeger.

Coats, Alfred W. (1997), *The post-1945 internationalization of economics*. Durham, NC; Londres: Duke University Press.

Coats, Alfred W. (1999), *The development of economics in Western Europe since 1945*. Londres: Routledge.

Colander, David; Coats, Alfred W. (orgs.) (1989), *The spread of economic ideas*. Cambridge: Cambridge University Press.

Fourcade, Marion (2006), «The Construction of a Global Profession: The Transnationalization of Economics», *American Journal of Sociology*, 112(1): 145–194. https://doi.org/10.1086/502693.

Goodwin, Craufurd (1972), «Economic Theory and Society: A Plea for Process Analysis», *The American Economic Review*, 62(1/2): 409–415. https://www.jstor.org/stable/1821575.

Hirschman, Albert (1984), *L'économie comme science morale et politique*. Paris: Hautes Études/Gallimard/Le Seuil.

Llombart, Vicent (1995), «Market for ideas and reception of physiocracy in Spain: some analytical and historical suggestions», *The European Journal of the History of Economic Thought*, 2(1): 29–51. https://doi.org/10.1080/10427719500000094.

Mäki, Uskali (1996), «Economic thought on the outskirts: toward a historiographical framework for studying intellectual peripheries», *Research in the History of Economic Thought and Methodology*, 14: 307–323.

Mineiro, Gonçalo (2017), «O envio de bolseiros portugueses para os EUA, 1945–1952», *Ler História*, 71: 53–74. https://doi.org/10.4000/lerhistoria.2871.

Mises, Ludwig von (1944), *O intervencionismo*. Coimbra: Boletim da Faculdade de Direito da Universidade de Coimbra.

Moura, Francisco Pereira (1964), *Lições de economia*. Lisboa: Clássica Editora.

Nunes, Manuel Jacinto (1956), *Rendimento nacional e equilíbrio orçamental*. Lisboa: ISCEF.

Nunes, Manuel Jacinto (2009), *Memórias soltas*. Lisboa: Alêtheia Editores.

Pintado, Xavier (1964), *Structure and growth of the Portuguese economy*. Genève: EFTA.

Samuelson, Paul (1964), *Economia: uma análise introdutória*. Lisboa: Fundação Calouste Gulbenkian.

Schumpeter, Joseph A. (1994), *History of economic analysis*. Londres: Routledge.

Turner, Marjorie (1989), *Joan Robinson and the Americans*. Nova Iorque; Londres: M. E. Sharpe.

Wallich, Henry (1951), *Financial System of Portugal*. Lisboa: Economic Cooperation Administration, Special Mission to Portugal.

Capítulo 4
«Um campo perigoso»: tradições económicas em confronto no Portugal democrático

João Rodrigues, Ana Costa e José Reis

Introdução

A revolução democrática de 25 de Abril de 1974, que terminou com a mais longa ditadura da Europa ocidental, criou uma oportunidade para o florescimento de apostas e propostas, realizadas por economistas políticos com perspetivas radicalmente distintas, sobre a trajetória futura da economia portuguesa. Neste capítulo, pretende-se enquadrar, contextualizar e interpretar os debates e conflitos económicos ocorridos num período de grande efervescência política e turbulência económica, incluindo ao nível do sistema internacional em que Portugal estava inserido. As ideias têm sempre consequências, sobretudo em períodos de bifurcação como claramente foram a segunda metade dos anos 1970 e 1980.

Mais concretamente, no contexto português, existiam neste período economistas desenvolvimentistas, com simpatias socialistas, mas também começam a surgir economistas neoclássicos com simpatias neoliberais. Os primeiros, mais alinhados com a identificação das formas de dependência que constrangiam a economia portuguesa e com os objetivos da Constituição democrática e socialista de 1976, paradoxalmente aprovada depois de terem perdido no essencial o acesso ao poder político, enfatizavam a necessidade de ganhar margem de manobra política nacional para o desenvolvimento, atentando nos desequilíbrios internos e nas incoerências do sistema produtivo e defendendo uma integração internacional cautelosa e limitada. Os segundos, tendo concluído em alguns casos os seus doutoramentos nos EUA, mobilizaram conceitos como os de pequena economia aberta e de interdependência, em modo explicitamente descritivo e implicitamente prescritivo, enfatizando desde cedo a necessidade de superar o viés antiliberal da ordem constitucional de 1976. A história destes últimos economistas, que acabariam por se tornar os mais influentes na condução da política económica, não pode ser entendida sem a sua oposição ao socialismo, entendido de forma ampla.

A análise de Portugal nesta área fornece um exemplo do desenvolvimento tardio numa periferia europeia da chamada «economia de livre mercado», mais bem designada por neoliberalismo na literatura da história da economia política (Backhouse, 2010). Conclui-se o capítulo argumentando que, na prática, o espaço para estes debates sistémicos na economia, tanto no espaço público, em geral, como na academia, em particular, se fechou em meados dos anos 1980, devido a uma série de fatores — que serão brevemente escrutinados —, tanto internos como externos ao país, dando lugar a um conjunto de reformas políticas de neoliberalização da sociedade portuguesa.

1. Uma trajetória para nenhures?

Em 11 de abril de 1975, Mário Murteira, então ministro do Planeamento e Coordenação Económica do IV Governo Provisório, que durou de 28 de março a 8 de agosto de 1975, apresentou uma avaliação da situação económica ao Conselho da Revolução, um dos centros do poder político durante o Processo Revolucionário em Curso (PREC). O economista político fez um diagnóstico radical: devido à nacionalização dos setores estratégicos, após o fracassado golpe de direita do mês anterior ter permitido aos setores socialistas reforçar a iniciativa política, o «capital monopolista» tinha perdido «o controlo dos centros de decisão do sistema social português»; entretanto, e graças às liberdades democráticas recentemente conquistadas, a «luta de classes» tinha-se intensificado e adquirido um «sinal anti-capitalista», mas esta última estava focada em ganhos salariais de curto prazo, o que implicava um precário equilíbrio político-económico; afinal de contas, tinha-se provocado «o descalabro da economia, por via do anti-capitalismo», sendo então necessário «reconstruir a economia através do socialismo» (Murteira, 1975a: 14–15).[1] Reconstruir a economia exigia uma direção política clara,

[1] Num curto período de tempo, os grandes grupos económicos que dominavam a economia portuguesa foram desmantelados e o Estado assumiu, graças às nacionalizações, o controlo direto de uma parte relevante da economia, representando cerca de um quarto do Produto Interno Bruto e um terço do investimento, do setor bancário à indústria pesada e aos serviços de rede (Baklanoff, 1996). Para lá da retórica da sabotagem económica antidemocrática por parte destes grupos, as razões aduzidas para esta grande transformação refletiam a convicção económica partilhada entre

ou seja, um «plano económico de transição». Nas suas «notas» sobre o dito plano, escritas em junho de 1975, Murteira sublinhou os objetivos macroeconómicos da transição: pleno emprego, equilíbrio externo e independência nacional (Murteira, 1975b). Dada a influência da teoria da dependência no seu pensamento da altura, Murteira dava grande importância à questão da independência nacional (Murteira, 1975c). A inserção internacional, vista em termos da superação das relações assimétricas entre esta peculiar periferia europeia e os principais centros capitalistas, assumia aí grande importância. Neste contexto, desenvolveu-se uma distinção entre o inevitável condicionamento externo da independência nacional, dada a posição geoeconómica do país, e a evitável determinação externa da sua forma de economia política e das suas decisões de política económica, o que requeria um plano adequado. Alcançar o equilíbrio externo era decisivo para este objetivo, embora fossem vagos os meios para o alcançar nesta altura, até dada a relutância em usar a política cambial, o que terá contribuído para derrotar economicamente a possibilidade desta trajetória política (Kolm, 1977).

Em outubro de 1975, já fora do governo, e já com o VI e último Governo Provisório sem o mesmo ímpeto transformador dos anteriores, Murteira aproveitava para refletir sobre a pantanosa transição entre capitalismo e socialismo no país, num contexto de desequilíbrios económicos: o capital monopolista não estava ainda no comando, mas não havia uma direção política clara e unificada, capaz de encetar a difícil transformação rumo ao socialismo (Murteira, 1975c). No final deste ano de grandes transformações, Murteira diagnostica «uma abissal desproporção entre uma riquíssima prática social e uma medíocre expressão no plano político-ideológico» (Murteira, 1975d: 117).[2]

os economistas políticos de que o Estado tinha de liderar o processo de desenvolvimento, através do planeamento, o que implicava mexer nas relações de propriedade dos setores mais importantes do processo de acumulação (Noronha, 2018). Obviamente, o económico e o político estavam imbricados na noção então corrente de capital monopolista, nas suas expressões políticas autoritárias que haviam sido derrotadas e na noção de dependência em relação ao exterior que havia ainda que superar acarretada por esta configuração.

[2] Numa entrevista realizada mais de 30 anos depois do PREC, Mário Murteira identificaria retrospetivamente o seguinte padrão: «Muitas vezes, quando estava envolvido em conversas importantes com Vasco Gonçalves [primeiro-ministro] no seu gabinete, íamos à janela e víamos os que passavam em manifestações. No fim de contas, éramos mais espectadores do que atores de um grande movimento popular» (citado em Fishman, 2019: 45). Fishman (2019) enfatizou como as origens revolucionárias da democracia em Portugal, por comparação com a transição espanhola, incluindo uma «"crise do Estado" clássica», moldaram uma trajetória social mais inclusiva, da cultura à economia política, e isto apesar da viragem neoliberal — de resto considerada mais mitigada pelo Estado social — do final dos anos 1980 em diante.

O PREC estava acabado, mas uma larga maioria da Assembleia Constituinte aprovou, em 1976, o que viria a ser o seu legado institucional mais duradouro: a Constituição democrática com uma orientação socialista, onde as nacionalizações eram consideradas conquistas irreversíveis das classes trabalhadoras protegidas por regulações das relações laborais ou por um Estado-Providência que se desejava robusto, elementos de um objetivo de transição sistémica para uma sociedade capaz de eliminar as desigualdades de classe.[3]

O recuo de Mário Murteira para a academia, para o ensino e para a investigação, tendo escrito vários livros sobre Economia do Desenvolvimento, e para a cooperação e consultoria internacionais, em particular junto dos governos de orientação socialista das antigas colónias portuguesas, não implicou uma retirada do debate público, que ainda se travou de 1976 em diante, sobre a necessidade e a plausibilidade de uma via portuguesa para o socialismo. De facto, em 1976, Murteira foi um dos fundadores, conjuntamente com outros economistas políticos, na sua maioria mais jovens, muitos em início de carreira académica, da revista *Economia e Socialismo.* Esta revista existiu com o subtítulo *Revista Mensal de Economia Política,* entre 1976 e 1981, e com o subtítulo *Revista Trimestral de Economia Política,* entre 1981 e o seu último número, em 1987. Mário Murteira foi sempre o seu diretor. Francisco Pereira de Moura, que tinha sido ministro nos IV e V Governos Provisórios e que era um dos mais destacados professores do então radicalizado Instituto Superior de Economia (ISE, designação de 1972 a 1989 do até então ISCEF), era um dos mais importantes membros do conselho editorial. Inspirada, até do ponto de vista da estética, na norte-americana *Monthly Review,* uma das publicações de referência da Economia Política Radical, a revista estava clara

3 Com efeito, todos os partidos, à exceção do CDS, aprovaram a Constituição, refletindo um certo espírito da época, incluindo o internacional, ao nível dos arranjos e das políticas económicas. Sousa Franco falaria de um consenso, de uma «comunidade de ideias», oscilando entre o marxismo e o keynesianismo, entre os economistas deste período, em que seriam raros os liberais autênticos, o que explicaria em parte o «lento reformismo contra-revolucionário», particularmente entre 1976 e 1985 (Franco, 1994: 209). Como veremos, esta hipótese de um consenso é problemática. Como Luciano Amaral sublinhou, as dimensões económicas da Constituição de cariz socialista seriam diluídas na prática dos governos constitucionais, que «procuraram, através de uma série de reformas institucionais, restabelecer a confiança dos empresários, muito afetada pelas alterações revolucionárias» (2015: 95). Tendo contornos vagos, a confiança dos capitalistas é considerada um poderoso mecanismo, algures entre a economia e a ideologia, de conformação do Estado. Um certo tipo de pensamento económico especializou-se, dos anos 1970 em diante, em traduzir para a política económica esta enviesada hipótese da confiança.

e igualmente localizada na interseção entre a investigação científica e a intervenção política.[4]

No primeiro editorial, não assinado, de abril de 1976, a situação económica era considerada «o condicionalismo básico do processo político português» (*Economia e Socialismo*, 1976a: 2). A revista apresentava-se como um «instrumento de trabalho e reflexão crítica», «independente de quaisquer partidos ou agrupamentos políticos», assumindo a seguinte hipótese de trabalho: «Portugal não pode ser compreendido sem uma visão mais ampla dos enfrentamentos de classes, nações e sistemas sociais à escala mundial» (1976a: 2). Além de autores portugueses, a revista publicava frequentes análises de autores estrangeiros, sobretudo dos continentes africano e americano. Por exemplo, no primeiro número, o economista político radical canadiano Michel Chossudovsky escreveu sobre «a economia de Chicago ao estilo chileno», ao mesmo tempo que um artigo assinado E. S. (Economia e Socialismo) descrevia minuciosamente a situação económica nacional e Murteira fazia um balanço crítico da «política económica dos governos provisórios», enfatizando os efeitos perversos, sobretudo num contexto de descenso da luta de classes, de uma «transformação rápida da estrutura económica sem correspondência significativa na consciência social e na direcção política» (Murteira, 1976: 48). Já no segundo número, de maio de 1976, o codiretor da *Monthly Review*, Harry Magdoff, escrevia sobre as estratégias económicas da China, comparando-as com as estratégias soviéticas, num tempo em que era ampla a variedade de sistemas sociais à escala mundial, o que também é atestado pela publicação de um documento de trabalho, da autoria do Departamento de Reconstrução Nacional do Movimento Popular de Libertação de Angola, sobre a «marcha em direcção à independência económica» deste novo Estado; ao mesmo tempo, a revista recolhia «depoimentos» de dois dos mais destacados economistas políticos marxistas nacionais, João Martins Pereira e Armando Castro, reagindo aos dois artigos do primeiro número, acima mencionados, sobre os caminhos políticos da economia portuguesa durante e após o PREC, indicando uma aposta no debate plural entre os que pugnavam por uma via portuguesa para o socialismo num

[4] Fundada em 1949, a *Monthly Review* teve no economista marxista Paul Sweezy o seu grande esteio intelectual, estando na linha da frente das análises sobre o capitalismo monopolista ou sobre a dependência e suas teorizações, publicando os autores mais relevantes nestas tradições da economia política crítica. A partir dos anos 1980 e até à atualidade, tem estado na vanguarda das análises sobre a financeirização do capitalismo. Continua a ser um caso de resiliência intelectual, num contexto onde a ideia de socialismo conheceu recentemente uma certa ressurgência nos EUA.

contexto internacional que de facto ainda parecia aberto a estas transformações. Este tipo de conjugações temáticas, nacionais e internacionais, esteve presente ao longo dos 76 números de uma revista que não sobreviveu aos triunfos do neoliberalismo, incluindo na sua variante nacional com o chamado cavaquismo.

Entretanto, numa das suas raras publicações em inglês na altura, Murteira, procurando sempre fazer uma análise realista da situação económico-política nacional, considerava que «a transição revolucionária para o socialismo» estaria já fora de questão, sendo «muito mais provável uma situação de dependência crescente em relação ao apoio económico e financeiro estrangeiro, com a correspondente redução da liberdade interna para os decisores de política portugueses» (1979a: 339). O contexto era de enorme turbulência e estava em rápida transformação. O Fundo Monetário Internacional (FMI) era uma das expressões institucionais do espectro da dependência económica e da regressão sociopolítica. O I Governo Constitucional parecia confirmar o diagnóstico de Murteira, incluindo no pedido de adesão à Comunidade Económica Europeia (CEE), na altura muito criticado por economistas políticos como Francisco Pereira de Moura que o catalogou como «Governo burguês do Partido Socialista» numa entrevista que saiu sob a forma de livro (Moura, 1977a). O texto de Murteira em inglês acima mencionado foi publicado num livro intitulado *Contemporary Portugal — The Revolution and Its Antecedents* e foi apresentado, sob a forma de comunicação, três anos antes, em 1976, no terceiro encontro, realizado na Universidade de Toronto, do *International Conference Group on Modern Portugal*. Tratava-se de uma organização composta maioritariamente por académicos do mundo anglo-saxónico que estavam interessados na evolução de Portugal, do corporativismo autoritário do fascismo à ainda institucionalmente precária, mas esperançosamente democrática, formação social nacional em transformação.

A economia política da independência nacional era então central nos interesses de investigação de Mário Murteira, o que está patente, por exemplo, num dos artigos que escreveu para a revista *Análise Social* do então Gabinete de Investigações Sociais (atual Instituto de Ciências Sociais) de que era membro desde a sua fundação no início dos anos 1960. No artigo, Murteira oferecia uma reveladora ideia sobre o contestado conceito de desenvolvimento, por si considerado uma condição necessária, mas não suficiente, da almejada transição para o socialismo:

> só poderá consistir num processo de crescimento económico que, além do mais, assegure crescente autonomização de decisões em dada economia [...] tudo isto será, porém, mero exercício formal, ou jogo de palavras, desde que não sejam referidos os mecanismos concretos da dependência e do desenvolvimento. (Murteira, 1975c: 529)

Estes mecanismos concretos, de índole financeira, tecnológica ou comercial, em particular os que estariam sob o controlo das empresas multinacionais, seriam escrutinados detalhadamente num livro posterior, que de resto pode ser visto como o zénite da teoria da dependência no nosso país (Murteira, 1979b). Aí, uma das hipóteses centrais era a de que a reconstituição das teias da dependência seria incompatível com um processo real de democratização. Este último pressupunha sempre um grau relevante de autodeterminação nacional no campo económico e logo político. Três anos mais tarde, também num artigo da *Análise Social*, Murteira (1982: 1050) sublinharia o impasse que se registava na formação social portuguesa, dominada por uma política económica conjuntural orientada para o reequilíbrio externo, a que tudo sacrificava, sem alteração estrutural progressiva de monta, antes pelo contrário, dado o aumento da dependência externa num contexto em que, desde 1976, tinham tido primazia os interesses tendentes «à recuperação de certa normalidade capitalista». Em plena segunda intervenção do FMI (1983–1985), dez anos depois do 25 de Abril, Murteira (1984) localizaria, de forma clara, as origens do «bloqueio estrutural» português na «oposição de duas racionalidades numa economia concreta — uma resultante do movimento de transição anticapitalista desencadeado em 1974–75, a outra, de um movimento de recuperação capitalista acentuado nos anos mais recentes — que são contraditoriamente praticadas e afirmadas no plano institucional sem coerência global» (1984: 34–35). A situação económica era «precária e movediça» e refletia-se, ainda que parcialmente, na instabilidade política endémica. Dois anos depois, com a adesão à CEE, a que se seguiu a primeira maioria absoluta do Partido Social-Democrata de Cavaco Silva, a situação política estabilizaria e a racionalidade capitalista, para usar os termos de Murteira, seria institucionalmente consolidada com a revisão constitucional de 1989, abrindo caminho às privatizações, num quadro de transformações institucionais mais vastas, em larga medida sobredeterminadas pela integração europeia (Reis *et al.*, 2014). Do ponto de vista intelectual, os quadros analíticos, na tradição da economia política, que enfatizavam a análise crítica do capitalismo português, enquanto sistema histórico-institucional, eventualmente passível de superação, sofreriam uma imensa erosão na segunda metade dos anos 1980, sendo o desaparecimento da *Economia e Socialismo* um sinal editorial desta forte tendência.[5]

Num artigo sobre a influência do estruturalismo no pensamento sobre o desenvolvimento económico português, Bastien e Cardoso referiram-se aos anos 1970 como «um tempo em que os quadros teóricos de referência dos economistas portugueses [influenciados, entre outros, pelo pensamento estruturalista latino-americano] foram alvo de choques súbitos, fazendo com que as simpatias doutrinárias oscilassem entre o marxismo [...] e o monetarismo dos anos de estabilização» (Bastien e Cardoso, 2003: 45).

Esta última simpatia foi particularmente visível depois do primeiro programa de estabilização do FMI, justificado, como era comum na altura, pela crise da balança de pagamentos que atingiu o país, parte da particularmente intensa crise na periferia e semiperiferia do sistema mundial nestes anos, com mais de três dezenas de países a recorrerem à assistência financeira do Fundo (Frieden, 2006).

Antes de escrutinarmos esta reação neoliberal na próxima secção, vale a pena atentar em algumas das expressões institucionais, tardias e democráticas daquilo a que Bastien e Cardoso (2003: 41) apodaram como «ansiedade produtivista e tecnocrática» de engenheiros e economistas portugueses. Durante os anos a seguir à Segunda Guerra Mundial, esta teria favorecido a receção em Portugal do estruturalismo. Uma dessas expressões institucionais de um pensamento desenvolvimentista foi o Gabinete de Estudos Básicos de Economia Industrial (GEBEI). Criado nas vésperas da Revolução, em 1973, sob a alçada da Secretaria de Estado da Indústria, o seu objetivo era fornecer aconselhamento informado na área das políticas de desenvolvimento industrial, associadas ao processo mais vasto de transformação estrutural da economia portuguesa (Reis, 2019). A sua figura de referência, desde a fundação até ao seu progressivo desmantelamento nos anos 1980, foi um engenheiro de formação, com vocação e formação económica chamado João Cravinho. Cravinho foi ministro da Indústria no IV Governo Provisório, sendo o responsável pela nacionalização de uma parte importante da grande indústria. Sob a liderança de Cravinho, um grupo de economistas críticos desenvolveu no quadro do GEBEI, antes e depois do período revolucionário, um conjunto

[5] Sinal da sua própria evolução intelectual e política, Mário Murteira acabaria por fundar, em 1996, e dirigir, até 2011, uma revista intitulada *Economia Global e Gestão*, ligada à Escola de Negócios do ISCTE, onde foi professor, desde a fundação desta instituição universitária, em 1972, até à sua jubilação, em 2002.

relevante de trabalhos de natureza interdisciplinar e sistémica, relacionados com os aspetos estruturais mais relevantes da economia portuguesa, enfatizando a sua especificidade e heterogeneidade. A função destes estudos era informar e guiar a elaboração de planos, particularmente na área da política industrial, parte de uma tradição de planeamento que vinha dos planos de fomento desde os anos 1950 e que agora se procurava aprofundar num contexto em que o planeamento tinha reconhecimento constitucional e em que o Estado, também através das nacionalizações, tinha mais instrumentos de direção da trajetória económica. Não é de admirar que temas como os *stocks* de capital e o desenvolvimento de capacidades tecnológicas e de exportação, ou o grau adequado de proteção tarifária, fossem objeto de investigação. Para lá disto, era devotada atenção ao desenvolvimento e refinamento de quadros de análise, como os das matrizes regionais e de *input-output*, capazes de captar as relações fundamentais que moldavam os fluxos e as dinâmicas concretas de uma economia, sobre cujas estruturas económicas e políticas se tinha uma noção profunda (Ribeiro *et al.*, 1987).

Enquanto durou, o GEBEI ilustrou quatro dimensões do pensamento económico de pendor desenvolvimentista e socializante naqueles tempos de transição que importa sublinhar. Em primeiro lugar, a ampliação temporária, mas real, de temas desenvolvimentistas já presentes durante a ditadura a partir dos anos 1950, embora aí embrulhados numa retórica tecnocrática, com óbvios enviesamentos de classe, ao invés de uma preocupação afirmada de forma mais clara depois de 1974, com uma trajetória autónoma e inclusiva de desenvolvimento industrial no quadro de um processo democrático de regulação socioeconómica. Em segundo lugar, o papel que muitos dos participantes nos governos provisórios do período revolucionário tiveram na manutenção, durante alguns anos pós-1975, de um discurso económico que enfatizava a necessidade de consolidar e dar coerência às transformações radicais registadas na forma da economia política nacional, particularmente através do planeamento. Em terceiro lugar, esta forma de pensar economicamente tinha as suas ligações internacionais, o que no caso do GEBEI se traduzia num certo ecletismo visível na cooperação com organizações internacionais, como a Organização para a Cooperação e Desenvolvimento Económico (OCDE) ou o Banco Mundial, mas também com instituições francesas, como o Centre d'Études Prospectives d'Économie Mathématique Apliqueés à la Planification (CEPREMAP), dominado pela escola francesa da regulação e pela tradição de modelização económica ao serviço do planeamento indicativo. O próprio João Cravinho confirmou recentemente esse ecletismo, ao indicar como o trabalho económico coletivo desenvolvido no GEBEI bebia da influência de tradições tão distintas como as da Economia Política Radical de Paul Baran e Paul Sweezy, da Economia Institucionalista de John Kenneth Galbraith ou dos trabalhos empíricos na área da Economia Internacional desenvolvidos por economistas ligados ao Banco Mundial, como Béla Balassa (Reis, 2019). Em quarto lugar, a maior parte dos economistas portugueses nesta tradição tenderam a desenvolver os seus estudos, de âmbito doutoral, em universidades portuguesas ou eventualmente francesas, onde estas tradições críticas tinham algum respaldo, como eram o caso do ISE, da Faculdade de Economia da Universidade de Coimbra ou das universidades francesas de Grenoble ou de Paris-Nanterre.

Se o planeamento era um instrumento necessário para uma transformação estrutural, entre novembro de 1982 e janeiro de 1983, um grupo de economistas e engenheiros reuniu-se num seminário, organizado pelo Centro de Investigação sobre Economia Portuguesa do ISE, intitulado *O Planeamento Económico em Portugal: lições da experiência*, que vale a pena revisitar brevemente. Uma das intervenções de maior fôlego foi de Manuela Silva, que tinha sido Secretária de Estado do Planeamento no I Governo Constitucional e responsável pelo Plano de Médio Prazo de 1977–1980, que nunca chegou a ser implementado, apesar de ter representado o mais consistente esforço desta tradição económica no Portugal democrático.

Refletindo sobre as lições da experiência portuguesa, Manuela Silva distinguia o planeamento, subjacente aos vários planos de fomento antes de 1974, enquanto «tarefa do Estado destinada a fazer face ao atraso capitalista das forças produtivas da Nação», mas incapaz de assegurar um desenvolvimento pleno do planeamento democrático orientado para a alteração das relações sociais, com o objetivo de assegurar o desenvolvimento, traduzido na capacidade de satisfazer as necessidades básicas da população; em coerência, uma «economia mista» em transição ou não para o socialismo (M. Silva, 1984: 31). Numa fase que já era de reconhecido «desencanto», esta economista apontava para uma situação paradoxal — «a história do planeamento pode resumir-se numa única frase: de então até agora, não existiu planeamento de médio prazo», prevalecendo uma política dita conjuntural de curto prazo, tendo-se perdido uma oportunidade nestes anos (M. Silva, 1984: 29). Para lá de razões de «conjuntura e táctica política», Manuela Silva não deixava de assinalar já os efeitos favoráveis para o que apodava de «não-planeamento» de um «discurso» apoiado «na corrente de liberalismo económico que, tendo origem nos EUA, tem vindo a alastrar à Europa»: «não obstante os seus resultados negativos bem visíveis, certas vozes continuam a defender o retorno aos mecanismos de mercado, à liberalização económica, ao não--planeamento» (M. Silva, 1984: 33). E eram vozes crescentemente poderosas, alinhadas com interesses relevantes, nacionais e internacionais, de tal forma que contribuíram ativamente para que se passasse «de uma fase de inércia ou impotência» para um «processo activo de desmantelamento da actual estrutura de planeamento e na devolução do sector público às regras de mercado» (M. Silva, 1984: 34).

Pelo mesmo diapasão alinhava João Cravinho, que, no mesmo seminário, procurou elencar as razões internacionais e nacionais para um diagnóstico fixado nos seguintes termos: «a governação pública em Portugal tem exibido um claro pendor para o "desplaneamento"» (Cravinho, 1984: 43). Num contexto de «crise social», onde a luta em torno da «relação salarial» assumia uma grande importância, Cravinho denunciava a discrepância entre a centralidade constitucional do plano e a realidade «desplaneada», o que seria particularmente preocupante sobretudo nas vésperas do «embate» com a integração europeia. A «linha liberal» na política, apesar dos avanços, não tinha ainda triunfado, já que a revisão constitucional de 1982 tinha confirmado «o estatuto do plano e, sobretudo, a irreversibilidade das nacionalizações» (Cravinho, 1984: 62). Cravinho podia por isso ainda contrapor o «conservadorismo recessivo», apostado no «controlo da relação salarial» para efeito de políticas de estabilização, na linha do FMI e dos seus apoiantes internos, à «transformação estrutural planeada» conforme à Constituição: «a hora da decisão aproxima-se», asseverava este engenheiro naturalmente ansioso com a crise do seu país (Cravinho, 1984: 70). Com efeito, assim seria e o desfecho não foi favorável à linha defendida por Cravinho neste seminário, como veremos na próxima secção.

2. Uma trajetória para algures

Olhando para a evolução intelectual no campo económico,[6] é hoje relativamente fácil concluir que o desenvolvimento mais influente saído do turbulento período da segunda metade dos anos 1970 foi a criação, consolidação e crescente hegemonia de uma abordagem que chegou a autodesignar-se por «Nova Economia», que teria uma referência dupla implícita: por um

[6] Uma análise exploratória da evolução do pensamento económico em Portugal ao longo das três últimas décadas do século passado foi feita em Reis (2012), usando as publicações sobre economia em três revistas portuguesas.

lado, à Faculdade de Economia da Universidade Nova de Lisboa (FEUNL) e, por outro, a uma forma supostamente nova de pensar economicamente, partindo de um quadro neoclássico mobilizado para dele se retirarem implicações de política económica neoliberalizadoras (Sousa *et al.*, 1989).[7]

Esta tendência foi sobretudo o resultado da intervenção de economistas académicos portugueses, a maioria dos quais realizou os seus doutoramentos durante os anos 1970 e 1980 nos EUA, no quadro de uma rede de instituições nacionais e internacionais, académicas e não académicas. As principais instituições que vale a pena referenciar neste contexto são a Universidade Católica Portuguesa de Lisboa, criada em 1972, a FEUNL, criada em 1978, o mais vetusto Banco de Portugal, cujo influente Departamento de Estudos Económicos acabaria por ser dominado por economistas oriundos destas instituições universitárias, já para não falar do Ministério das Finanças. As principais instituições internacionais foram uma série de universidades norte-americanas, mais ou menos prestigiadas, mas também organizações internacionais como o FMI, o Banco Mundial e a Comissão Europeia, por onde alguns destes economistas passaram e cuja influência institucional em Portugal a partir da segunda metade dos anos 1970 reforçaria as suas prioridades intelectuais e políticas.

A partir da sua posição como Professor Catedrático na Universidade Católica Portuguesa (UCP), desde 1973, depois de ter saído do então Instituto Superior de Economia (ISE, designação que, em 1972, substituiu a anterior de ISCEF, e que, em 1989, passou a ter a designação atual de ISEG), Alfredo de Sousa foi reconhecidamente o líder da criação institucional de uma nova abordagem ao ensino e à investigação na Economia, com grandes impactos na política. Sousa doutorou-se em Economia pela Universidade de Paris-Sorbonne, sob supervisão de Gaston Léduc, membro e presidente, entre 1974 e 1976, da Mont Pelerin Society. Tornou-se o economista de referência do PPD-PSD na Assembleia Constituinte e um dos críticos mais vocais da economia política do PREC (Sousa, 2017). O seu papel central na criação e consolidação da FEUNL, particularmente nos primeiros anos, como presidente

[7] Mirowski assinalou que nem todos os economistas neoclássicos são neoliberais e que nem todos os economistas neoliberais são neoclássicos. No entanto, e como argumentou Backhouse (2010), a Economia Neoclássica crescentemente dominante esteve associada, desde os anos 1970, a um crescente entusiasmo pela promoção das forças de mercado, passando de resto a sublinhar mais as falhas do Estado do que as falhas do mercado, isto para usar os termos habituais nesta abordagem. Se tomarmos a sigla DLP (Desregulamentação, Liberalização e Privatização), forjada por Steger e Roy (2010) para sintetizar as posições neoliberais, então é claro que a chamada Nova Economia tendeu a favorecer transformações institucionais nesta linha.

da sua comissão instaladora é amplamente reconhecido (Rodrigues, 2019). Alfredo de Sousa foi o principal responsável pelo recrutamento sistemático de um conjunto de economistas, muitos deles anteriormente docentes no ISCEF, que, entretanto, estavam a concluir ou tinham já concluído o seu doutoramento nos EUA. Se atentarmos nos outros membros da comissão instaladora da FEUNL, verificamos um padrão claro: José António Girão (doutoramento pela Universidade Cornell, EUA, em 1972), Aníbal Cavaco Silva (doutoramento pela Universidade de York, Reino Unido, em 1975), Abel Mateus (doutoramento pela Universidade da Pensilvânia, EUA, em 1977) e Manuel Pinto Barbosa (doutoramento pela Universidade de Yale, em 1977).[8]

Como foi notado por Bastien, a abordagem à Economia que foi desenvolvida entre a UCP e a FEUNL, num contexto inicial em que havia uma grande sobreposição do corpo docente, distinguiu-se pela adoção de um «padrão norte-americano *ab initio*», dado que «muitos professores visitantes tinham vindo de universidades nos EUA e uma parte importante dos seus próprios professores tinham obtido os seus doutoramentos nestas universidades», sendo que este processo teria demonstrado «a influência das tendências teóricas norte-americanas; por exemplo da teoria das expectativas racionais e das visões monetaristas» (2000: 183).[9] Isto estava em nítido contraste com

[8] Outros professores proeminentes incluíam António Soares Pinto Barbosa (doutoramento pela Virginia Polytechnic and State University, EUA, em 1978), Diogo Lucena (doutoramento pela Universidade de Stanford, EUA, em 1980), Jorge Braga de Macedo (doutoramento pela Universidade de Yale, EUA, em 1979) ou Miguel Beleza (doutoramento pelo MIT, EUA, em 1979). Destaque ainda para a transferência, a seu pedido, de António Manuel Pinto Barbosa do ISE para a FEUNL, em 1978. Considerado o modernizador do ensino da Economia, com a reforma de 1949 no currículo do ISCEF, este antigo ministro das Finanças e Governador do Banco de Portugal antes de 1974, seria presidente do Conselho Científico da FEUNL até à sua jubilação em 1988. Sobre os economistas Pinto Barbosa (pai e filhos) na FEUNL, veja-se Rodrigues (2019). Sob a orientação de James Tobin e James Buchanan, futuros Prémios Nobel de Economia (mais propriamente, Prémio do Banco da Suécia para as Ciências Económicas em Memória de Alfred Nobel), os irmãos gémeos António e Manuel seriam fundamentais na construção institucional e científica desta Nova Economia, até porque, ao contrário de outros economistas, como Aníbal Cavaco Silva, Jorge Braga de Macedo ou Miguel Beleza, não tiveram intervenção política direta, o que, ao contrário destes últimos, não implicou qualquer afastamento da instituição.

[9] O historiador Jaime Reis, pai da chamada «Nova História Económica» em Portugal, resultado do impacto na história económica dos métodos da economia neoclássica, tinha já assinalado, por sua vez, em entrevista a José Luís Cardoso, na *Análise Social*, que a Faculdade de Economia da Universidade Nova de Lisboa, criada em 1978, era pelo menos até à década de 1990 «populada quase inteiramente por jovens doutorados no estrangeiro», tendo este facto gerado na sua opinião «um ambiente invulgar para o Portugal da época, tanto para a investigação como para o ensino, como ainda para a organização de uma instituição universitária que viria a tornar-se numa das principais do mundo universitário português dos dias de hoje» (Cardoso e Reis, 2011: 496).

as abordagens hoje ditas heterodoxas ainda prevalecentes noutras instituições de ensino. Isto era assim em particular no ISE, considerada a instituição incumbente contra a qual estes economistas definiram também a sua identidade científica e política, apontando-lhe derivas radicais perniciosas a que haveriam de dar combate[10] (Rodrigues, 2019).

O «padrão norte-americano» tinha três dimensões: ensino, investigação e aconselhamento de política feito por economistas académicos, muitos dos quais se tornariam intelectuais públicos e até políticos. Na FEUNL e na UCP, havia um claro predomínio no ensino da economia neoclássica, com os seus métodos econométricos e modelos matemáticos. Desde o início, houve um esforço deliberado para emular o modelo norte-americano de programa doutoral, com uma forte componente de ensino, hoje generalizado, mas que foi pioneiro no final dos anos 1970, um dos múltiplos exemplos de transferência do centro para esta semiperiferia de uma prática académica ali já habitual e que tinha sido experimentada por muitos destes professores nos seus anos de doutoramento (Marçal *et al.*, 2019).[11]

[10] Em Marçal *et al.* (2019: 154), Ana Balcão Reis, docente na FEUNL e diretora dos cursos de Doutoramento e de Mestrado em Economia desta instituição, no período de 2008 a 2011, é citada em entrevista, tendo declarado: «Originalmente, havia o ISEG e havia a Nova, e claramente não faziam a mesma Economia. [...] Eu diria que [na FEUNL] era uma Economia mais "amiga" do mercado e menos da intervenção estatal ou da planificação.» Este estudo sobre a evolução do ensino pós-graduado em Economia em Portugal cita ainda uma entrevista feita a Luís Campos e Cunha, docente na FEUNL e diretor do curso de Doutoramento em Economia desta instituição, no período de 1990–1991, em que este assinala: «Nos anos 1980, e mesmos nos anos 1990, havia a perceção, e era uma perceção correta, de que na Nova — e até certo ponto na Católica, embora aí fosse menos vincada — éramos liberais, no sentido inglês do termo, éramos pró-mercado, pró-privatizações, coisas desse género. A partir do momento em que isso foi feito, tornou-se menos óbvio» (Marçal *et al.*, 2019: 154). Luís Campos e Cunha (doutorado pela Universidade de Columbia, EUA, em 1985) foi também docente na Universidade Católica Portuguesa, em Lisboa, diretor da FEUNL (2002–2005), vice-governador do Banco de Portugal (1996–2002) e ministro de Estado e das Finanças (março a julho de 2005). Na já mencionada entrevista, Luís Campos e Cunha, referindo-se ao grupo de fundadores da FEUNL, tornava clara a tensão existente com o ISE (ISEG na denominação atual): «É preciso ver como é que era o mundo universitário, pelo menos na área da Economia, nos anos 1970. Essas pessoas de que eu estava a falar foram meus professores já. É tudo gente que chegou nos anos 1970 — 1973, 1975, 1977 — e chegou cá e viu uma universidade na área da Economia que era basicamente dominada — tirando a Católica — por um marxismo-leninismo, nalguns casos, aliás, bastante ortodoxo. O ISE nessa altura era de uma ortodoxia impensável!» (citado em Marçal *et al.*, 2019: 153).

[11] As entrevistas a Ana Balcão Reis e a Luís Campos e Cunha, já mencionadas, são particularmente ilustrativas de uma prática emulativa do modelo norte-americano: «[N]os EUA era já uma coisa completamente comum e assente que o doutoramento tinha uma parte de curso, de cadeiras, que assim mais ou menos consubstanciava as cadeiras do mestrado, e depois havia dois exames. Quem seguia para fazer o mestrado fazia uma tese de mestrado. Quem quisesse seguir o doutoramento

Em termos de investigação, existiu desde o início uma relação entre o percurso doutoral nos EUA e o esforço para ir publicando em revistas académicas anglo-saxónicas, num movimento inicialmente tímido que, também nesta área, antecipou fortes tendências futuras numa área cada vez mais dominada pela economia neoclássica (Mata, 1995).

Em articulação com esta prática de investigação, a criação da revista *Economia*, em 1977 (e que durou até 2003), propriedade da UCP, confirma a fluidez institucional entre os economistas académicos desta instituição e os da Nova, com a coexistência de vários professores em ambas as instituições a facilitar um esforço de cooperação para afirmar uma certa forma de entender a Economia que não podia ser mais contrastante, em termos de referências, quadros teóricos, métodos e implicações de política, com a da revista *Economia e Socialismo*, fundada um ano antes. Eram ali frequentes os artigos em inglês escritos por economistas portugueses e estrangeiros, com frequente formalização matemática num quadro neoclássico, acompanhados de artigos mais diretamente concentrados em temas de política económica nacional, revelando uma necessidade de intervir no debate público, criticando, em particular nos primeiros anos, os resultados da economia política da revolução e as implicações económicas de uma Constituição com uma clara orientação socialista que haveria que esvaziar ou modificar.

Por exemplo, no primeiro número da revista, Miguel Beleza, então estudante de doutoramento no MIT, foi coautor de um artigo em inglês escrito em coautoria com três colegas norte-americanos, entre os quais o também doutorando Paul Krugman, apresentando o que designaram por «primeiro modelo macroeconómico» da economia portuguesa (Abel *et al.*, 1977).[12]

tinha dois exames, um exame de teoria geral e um exame de especialidade, também mais uma vez tradição norte-americana» (Luís Campos e Cunha citado em Marçal *et al.*, 2019: 146); «Quando o programa de doutoramento foi lançado, [...] foi [...] num molde completamente diferente daquele que existia nas outras escolas, porque foi tentando seguir a maneira de fazer das universidades americanas. Portanto, foi muito diferente de tudo o que existia na altura em Portugal» (Ana Balcão Reis citada em Marçal *et al.*, 2019: 146).

[12] Miguel Beleza acumularia as funções de docente na FEUNL com uma posição como economista no Banco de Portugal. Em meados dos anos 1980 era já apresentado, no jornal *Semanário*, como um dos rostos neoliberais e futuro ministro das Finanças, um cargo que ocuparia, entre 1991 e 1992, seguido pelo de Governador do Banco de Portugal, entre 1992 e 1993. O seu colega Jorge Braga de Macedo suceder-lhe-ia como ministro das Finanças até 1993. O governo liderado por Aníbal Cavaco Silva, Professor Catedrático da FEUNL e da UCP, entre 1985 e 1995, foi um momento alto da influência política da Nova Economia, que coincidiu com um período de alteração profunda do chamado regime da política económica nacional. Cavaco Silva de resto tinha sido diretor do Departamento de Estudos Económicos do Banco de Portugal, entre 1977 e 1980, e ministro das Finanças, entre 1980 e 1981.

O artigo dava destaque ao problema da balança de pagamentos e às políticas que eram necessárias para o debelar, incluindo o controlo da procura interna, o que implicava, como de resto ficaria cada vez mais claro, o controlo da relação salarial denunciado por Cravinho (1984) e por Manuela Silva (1985).[13] Este artigo foi de resto um dos vários resultados da cooperação, particularmente intensa entre o final de 1975 e 1977, de um grupo de economistas do MIT com o Banco de Portugal, sob a liderança na altura de José da Silva Lopes,[14] beneficiando de uma relação pessoal desenvolvida com um dos líderes da equipa do MIT, Richard Eckhaus.[15] Os outros líderes informais

[13] Manuela Silva refere-se explicitamente a um relatório de 1984 do Departamento Central de Planeamento sobre a evolução da situação económica no período de 1977 a 1982, destacando o facto de que «objectivos como a redução da desigualdade na repartição do rendimento e a erradicação da pobreza não figuram explicitamente na política económica e, enquanto efeitos deduzidos das políticas efectivamente seguidas, têm sido um objectivo sempre subordinado à correcção do desequilíbrio externo e, mais raramente, à contenção da inflação» (M. Silva, 1985: 276). Manuela Silva destaca como as transformações que sucederam no período que se segue à Revolução de 1974, com efeitos positivos na valorização do trabalho e na redução das desigualdades, foram neutralizadas pelas medidas adoptadas em 1977 e 1978, referindo ser «essa a leitura que se pode fazer [...] quando da imposição de tectos salariais declaradamente abaixo do nível de inflação, a obrigatoriedade de prolongamento da vigência das Convenções Colectivas e outras medidas tendentes a deixar a inflação agir como meio de corrosão dos rendimentos salariais reais» (M. Silva, 1985: 276).

[14] Durante a ditadura, a carreira do economista José da Silva Lopes ficou marcada pela participação nas negociações para a adesão à EFTA e para o acordo de comércio livre com a CEE. Depois do 25 de Abril de 1974, participou nos quatro primeiros governos provisórios, sendo ministro das Finanças no II e III, cargo que voltou a ocupar também de forma breve no III Governo Constitucional, em 1978. Este economista politicamente ambíguo, combinando uma certa desconfiança keynesiana em relação ao liberalismo económico com uma abordagem relativamente ortodoxa às finanças públicas, ocupou o cargo de Governador do Banco de Portugal nos anos decisivos de 1975 a 1980.

[15] As entrevistas a Teodora Cardoso e a Abel Mateus (Costa, 2019) ilustram bem a importância desta colaboração institucional para a afirmação do grupo de técnicos do Departamento de Estudos Económicos do Banco de Portugal e para a influência que, neste contexto, assumem no desenho da política económica nacional: «ao longo de 1974/1975 a situação tinha-se tornado dramática ao nível do financiamento do défice externo. O défice tinha aumentado espetacularmente, as reservas de divisas tinham desaparecido. É neste contexto, que o Doutor Silva Lopes chamou uma série de economistas de vários sítios; todos estavam interessadíssimos no nosso caso e o Doutor Silva Lopes aproveitou isso. [E]le era amigo do Eckaus e o Eckaus organizou uma equipa para vir trabalhar connosco. A primeira equipa eram só professores, veio o Eckaus, o Dornbusch e o Lance Taylor; estiveram por cá um tempo, andaram a estudar a nossa economia. Depois desta primeira missão em que vieram os três professores, veio a equipa dos estudantes; estiveram cá durante vários meses, cerca de seis meses. Nesta equipa estava o Paul Krugman, também estava o Kenneth Rogoff» (Teodora Cardoso, citada em Costa, 2019: 113). Abel Mateus refere que foi «extremamente interessante a dinâmica, que foi em grande parte uma contribuição importantíssima do Professor Doutor Silva Lopes,

desta equipa eram os também professores do MIT Rudiger Dornbusch e Lance Taylor.

Miguel Beleza obteria o seu doutoramento em Economia pelo MIT com uma tese intitulada *Credit, Wages and Prices in a Small Open Economy: Portugal.* Ele não estava sozinho no enquadramento da economia portuguesa como pequena economia aberta, nem na aplicação da síntese neoclássica, então dominante no contexto académico norte-americano, ao caso português. No mesmo ano, Jorge Braga de Macedo obteria o seu doutoramento na Universidade de Yale com uma tese de Macroeconomia Financeira Internacional intitulada *Portfolio Diversification and Currency Inconvertibility. Three Essays in International Monetary Economics*, enfatizando a necessidade de reconhecer a interdependência externa em termos de fluxos financeiros e os efeitos perversos da existência de controlos de capitais e da inconvertibilidade cambial na definição de uma política adequada nesta área (Macedo, 1982). Dois anos antes, Manuel Pinto Barbosa doutorava-se, também pela Universidade de Yale, com uma tese intitulada *Growth, Migration and the Balance of Payments in a Small Open Economy: Portugal.* Neste trabalho, que seria publicado em livro nos EUA, em 1984, constrói um modelo de crescimento de equilíbrio-geral de longo prazo, cujos pressupostos principais — reduzida (ou nula) mobilidade de capital e grande mobilidade de mão-de-obra — se destinam a replicar o que considera serem alguns factos estilizados da economia portuguesa, que designa por «pequena economia aberta», confrontada, por um lado, com forte emigração e, por outro, com influxos financeiros sob a forma de remessas (M. P. Barbosa, 1984). Estas três teses indicam um esforço para pensar a economia portuguesa como uma economia naturalmente aberta e com reduzida margem de manobra, o que era um exercício explicitamente descritivo, mas também implicitamente normativo, já que a abertura liberalizadora era considerada desejável.

O verão de 1977, entretanto, tinha sido um período marcado por problemas crescentes de balança de pagamentos e por pressões especulativas sobre o escudo. O grupo do MIT apresentou uma solução: a introdução de uma política cambial assente na desvalorização deslizante (*crawling peg*) do escudo

de trazer pessoas do estrangeiro, que viessem ajudar no aconselhamento das políticas económicas» (Abel Mateus, citado em Costa, 2019: 113). Teodora Cardoso foi diretora do Departamento de Estudos Económicos (DEE) do Banco de Portugal entre 1985 e 1990, tendo sido, de 2008 a 2012, membro do seu Conselho de Administração. Abel Mateus foi técnico superior do DEE no período 1978–1981. Foi membro do Conselho de Administração do Banco de Portugal de 1992 a 1998 e consultor deste órgão de 1998 a 2003. Teve funções como economista sénior do Banco Mundial entre 1981 e 1992, foi consultor no Banco Mundial e no FMI no período entre 1998 e 2003 e é professor na FEUNL.

(Costa, 2019). Como Macedo (2008: 208) recordaria mais tarde, «os conselheiros do MIT chegaram e resolveram rapidamente um problema económico (como paraquedistas, para usar o jargão militar)». Esta política cambial foi implementada, através de um compromisso claro do Banco de Portugal com uma desvalorização pré-anunciada de 1,1% ao mês, precedida de uma desvalorização inicial de 4% (Dornbusch, 1981). A solução incluía um aumento da taxa de juro de referência para prevenir a saída especulativa de capitais. Estas políticas prepararam o terreno para a intervenção do FMI, em 1978 (Costa, 2019).

A articulação entre os economistas académicos portugueses do eixo FEUNL-UCP, o Banco de Portugal e o grupo do MIT seria influente na fixação de um léxico comum e na adoção de práticas e políticas que se desenhariam como propiciadoras de um agilizar das negociações com o FMI. Esta articulação seria ainda influente na criação de bases de legitimação das «novas» ideias económicas e das políticas que lhes estavam associadas. O debate desenrolar-se-ia em vários espaços em simultâneo. No espaço da tomada de decisão política, a influência do grupo de técnicos do Departamento de Estudos Económicos do Banco de Portugal foi muito importante. A fluidez de posições que estes economistas ocupariam em diversas instituições internacionais, como o FMI ou o Banco Mundial, a par, por vezes, de uma intervenção política direta, seria muito grande.

Anos mais tarde, num contexto em que as dificuldades de balança de pagamentos ressurgiriam e em que ocorreria a segunda intervenção do FMI (1983–1985), Silva Lopes identifica os termos do debate que teriam marcado a primeira intervenção do Fundo, na segunda metade dos anos 1970, bem como a natureza particular das circunstâncias que então estiveram subjacentes à política de desvalorização do escudo e que teriam sido determinantes no seu sucesso. Silva Lopes reconhece que não obstante a política de «desvalorização cambial e de aumentos das taxas de juro» ter sido adotada «antes das negociações do programa do FMI», «quando a desvalorização deslizante foi introduzida em Agosto de 1977», o programa de ajustamento do FMI «requereu desvalorizações adicionais mais rápidas e taxas de juro mais altas» (Lopes, 1982: 148).[16]

[16] O programa do FMI acabaria por fazer elevar a taxa de desvalorização mensal para 1,25%, antecipada por uma nova desvalorização de cerca de 7% (Lopes, 1982: 149).

A eficácia da política de desvalorização do escudo teria para Silva Lopes dependido de uma combinação de circunstâncias muito particulares, que consideraria como única, em particular:

> a aceitação pelos sindicatos de grandes reduções nos salários reais; a resposta rápida das exportações de bens e de turismo à política cambial, dada a grande proporção de capacidade produtiva não utilizada no sector exportador e os grandes montantes de remessas de emigrantes, que só aguardavam a existência de melhores condições para serem transferidas para Portugal. (Lopes, 1982: 148)

Neste artigo da revista *Estudos de Economia*, de 1982, Silva Lopes identificava retrospetivamente o impacto recessivo que as medidas de desvalorização cambial e de controlo salarial tiveram. A forte compressão da procura interna acabaria por ser compensada por um crescimento muito favorável das exportações.[17]

A política de desvalorização do escudo iniciada antes do programa de resgate do FMI e aprofundada por este viria a ser acompanhada, sob a égide daquele programa, por uma redução em 30% da sobretaxa às importações de produtos concorrentes de produção doméstica, que tinha sido lançada em 1975, por um compromisso de reduzir as quotas às importações e pela proibição de introduzir novas restrições às importações e de intensificar as existentes (Lopes, 1982). A possibilidade de uma política de restrições às importações como resposta aos problemas de balança de pagamentos teria, para Lopes (1982), a oposição das organizações internacionais, decorrendo da condicionalidade imposta pelo programa de estabilização do FMI e da participação de Portugal na EFTA e na CEE. Tal política de restrição seria sempre vista como um recuo em relação ao objetivo de abrir a economia e de aprofundar o processo de integração europeia da economia portuguesa.

As posições em confronto foram definidas por Lopes (1982) do seguinte modo: por um lado, aqueles que consideravam que a desvalorização cambial e a compressão da procura interna constituiriam a forma mais adequada de fazer face aos problemas de balança de pagamentos e de provocar uma deslocação do motor de crescimento da procura interna para a procura externa;

[17] Silva Lopes assinalaria, retrospetivamente, um crescimento do PIB de 3,4%, em 1978, e de 4,5%, em 1979 (Lopes 1982: 152).

por outro, os que davam primazia à proteção do mercado interno, vendo na restrição às importações uma forma mais adequada de deslocar a procura de produtos importados para produção doméstica e de fazer face às incoerências do sistema produtivo nacional.

Não fora só em Portugal que o tempo para estes debates sistémicos, que se desenrolaram durante os anos 1970 em resposta a um contexto de grande turbulência económica, se parecia fechar em meados dos anos 1980. A referência explícita de Lopes (1982) às propostas do Grupo de Política Económica de Cambridge (Cambridge Economic Policy Group) como tendo constituído uma influência para os economistas portugueses que defendiam uma política restritiva das importações é bem sugestiva. Em primeiro lugar, indica a natureza recorrente do debate sobre as possíveis trajetórias de desenvolvimento da economia, que em Portugal assumiria uma natureza tardia e marcada pelo posicionamento semiperiférico do país, tendendo a renovar-se particularmente em contextos de crise e de maior instabilidade económica e financeira. Em segundo lugar, sugere que o debate em Portugal estaria sobredeterminado pela revolução democrática do 25 de Abril de 1974, assumindo posições contrastantes pela oposição que se gera entre economistas desenvolvimentistas, com simpatias socialistas, e economistas neoclássicos, com simpatias neoliberais.

Contrariamente, o debate britânico que se trava entre o Tesouro e o Grupo de Política Económica de Cambridge desenrolar-se-ia sob a influência ainda clara das ideias keynesianas, se bem que a acomodação de condições que refletissem a existência de regimes de câmbio flexíveis e de mobilidade de capitais conduzisse a implicações paradoxais.[18] O debate britânico incidia então sobre o alcance e a eficácia da política orçamental, quando confrontada com imperativos de equilíbrio das contas externas e de pleno emprego.

[18] A contenda britânica reúne do lado do Grupo de Política Económica de Cambridge figuras como Wynne Godley, Francis Cripps, Nicholas Kaldor e Robert Neild, que, com o governo trabalhista de 1974, assumem posições de consultores de vários ministérios e secretarias de Estado, num contexto de crescendo da turbulência económica internacional e em que a economia britânica enfrenta dificuldades de balança de pagamentos (Maloney, 2012; Mata, 2012). Note-se que alguns destes economistas assumiriam posições como funcionários do Tesouro. Em janeiro de 1974, dois daqueles economistas, Godley e Cripps, publicam um artigo no *London and Cambridge Economic Bulletin* assinalando que a principal fonte de instabilidade para a economia proviria da política monetária e orçamental e que o resultado da política orçamental em termos de um aumento do défice público seria o agravamento do desequilíbrio das contas externas. Este artigo é seguido por uma participação de Neild no jornal *Times*, em fevereiro de 1974, com o título «Reversing Keynes on budgetary policy» (Mata, 2012).

A perspetiva do Grupo de Política Económica de Cambridge, ancorada na determinação de uma «nova equação» que definia uma relação estável entre as variações do rendimento disponível e do *stock* de ativos do setor privado e o saldo da balança de transações correntes, em termos da diferença dos saldos das posições dos setores privado e público, seria bastante negativa quanto à eficácia da política orçamental na conciliação daqueles objetivos de política (Maloney, 2012). Ao invés, o Tesouro manter-se-ia favorável à ação discricionária da política orçamental no curto prazo e crítico da relação entre défice público e saldo da balança de transações correntes.

Para os economistas do Grupo de Política Económica de Cambridge, a superação do *trade-off* entre equilíbrio externo e interno requereria então a mobilização de outros instrumentos de política económica, em particular, a desvalorização da moeda e/ou a imposição de quotas e tarifas às importações. O diagnóstico seria, no entanto, bastante cético quanto à eficácia de novas e mais acentuadas desvalorizações da libra esterlina: a existência de um diferencial das elasticidades-rendimento da procura externa de exportações britânicas e da procura britânica de importações seria desfavorável para o Reino Unido e, por sua vez, considerava-se que o ganho de competitividade-preço obtido por intermédio da desvalorização acabaria por ser absorvido em virtude da reação de trabalhadores e sindicatos à perda de salário real.

Maloney (2012) assinala as incertezas e hesitações, dos anos de 1974 e 1975, que se fizeram sentir entre funcionários do Tesouro e membros do Grupo de Política Económica de Cambridge previamente à adoção, em dezembro de 1975, de quotas a algumas das importações britânicas (designadamente, aos têxteis espanhóis e portugueses). O ceticismo destes últimos economistas em relação a uma política de desvalorização cambial seria renovado com base no argumento, então avançado por Nicholas Kaldor e que Maloney (2012) destacaria, de que «não constituindo uma opção útil uma nova desvalorização, a balança de pagamentos mantém-se como uma barreira ao pleno emprego até que a indústria seja modernizada». Mas isso exigiria em si mesmo «importações alargadas de máquinas de um tipo que, no momento, não somos capazes de produzir internamente». Por conseguinte, havia «mais uma razão para restringir as importações não essenciais, dando espaço para as essenciais» (Kaldor citado em Maloney, 2012: 1012). A concordância de Godley é evidente quando afirma que «não existe nenhuma taxa de câmbio que resolva os nossos problemas» (Godley citado em Maloney, 2012: 1012). Na primavera de 1976, a libra esterlina volta a registar nova quebra nos mercados cambiais, precipitando a intervenção do FMI. Como parte do resgate do FMI, a política de restrição às importações seria revertida.[19]

A comparação com o caso inglês sugere que o debate nacional poderia conter mais *nuances* do que aquelas que seriam reconhecidas por Silva Lopes (1982): o estado de desenvolvimento da indústria portuguesa e das condições em que operava permaneciam como questões por resolver, sobretudo quando o acentuar dos problemas de balança de pagamentos e a ênfase sobre a abertura da economia lhes parecem oferecer alguma invisibilidade. Sobre estas questões, Manuela Silva assinala que a desvalorização do escudo teria ido para além

> de cobrir as diferenças de inflação em Portugal e nos principais parceiros [...], dando lugar a um fluxo de rendimento suplementar em direção aos clientes de produtos portugueses no estrangeiro e a uma repartição interna desigual que apenas beneficia o setor exportador [e deixando de ser uma opção útil]. (M. Silva, 1985: 273)

Acresce que o decréscimo das remunerações do trabalho no rendimento nacional, sobretudo a partir de 1977, «não implicou posição inversa na evolução dos lucros» (M. Silva, 1985: 271). Ter-se-ia observado antes um aumento da parcela respeitante aos encargos financeiros, indicando «um processo distributivo caracterizado por fortíssima absorção do rendimento gerado no sistema económico por parte dos agentes financeiros» (1985: 271).

O desaparecimento destes debates sistémicos na economia, tanto do espaço académico, como do espaço público, em meados dos anos 1980, em países tão diferentes quanto Portugal e o Reino Unido, sugere a força das condições externas que terão incitado diversos elementos internos. A crise financeira e económica internacional e as intervenções do FMI terão sido então condições preponderantes.

[19] Os arquivos disponíveis (https://www.nationalarchives.gov.uk/cabinetpapers/themes/imf-crisis.htm#The%20$3.9%20billion%20loan) possibilitam uma perspetiva das negociações entre a equipa de missão do FMI e o governo britânico, bem como da própria divergência de posições dentro do governo. Neste contexto, Anthony Benn, secretário de Estado para a Energia, dá conta, num Memorando de 29 de novembro de 1976, da sua defesa de uma Estratégia Alternativa que passaria por quotas às importações de bens industriais, controle de capitais, diminuição da taxa de juro e planeamento de modo a conduzir o investimento para áreas prioritárias de interesse nacional. A estratégia nunca seria implementada na sua totalidade. Em 1982, é cortado o financiamento ao Grupo de Política Económica de Cambridge pelo Conselho de Investigação Económica e Social; em dezembro de 1982, sairia o último número da sua revista *Cambridge Economic Policy Review*

A articulação, já referida, entre os economistas académicos portugueses do eixo FEUNL-UCP, o Banco de Portugal e o grupo do MIT, bem como outros economistas estrangeiros, esteve bem patente em dois momentos importantes de debate internacional entre economistas sobre Portugal: a primeira e a segunda conferência internacional sobre a economia portuguesa, ambas realizadas na Fundação Calouste Gulbenkian, em Lisboa, em 1976 e em 1979, com o significativo apoio do German Marshall Fund of the United States.

A primeira conferência foi dominada pelos economistas do MIT, que fizeram as apresentações mais importantes, incluindo a do já referido modelo macroeconómico. Os líderes informais deste grupo, Rudiger Dornbusch, Richard Eckaus e Lance Taylor, apresentaram o seu estudo.[20] Tratava-se de uma perspetiva macroeconómica convencional de economia aberta, na linha da síntese neoclássica canonizada precisamente por instituições como o MIT, politicamente cautelosa, embora naturalmente antissocialista. Dornbusch *et al.*, analisando as «condições macroeconómicas de Portugal», num contexto de «transformações internacionais de tal modo profundas que muitos falam de uma "nova ordem internacional"» (1979: 300), concluíam o seguinte: «para um país que passou por uma reforma social, uma grande mudança na sua posição comercial internacional e seis governos revolucionários em dezanove meses, Portugal exibe uma inesperada boa saúde económica» (1979: 301).

Apesar de terem já uma posição minoritária, refletindo a correlação de forças da altura, os economistas que acreditavam que a economia deveria ser reconstruída através do socialismo, como Mário Murteira, Francisco Pereira de Moura e João Cravinho, tiveram ainda oportunidade de intervir na primeira conferência. Por exemplo, Moura (1977b) denunciou a natureza desta iniciativa, apresentando-a como uma intervenção imperialista no campo das ideias, como uma forma de justificar políticas de reversão das conquistas salariais associadas à revolução democrática. Pelo mesmo diapasão alinhava um editorial não assinado na *Economia e Socialismo*, argumentando que a tal conferência tinha tido

> um peso muito elevado de economistas portugueses e estrangeiros de direita, veiculando as posições tradicionais dos curativos keynesianos, necessariamente numa perspectiva de recuperação e reforço dos

[20] Este trabalho seria republicado como capítulo do livro *Contemporary Portugal* para o qual Mário Murteira também contribuiu, como atrás se viu.

> mecanismos de mercado e das estruturas e lógicas capitalistas, adicionado ao peso do «prestígio» internacional de alguns dos visitantes, que posições de classe e um certo provincianismo português aumenta desmesuradamente. (*Economia e Socialismo*, 1976b: 2)

A principal mensagem da conferência, ainda de acordo com o referido editorial, consistia num apelo à desvalorização do escudo e à adesão à CEE. Num desenvolvimento do mesmo diagnóstico, em artigo também não assinado no mesmo número da *Economia e Socialismo*, o economista britânico Stuart Holland, um dos principais arquitetos da chamada «estratégia económica alternativa» do Partido Trabalhista, era elogiado como uma rara voz socialista na conferência, em linha com as propostas desta revista, ao mesmo tempo que várias intervenções de Alfredo de Sousa apelando ao poder político para que levasse a sério as propostas da conferência assinalavam a sua orientação ideológica geral (*Economia e Socialismo*, 1976c: 39–41). As fronteiras do antagonismo político entre economistas eram tão claras quanto sistémicas naqueles tempos.

No lado oposto do espectro intelectual e político, os diretores da *Economia* — Manuel Jacinto Nunes (o único do ISE), Alfredo de Sousa, José A. Girão e Aníbal Cavaco Silva — e o seu Secretário Executivo — Jorge Braga de Macedo — redigiram no seu primeiro número uma extensa análise da mesma conferência, defendendo que esta tinha sido marcada por um «conflito latente entre grupos», com diagnósticos e prescrições muito distintas (Nunes *et al.* 1977: 155). O seu diagnóstico era claro: «a economia portuguesa não é viável mantendo-se a política de 1975» (1977: 159). Portugal carecia, segundo eles, de um plano que tinha de ser encontrado «nem que seja por tacteamento» (1977: 174). Seria um plano para assegurar o «desplaneamento», isto para retomar a expressão acima mencionada de Cravinho.

Na segunda conferência internacional, realizada em 1979, o pluralismo relativo da primeira tinha sido em grande parte eliminado e o plano para acabar com o plano era já mais claro. O domínio da Nova Economia, intelectualmente nascida nos EUA, era aí quase total, sendo que a sombra da intervenção do FMI no ano anterior ajudou certamente nisto. Por exemplo, Manuel Pinto Barbosa e Miguel Beleza apresentaram uma comunicação centrada nos desequilíbrios externos nacionais entre 1975 e 1978, comentada por Rudiger Dornbusch, que havia feito parte do Grupo do MIT e que tanta influência estava a ter no desenho da política cambial de desvalorização deslizante desde 1977. Esta comunicação ocorreu pouco mais de um ano depois da formalização do programa de estabilização acordado entre o governo português e o FMI, declarando os autores que «o programa de austeridade tem estado sob forte ataque, a maior parte do qual não está ancorado em argumentos válidos» (M. P. Barbosa e Beleza, 1980: 47). Concordando com o programa, que consideram a única forma de fazer com que as autoridades enfrentem «a batata quente» dos défices da balança de pagamentos, através de uma estratégia de contração do crédito e de redução da despesa pública, e logo dos salários, sugerem que o inevitável custo na economia real do ajustamento poderia ser atenuado. Para tal, tratar-se-ia de complementar o enfoque na redução do défice externo corrente por melhorias na conta de capital, aprofundando elementos já em curso: estabilidade política e cambial para aumentar a confiança dos investidores, aumento das taxas de juro e aprofundamento de «medidas institucionais tendentes a criar as condições para o aparecimento de mercados de capital e financeiros internos» (1980: 47) inseridos nos circuitos internacionais.[21] Abrir a economia era o objetivo e a liberalização financeira era o meio. A financeirização do capitalismo em Portugal teve certamente o contributo destes economistas, na medida em que foram responsáveis pela hegemonia intelectual com impacto institucional favorecida pela circulação entre a academia e os círculos do poder político (Rodrigues *et. al.*, 2016).

Antes mesmo de apresentarem a sua comunicação na Gulbenkian, Manuel Pinto Barbosa e Miguel Beleza tinham-na já apresentado no segundo encontro de New Hampshire, realizado nesse mesmo ano na Universidade de Yale, sob os auspícios de Jorge Braga de Macedo, que era então aí «Leitor» no Departamento de Economia. Tratava-se do segundo encontro da área interdisciplinar de estudos portugueses, desta vez mais dedicado à economia portuguesa, e que refletia o interesse pela experiência portuguesa nesta época: «assistiu-se nos últimos anos ao florescer de estudos, encontros e conferências internacionais acerca do nosso país» (Macedo, 1979: 421). Jorge Braga de Macedo é muito claro num dos propósitos do painel sobre economia portuguesa, cujos textos seriam publicados na revista *Economia*, a maioria em inglês: contrariar as «doutrinas "dependentistas"» sobre a economia portuguesa divulgadas no estrangeiro, entre outros, por Mário Murteira.

[21] No seu comentário, Dornbusch (1980) declara: «tenho poucas razões para partilhar o que no artigo parece ser um entusiasmo por políticas monetárias e orçamentais restritivas, mas reconheço que posso estar a ir demasiado longe na interpretação do artigo» (1980: 67). Dornbusch (1980: 68–69) afirma preferir neste contexto «políticas *ad hoc*» temporárias, como restrições às importações e subsídios às exportações, mas tal opção era precisamente contrária às intenções implicitamente liberalizadoras da Nova Economia emergente.

As correntes de economia política de pendor socialista eram claramente o adversário intelectual. Na síntese que faz do artigo de Manuel Pinto Barbosa e de Miguel Beleza, Braga de Macedo oferece um bom resumo da forma como a Nova Economia encarava o seu trabalho: «os autores demonstram convincentemente tanto a força dos incentivos económicos como a necessidade de políticas económicas que, tendo-os em conta, saibam coordenar a racionalidade económica individual para um objectivo socialmente desejável, dentro das oportunidades que aquelas tornam viáveis» (Macedo, 1979: 424–425). As políticas económicas teriam de criar mercados e de lhes ser, em simultâneo, conformes.

Um dos contributos para o encontro de Yale foi uma comunicação transformada em artigo, da autoria de Paul Krugman e Jorge Braga de Macedo, sobre «as consequências económicas da revolução do 25 de Abril» (Krugman e Macedo, 1979). Este artigo é paradigmático, na medida em que exibe uma combinação da síntese neoclássica com prescrições liberalizadoras. O ponto de partida epistemológico e metodológico é claro:

> Nos últimos anos, uma combinação única de drásticos choques internos e externos transformou Portugal num campo para testar teorias económicas e sociais. Mas o campo é perigoso; as nações não são laboratórios, onde os diferentes fatores podem ser estudados de forma isolada. Se há lições que podem ser aprendidas da experiência portuguesa, estas têm de se basear numa grelha teórica que permita distinguir acontecimentos onde diferentes forças operaram em simultâneo. (Krugman e Macedo, 1979: 455)

Neste quadro analítico, a questão de política — «o que pode ser aprendido com a experiência portuguesa» — era clara: «existem limites apertados ao que é possível alcançar quando se pretende redistribuir numa economia de mercado», particularmente através de aumentos salariais, dado que estes causaram «uma crise de balança de pagamentos crítica» (Krugman e Macedo, 1979: 481). O ajustamento «doloroso» que era necessário efetuar através da política económica estava inscrito na «lógica de uma pequena economia aberta» (1979: 481). A descrição e a prescrição estavam entrelaçadas. Em última instância, o problema era, uma vez mais, que a economia portuguesa estava num pântano institucional — «uma economia de mercado politizada»: o «dilema» de uma economia deste tipo só podia «ser eliminado através de um caminho rumo a uma economia totalmente planificada», mas tal «teria consequências económicas e políticas ainda piores» (Krugman e Macedo, 1979: 482). O que aqui se jogava implicitamente era a crítica austríaca à planificação socialista, o pano de fundo da visão do mundo neoliberal no que ao debate sistémico dizia respeito. O próprio Macedo (1977) já tinha sentido a necessidade de aludir ao debate entre Friedrich Hayek e Oskar Lange, dada a existência de fortes posições socialistas entre os economistas portugueses nos anos 1970.

A solução passava então por transitar para uma «economia de mercado» pretensamente despolitizada. Para o fazer, seria necessário eliminar os obstáctulos que permaneciam na Constituição (Macedo, 1983). Despolitizar a economia exigia mudar as instituições e as regras do jogo que as enquadravam com a ajuda da Nova Economia, que se apresentava como ciência positiva.

Nos anos 1980, os economistas da FEUNL continuaram a pressionar intelectualmente, com crescente sucesso público, a favor da operação da «mão invisível». A ideia enganadoramente simples de Adam Smith era o título de uma coluna regular no jornal *Semanário*, que durou de 24 de novembro de 1983 até 15 de julho de 1989, num total de 138 artigos escritos por 13 economistas, todos ligados à FEUNL, onde se propunham políticas para mudar a mão visível do Estado, da desregulamentação da legislação laboral à liberalização das rendas. Como afirmou Beleza na sua primeira coluna: «a liberalização é um imperativo de eficiência e de equidade», mas «é impensável o *laissez-faire* total» (1985: 31). Como é constantemente sublinhado na literatura sobre o neoliberalismo, esta visão procurou superar precisamente os simplismos associados ao *laissez-faire* (Mirowski, 2009).

Esta coluna é um exemplo de projeção pública da Nova Economia num jornal dirigido por Vítor Cunha Rego e que integrava figuras como José Miguel Júdice ou Marcelo Rebelo de Sousa, de quem aliás terá partido o convite.[22] Em 1984, em pleno segundo programa de ajustamento com o FMI e pouco antes da entrada na CEE, António S. Pinto Barbosa sintetizaria na perfeição a teoria da escolha pública e a análise económica da Constituição, tributárias dos trabalhos pioneiros do seu orientador de doutoramento, James Buchanan. Tratava-se de aplicar a Portugal a crescentemente influente

[22] Numa breve, mas sugestiva, história cultural e política dos anos 1980, o historiador António Araújo refere a coluna «A Mão Invisível» como um exemplo da «difusão do pensamento económico liberal ou neoliberal de uma geração que, de Jorge Braga de Macedo a Diogo Lucena, passando por António Borges ou pelos irmãos Pinto Barbosa, possuía ligações académicas aos Estados Unidos ou ao INSEAD de Fontainebleau e que começou um processo de internacionalização universitária "em rede" que era relativamente inédito na academia portuguesa» (Araújo, 2016: 11).

combinação de imperialismo económico, ou seja, de expansão da caixa de ferramentas neoclássica para a análise do fenómeno político-institucional, com neoliberalismo, ou seja, com a transformação deliberada da política ao serviço de um certo tipo de economia capitalista, expurgada de concessões ditas coletivistas, através da blindagem constitucional. De facto, António S. Pinto Barbosa propunha, de forma absolutamente clara, mudanças constitucionais radicais em Portugal, antecipando muitas das tendências que se efetivariam, de várias formas institucionais, no futuro dos crescentemente imbricados planos interno e externo, nacional e europeu, valendo por isso a pena citá-lo longamente:

> Muito se tem falado das excessivas restrições que a presente Constituição vem impondo à nossa actividade económica. Pouco ou nada se tem dito, todavia, sobre a ideia que o texto constitucional possa nessa mesma matéria pecar simultaneamente por omissão. Isto é, por não incluir suficiente disciplina normativa. Refiro-me concretamente à protecção que se afigura devida ao cidadão contra a irresponsabilidade financeira do Estado. Quem de facto observar o descontrolo no crescimento do sector público da nossa economia e, sobretudo, quem atentar na forma de tributação disfarçada (financiamento monetário e recurso ao crédito) que lhe tem estado tipicamente associada, poderá com legitimidade interrogar-se sobre a possibilidade de existência de uma lacuna grave nesta matéria [...]. Os ciclos quer político-eleitorais quer de miopia fiscal e outras manifestações de conjunturalismo constituem a regra mais do que a excepção. E não surpreende que assim seja pois que reflectem a reacção natural dos governantes à estrutura de estímulos e penalizações que como tais defrontam [...]. O instrumento constitucional ou uma lei-quadro para a qual remeta, se bem estruturado pode aqui oferecer maior protecção. Só alterável por maioria qualificada não estaria em princípio tão facilmente à mercê do impulso de curto prazo. Poderá nessa medida trazer um contributo significativo à sociedade civil e à confiança dos agentes económicos no regime. Por exemplo se criar adequadas limitações ao financiamento monetário dos défices, se acautelar devidamente a independência do banco emissor [...]. Em suma, muito se ganharia se Ulisses, reconhecendo uma vez por todas o poder sedutor do canto das sereias, agisse em conformidade. (Barbosa, 1985: 9–10)

Conjuntamente com Jorge Braga de Macedo, António S. Pinto Barbosa seria um dos contribuidores mais prolíferos para esta coluna. O ano em que esta coluna terminou foi por coincidência o ano de grandes transformações globais que levariam à convicção de que a História teria terminado; o ano em que o socialismo desapareceu institucionalmente também da Constituição portuguesa, mas também o ano em que o chamado Relatório Delors apontava o caminho para a União Económica e Monetária, que realizaria muitos dos desejos da Nova Economia (Rodrigues, 2018).

Tendo participado em vários estudos coletivos realizados no âmbito do Gabinete de Análise Económica (GANEC), criado no âmbito da FEUNL em 1979, para entidades públicas ao longo dos anos 1980, António S. Pinto Barbosa considera que o estudo *O Impacto do Euro na Economia Portuguesa*, por si coordenado, foi um dos mais importantes, traduzindo o reconhecimento granjeado pelo Gabinete e pela FEUNL (Rodrigues, 2019).[23] «Encomendado pelo ministro das finanças, Prof. Dr. António de Sousa Franco», o estudo «considera como aposta fundamentada a decisão tomada a favor da participação do país no processo de unificação monetária», como escreve António S. Pinto Barbosa no prefácio, a única parte do livro com autoria individual identificada:

> Uma aposta, porque, respeitando ao futuro, ela terá de comportar sempre e em qualquer caso um elemento irredutível de incerteza. Fundamentada porque, no juízo dos autores, se for garantido o prosseguimento de políticas adequadas, o balanço global que retiram da análise pende claramente para o lado positivo. (A. S. P. Barbosa, 1998: 17)

O que no livro se identifica como «uma mudança de regime económico», consubstanciada num conjunto de novas «regras do jogo», aprofundava a lógica de mudança institucional aberta pela revisão constitucional de 1989 e pelas transformações subsequentes. No fundo, as ideias sobre a correta constituição económica, e sobre a redução da discricionariedade dos poderes

[23] Além de António S. Pinto Barbosa, seu coordenador, os economistas que participam no livro são António Nogueira Leite, também professor catedrático da FEUNL; Vítor Gaspar, na altura professor associado convidado da FEUNL e um dos seus doutorados; dois investigadores do Departamento de Estudos Económicos do Banco de Portugal, com formação na FEUNL, Marta Abreu e Nuno Gaspar; Miguel Gouveia, professor auxiliar da Universidade Católica; e Miguel St. Aubyn, professor auxiliar do ISEG-UTL. Participam também um sociólogo, António Barreto, e uma demógrafa, Maria João Valente Rosa.

públicos, que economistas como António S. Pinto Barbosa vinham defendendo desde os anos 1980, tinham no final dos anos 1990 toda a influência político-institucional. Era claro então quais os economistas que tinham ganho.

3. A economia política de Cavaco Silva

Um ano antes do estudo coordenado por António Soares Pinto Barbosa, que nunca teve participação político-partidária direta, um outro Professor Catedrático da FEUNL, e também da UCP, chamado Aníbal Cavaco Silva (1997) publicava um livro intitulado *Portugal e a Moeda Única*. Se Margaret Thatcher reconheceu no Reino Unido que Tony Blair tinha sido o seu maior triunfo, Cavaco Silva, a sua versão portuguesa, fez aí o mesmo, nos termos de uma cultura de economia política que ia para lá do keynesianismo da síntese que expôs nos seus manuais de política orçamental (por exemplo, A. C. Silva, 1977a):

> A mudança de Governo, em Novembro de 1995, não perturbou a paridade do Escudo, pois a preferência pela estabilidade nominal tinha sido já assumida pelo partido vencedor [PS] e a perspectiva de continuidade da política económica nas suas linhas fundamentais já tinha sido antecipada pelo mercado. (A. C. Silva, 1997: 75)

A política económica era agora assumidamente antikeynesiana, dados os constrangimentos monetários supranacionais em construção.

Para Cavaco Silva, não havia alternativa às *Reformas da Década*, título de um outro livro publicado dois anos antes e relevante para a compreensão das «13 grandes reformas» realizadas pelos seus Governos, em contraste com «os excessos e desvarios do período revolucionário» (A. C. Silva, 1995: 9). Vistas de forma explicitamente articulada «pela sua incidência sobre as relações de fundo da economia e da sociedade portuguesas», estas reformas «constituíram um projecto coerente e global de modernização» (A. C. Silva, 1995: 10). Este projeto neoliberal, embutido numa narrativa de modernização, tinha, como sempre, uma dimensão negativa: com as reformas, «o colectivismo e a estatização instalados em 1975 começaram a ser destruídos», da reforma agrária, desadequada face à realidade da Política Agrícola Comum, às privatizações na indústria e nos serviços; e outra positiva: criar um «clima de confiança» e de «racionalidade económica», alinhando a economia política portuguesa com «o quadro da economia aberta e concorrencial que caracteriza a Europa comunitária». Isto implicava, entre muitas outras dimensões, alterar os direitos e as obrigações na relação social de fundo da economia, a laboral, aumentando de forma explícita a liberdade patronal e correlativamente atenuando «o proteccionismo exacerbado em prol do trabalhador por conta de outrem» (A. C. Silva, 1995: 65). Não por acaso, e como confessaria nas suas memórias, esta foi a questão que mais dores de cabeça lhe deu (A. C. Silva, 2004).

As reformas privatizadoras e liberalizadoras elencadas por Cavaco Silva, direta ou indiretamente favoráveis às forças de mercado, vão desde a comunicação social (a abertura de canais de televisão privados) até à habitação (a promoção da compra de casa própria e o reforço do poder dos senhorios na relação com os inquilinos). Cada um dos capítulos do livro sobre as reformas é acompanhado por uma lista de alguma da legislação envolvida nas transformações institucionais engendradas. Este último detalhe serve para sublinhar como o neoliberalismo é sempre um intervencionismo jurídico-político, e também por isso não pode dispensar o Estado, sendo aliás pensado desta forma desde a origem, como se viu.

Para lá das mexidas na legislação laboral ou da reforma fiscal, dita modernizadora, mas fiscalmente regressiva, dada a flagrante discriminação a favor dos rendimentos do capital em sede de IRS ou o aumento do peso dos impostos sobre o consumo, o poder do capital foi reforçado por «grandes reformas» que implicaram profundas alterações nas relações sociais de propriedade. Por sua vez, tais mudanças implicaram alterações de monta na Constituição, precedidas de um aturado trabalho legislativo de erosão do estatuto e alcance da forma empresarial estatal, com o controlo integral de setores considerados estratégicos que lhe esteve associada.

Mais do que qualquer outra mudança, a revisão constitucional de 1989 foi de facto fundamental, sendo complementada com a revisão extraordinária de 1992, associada ao processo de ratificação do Tratado criador da UE. Apesar de muito crítico do Partido Socialista, sistematicamente descrito como força de bloqueio conservadora, a verdade é que Cavaco Silva teve de ter o concurso ativo da elite desse partido para processos de revisão que mudaram a natureza político-ideológica da nossa constituição económica, afastando-a da matriz de economia mista que era a sua. Isso mesmo é reconhecido na sua autobiografia política. Aí, Cavaco Silva elogia Vítor Constâncio, fugaz secretário-geral do PS, entre 1986 e 1988, dado que foi com ele, em grande medida à margem da Assembleia da República, que foi negociada uma revisão constitucional respeitada pelo novo secretário-geral do PS, Jorge Sampaio, em 1989. Como assinala Cavaco Silva (2002: 149–150), Constâncio, que «tinha um perfil tecnocrático e racional e uma formação semelhante à minha», «deu um contributo decisivo para a construção de um Portugal moderno ao negociar comigo a revisão constitucional de 1989».[24]

Neste quadro, reforça-se um confiante argumentário neoliberal mobilizado para justificar a abertura de setores inteiros, bem como a reconstrução de grupos económicos privados, primeiro nacionais, mas crescentemente controlados por capital estrangeiro. Como sempre, este argumentário tinha uma dimensão negativa, orientada para o passado: as empresas públicas seriam persistentemente deficitárias e ineficientes, não tendo os incentivos certos, uma vez que acabariam por depender sempre do Orçamento do Estado e de outras formas de proteção antimercantis, e não haveria o acicate da propriedade privada, da pressão dos acionistas e do lucro em setores idealmente concorrenciais, constituindo um bloqueio à convergência económica. E uma dimensão positiva, orientada para um futuro liderado pela iniciativa privada num quadro aberto, em que as receitas das privatizações serviriam para reduzir a dívida pública (Mello e Lucena, 1990).

Cavaco Silva não deixa de sublinhar neste contexto, em linha com a prática teórica neoliberal, que o Estado deveria estar «basicamente confinado à regulação, enquadramento e garantia do interesse colectivo» (A. C. Silva, 1995: 133). Esse vago interesse seria garantido pelos mecanismos de mercado policiados por autoridades regulatórias independentes. O Estado poderia então ser deliberadamente esvaziado de competências, de resto nunca verdadeiramente exercidas de forma consistente, ao arrepio do desiderato

[24] O economista Vítor Constâncio construiria um percurso entre as instituições públicas, incluindo académicas, e a banca privada, que ajudou a desenvolver, culminando na ascensão ao cargo de Vice-Governador do BCE, depois de uma longa e controversa passagem pelo cargo de Governador do Banco de Portugal, que de resto já havia ocupado em 1985, sucedendo por um breve período a Jacinto Nunes. Por comparação com Cavaco Silva, Constâncio não merece mais do que uma nota de rodapé, simbolizando a colonização do PS pelas hipóteses neoliberais. A brevidade da sua passagem pela liderança deste partido é atribuída por Cavaco Silva a um perfil redundante em relação ao seu, à falta de apoio por parte do aparelho partidário, dividido, ao contrário do que acontecia no PSD, e à sua falta de competência para a política de massas, ao contrário da rápida aprendizagem de Cavaco Silva, desde a ascensão, meticulosamente preparada, à liderança do PSD em 1985. Seja como for, Constâncio continuou a ser influente nos círculos económicos (A. C. Silva, 2002). No final dos anos 1990, e em linha com a sabedoria convencional, aventava que a «Europa, com o impulso da criação bem-sucedida do euro, vai continuar a crescer significativamente» (Constâncio, 1999: 60). Nas vésperas da Grande Crise Financeira, iniciada em 2008, garantia que os desequilíbrios externos nacionais, num contexto já de estagnação prolongada no novo milénio, haviam deixado de ser relevantes desde a adoção do euro, sendo geridos por mecanismos de mercado. Portugal, desse ponto de vista, seria equivalente a uma região de um país (Constâncio, 2008).

constitucional, em matéria de planeamento e dos instrumentos de política associados, inclusive em termos de propriedade, rodeando-se daí em diante cada vez mais do conhecimento interessado, produzido por consultoras privadas ou por grandes escritórios de advocacia, parte de uma nebulosa institucional que reconfiguraria a ação público-privada. Em linha com um tipo de linguagem comum numa ideologia — onde muitas vezes se defende o progresso pelo progresso, como se este fosse livre de investimentos político-ideológicos com traduções institucionais —, Cavaco Silva defende dois pontos: em primeiro lugar, que seria «difícil de catalogar o meu Governo de acordo com os velhos arquétipos de direita e esquerda», sendo «não ideológico em relação ao poder de mercado»; e, em segundo lugar, que «o liberalismo económico» não seria um «dogma», mas «apenas um meio para dar à generalidade dos portugueses um nível de vida melhor» (A. C. Silva, 2004: 262).

O sistema financeiro era parte desses meios, tanto mais que era uma área do interesse de Cavaco Silva: afinal de contas, um dos seus primeiros trabalhos, como bolseiro e investigador do Centro de Economia e Finanças da Fundação Calouste Gulbenkian, incidiu sobre aspetos do subdesenvolvimento dos mercados financeiros no Portugal de 1966, no quadro de uma linha pretensamente apolítica e nessa altura descritiva, desprovida de teoria (A. C. Silva, 1968). Sob orientação de Alan T. Peacock, um dos principais economistas neoliberais britânicos da segunda metade do século, a sua tese de doutoramento, de 1973, na Universidade de York, é um trabalho de pura teoria da síntese neoclássica sobre os efeitos macroeconómicos, focados na riqueza, da emissão de dívida no contexto rarefeito de modelos (A. C. Silva, 1977b). A influência da teoria da escolha pública começa a permear a análise macroeconómica, ainda com influências keynesianas, de Cavaco Silva. Tal influência é patente num artigo na revista *Economia*, de que foi um dos fundadores e diretores, um ano depois de ser nomeado diretor do Gabinete de Estudos do Banco de Portugal, um ano antes de ser nomeado Professor Catedrático da FEUNL e dois anos antes de ser ministro das Finanças no governo da Aliança Democrática (AD), liderado por Francisco Sá Carneiro. Este governo duraria um ano. Cavaco Silva não deixaria de usar os instrumentos de política económica à sua disposição para fazer uma política expansionista,[25] ancorada no investimento público, de resto, necessário.[26]

[25] Isso não escaparia a qualquer exercício de análise da evolução da despesa pública como, por exemplo, o que foi feito em Reis (1995).

[26] Regressado a Portugal no dia 15 de abril de 1974, depois de mais de dois anos a viver no Reino Unido, Cavaco Silva viveu a revolução democrática como um período de «confusão» e de «caos»,

Mas, no artigo sobre «políticos, burocratas e economistas», onde resume um congresso de teoria da escolha pública realizado em Hamburgo e a que tinha assistido, afiança que «a ideia do político como criatura dedicada à prossecução dos interesses da sociedade como um todo é hoje considerada um mito pela generalidade dos economistas», dado que «pela sua maior rentabilidade eleitoral os políticos tendem a favorecer a escolha de alternativas em que predominam benefícios directos, imediatos e de fácil percepção e custos indirectos, distantes no tempo e não facilmente identificáveis» (A. C. Silva, 1978: 492–493). Estas e outras «imperfeições do mercado político», por comparação com os mercados reais, poderiam eventualmente ser resolvidas, quer dando mais peso aos economistas, armados das teorias certas, na decisão, quer reconfigurando e reduzindo a margem de manobra dos decisores políticos, por via constitucional ou outras, o que acabaria por ser feito precisamente pelos governos de Cavaco Silva anos mais tarde. As reformas do sistema financeiro foram de facto cruciais neste processo.

A privatização da banca foi então parte de uma «reforma do sistema financeiro» mais vasta, tendo sido acompanhada, como sublinha, de um «intenso processo de desregulamentação a todos os níveis» que liberalizou preços e quantidades, em particular, ao nível da moeda-crédito e da construção de um quadro regulatório conforme à concorrência de mercado, que «constituiu um passo importante no processo de integração do sistema financeiro no espaço financeiro comunitário» (A. C. Silva, 1995: 98–99). Este espaço estava precisamente a construir-se numa direção neoliberal, com o mercado único a promover a liberalização total dos movimentos de capitais, com a abolição dos controlos à sua entrada e saída a ser concluída em 1992. Acompanha-a a «decisão histórica» de adesão do escudo ao Sistema Monetário Europeu (SME) nesse mesmo ano, abandonando-se um regime híbrido funcional, algures entre o sistema cambial flexível e o de câmbios fixos, que durara entre 1977 e 1990. O valor do escudo passaria a ser «determinado pelas forças de mercado e pelas regras europeias», logo testadas por grandes ataques especulativos num quadro de crise económica (A. C. Silva, 1995: 107). Para Cavaco Silva,

com reflexos na sua atividade docente, iniciada, em 1966, no ISCEF, agora ISE, que «fora tomado de assalto por estudantes e por alguns assistentes activistas do Partido Comunista e de partidos da extrema-esquerda» (A. C. Silva, 2002: 36). Felizmente, ainda segundo Cavaco Silva, o ministro da Educação, Sotto-Mayor Cardia, do primeiro Governo do Partido Socialista, no quadro do controlo sobre o ensino, «deve ter pensado que o ISE era um caso perdido, sem recuperação possível, e tomou a decisão de promover a criação de raiz» da FEUNL, para onde se transferiria, dominada por economistas do PPD-PSD ou mais para a direita, como já se viu (A. C. Silva, 2002: 37–38).

esta grande reforma era parte de uma política «credível» assente na nova prioridade à «estabilidade de preços» e à «disciplina orçamental», no quadro da convergência nominal rumo à moeda única, esperando-se que fossem os mercados que cuidassem do emprego e dos rendimentos, por via de aumentos de produtividade que ocorreriam como resposta racional a tais incentivos antikeynesianos. Nesse desiderato, «uma das decisões económicas mais importantes que tomei nos meus dez anos de Primeiro-Ministro» (A. C. Silva, 2004: 205) contou com Miguel Beleza e Jorge Braga de Macedo, seus ministros das Finanças e colegas da FEUNL, na sua preparação e implementação. Na lógica coerente e global que presidiu à neoliberalização nacional, não admira que esta alteração verdadeiramente constitucional no regime de política económica haja pressuposto um intervencionismo de mercado, visível, por exemplo, na forma como Cavaco Silva inscreve na lógica de mudança medidas como a nova Lei Orgânica do Banco de Portugal de 1990, que lhe conferiu «independência» e impôs «a renúncia ao financiamento monetário do défice», parte da perda de soberania monetária, «assim formalizando a adesão à regra da autonomia na condução da política monetária exigida pela construção da União Económica e Monetária» (A. C. Silva, 1995: 96). Esta reforma foi complementada por outras: por exemplo, a titularização da dívida pública, transacionada em mercados financeiros que seriam os guardiães últimos da política económica. A Lei Reguladora do Sistema Financeiro — Decreto-Lei n.º 298/92 — é outro marco importante do processo de desregulamentação do setor financeiro, transpondo a diretiva europeia de 1989 para Portugal. No quadro do mercado único de bens e serviços, esta lei procura liberalizar e harmonizar os diferentes setores e práticas do setor financeiro europeu, acabando com as tradicionais distinções entre a banca de investimento e a banca comercial, eliminando as restrições à entrada de novos agentes e alinhando as regras prudenciais do setor com os Acordos de Basileia de 1989.

Neste contexto, em meia dúzia de anos, entre 1990 e 1996, a banca pública passou de um peso de 75% do sistema bancário para um peso de 25%, cingida à Caixa Geral de Depósitos, que, de resto, cada vez mais tomava a banca privada como referência. Tão importantes como a erosão do polo público foram as mudanças na lógica de funcionamento da banca, agora com muito mais margem de manobra, até pela sua inserção plena nos circuitos financeiros internacionais em crescimento, acompanhando as mudanças regulatórias que transformavam tantos setores e que encolhiam de forma deliberada as possibilidades da política pública, até pela abolição dos controlos de capitais ou pela anulação da política cambial.

No início dos anos 1990 terminava o que numa certa historiografia revisionista se chama «mini-idade de ouro (1986–1992)», por comparação com o que teria sido uma mais longa idade do ouro do crescimento económico, até 1973–1974 (L. Amaral, 2015). Na realidade, a suposta «idade de ouro» foi um período de crescimento puxado por uma «industrialização limitada», criando «uma espécie de enclave», com imensas desigualdades socioeconómicas e territoriais típicas de um capitalismo autoritário persistentemente periférico, que «fez do trabalho a sua principal "mercadoria" de exportação» (Reis, 2018: 45). Por sua vez, a «mini-idade de ouro» cavaquista é um mito, sobretudo quando contrastada com a aparente turbulência a seguir ao 25 de Abril, no quadro de crises sucessivas, do «caos» de que tanto falaram os neoliberais portugueses. Na realidade, como indicaram com rigor, tanto José Silva Lopes como, mais recentemente, um dos autores deste capítulo, o período ao qual Cavaco Silva se associou, entre 1985 e 1989, foi marcado por uma taxa de crescimento média anual de 4,4%, inferior à do período entre 1976 e 1980, 5%. Além do mais, o «ciclo da democracia (1974–1983)» foi um período de criação de emprego sem precedentes históricos, no setor público e privado, com o investimento e os serviços públicos a servirem de vetores de modernização e ancoragem democráticas, dadas as alavancas de que se passou a dispor, com o emprego a evoluir «até ao patamar dos 4,3 milhões, sabendo-se que era 3,5 milhões em 1973» (Reis, 2018: 85–86).

O que distinguiu os dois ciclos foi o contexto internacional muito mais favorável de que Cavaco Silva beneficiou, pelo menos até 1992. De facto, os efeitos inicialmente positivos da adesão à CEE, terminado o ajustamento imposto pelo FMI, fizeram-se sentir num momento de forte baixa do preço do petróleo e de crescimento internacional, com ganhos correspondentes nos termos de troca internacional da economia portuguesa, o que atenuou brutalmente o constrangimento de balança de pagamentos, num momento em que Portugal começou a beneficiar dos fundos comunitários, que alavancaram o investimento público com efeitos multiplicadores por via da continuação da infraestruturação do país. Nestes primeiros anos, por comparação com o que viria a seguir com a UE, é necessário reconhecer que a CEE «deixou margem de manobra para os Governos seguirem as suas políticas nacionais, tanto a nível macroeconómico como sectorial» (J. F. do Amaral, 2006: 127). Esta margem de manobra foi usada para trancar Portugal num arranjo institucional que a diminuiria no futuro. Entretanto, registava-se um crescimento dos principais parceiros comerciais de Portugal, num momento em que se deu uma quebra das barreiras comerciais, importante na correção das anteriormente reduzidas relações económicas com Espanha. A liberalização do comércio e do investimento ancoravam ainda mais o país na divisão europeia de trabalho, sendo, até ao início da década de 1990, inéditos em volume os influxos de investimento direto estrangeiro, que depois se desviariam para o Leste Europeu. Tudo isto permitiu um crescimento económico com correspondente consolidação das finanças públicas e redução da inflação, sem que tal exigisse um registo de austeridade. O país registava uma modernização infraestrutural e dos padrões de consumo, com a taxa de desemprego a descer de 9,3%, em 1986, máximo histórico antes da adesão ao euro, para 3,9%, em 1992, e com o PIB *per capita*, medido em poder de compra, a passar de 50% da média europeia para 70%. Neste contexto, foi relativamente fácil ao PSD de Cavaco Silva forjar um discurso hegemónico de progresso capitalista assente no ideal da mobilidade social ascendente e da convergência com o centro europeu, associando as reformas de matriz neoliberal e a correspondente europeização da economia política nacional, «o pelotão da frente», a estes processos, criando uma clivagem política interna, nós-eles, em que «eles» seriam uma multiplicidade de forças de bloqueio «conservadoras» de matriz coletivista, dos sindicatos aos partidos da esquerda. Em 1987, e de novo em 1991, esta estratégia permitiu duas inéditas maiorias absolutas, fixando o economista Cavaco Silva como o mais bem-sucedido político da democracia portuguesa.

Esta narrativa de progresso seria submetida a uma certa erosão com a crise internacional, entre 1992 e 1994, aprofundada por decisões de política interna sobredeterminadas externamente. Foi acompanhada de forte turbulência cambial, que obrigou a saídas de várias moedas do SME e a alargamentos nas suas bandas de flutuação para permitir ajustamentos cambiais, num momento em que tal opção estava ainda disponível, agora perante ataques especulativos momentosos. A política de prioridade ao combate à inflação havia, entretanto, sido responsável por uma apreciação real do escudo de 30%, entre 1989 e 1992, com o abandono da política de desvalorização deslizante do escudo num contexto de liberalização financeira e comercial (L. Amaral, 2010). Tal política implicou uma grande vulnerabilidade dos setores de bens transacionáveis, especialmente industriais. Na primeira metade da década de 1990, num contexto de crise internacional, a economia portuguesa experimentava uma pequena amostra das posteriores consequências do compromisso assumido com a UEM: a trajetória de convergência real foi interrompida e o país começou a divergência real, dado que, entre 1991 e 1995, cresceu abaixo da média europeia, entrando em recessão ao arrepio do otimismo oficial. Neste contexto de dificuldade, a usura de um poder com traços autoritários, insensível às desigualdades económicas crescentes, ditou uma crescente contestação social, com consequências políticas insuficientes: em 1995, o PS de António Guterres venceria as eleições, mas, como de seguida se verá, seria uma alternância fortemente condicionada pelas restrições estabelecidas pelo caminho transformador fixado desde o final da década de 1980, como aliás Cavaco Silva reconheceu lucidamente.

A segunda metade dos anos 1990 e o início do novo milénio foram marcados politicamente pelos governos do Partido Socialista e pela sua tentativa de conciliação do processo de neoliberalização da sociedade portuguesa, herdado do período marcado por Cavaco Silva, e aceite e aprofundado a ritmos diversos, dependendo dos setores, com a manutenção de alguns pilares fundamentais do Estado social, embora muitos deles, da saúde a outras infraestruturas, fossem submetidos a variadas engenharias neoliberais, das parcerias público-privadas à empresarialização. Tratava-se agora de articular uma política europeia de abertura e liberalização, com a criação de novos mercados, em especial no setor dos serviços, incluindo dos serviços de rede, e uma política de aposta coordenada na qualificação da oferta, sobretudo através de investimento em educação, formação, ciência e Investigação e Desenvolvimento (I&D). Eram na altura depositadas grandes esperanças nos mercados financeiros liberalizados no início dos anos 1990 e nas oportunidades oferecidas pela União Económica Monetária, ou seja, pela integração nos circuitos financeiros internacionais ancorados numa futura moeda forte. Na segunda metade dos anos 1990, a economia portuguesa voltava a crescer à boleia da recuperação da economia europeia, passada a turbulência cambial, quando um dos indicadores e benefícios da chamada convergência nominal rumo ao euro se materializava: a convergência das taxas de juro nominais com as taxas de juro mais baixas registadas nos países mais avançados da UE. Nesta época, muitos pensavam que tal padrão institucional poderia ser indutor de uma afetação de capital eficiente, com ganhos de produtividade no futuro, graças ao investimento das empresas e ao consumo e ao acesso a riqueza mobiliária e imobiliária por parte de famílias. Este era aliás um dos principais argumentos da sabedoria económica convencional vertida no estudo, já referido, sobre os benefícios do euro, encomendado pelo Ministério das Finanças, capitaneado por António Sousa Franco, um jurista ordoliberal e que havia escrito uma primeira história económica conservadora das formas de economia política a seguir ao 25 de Abril (A. S. P. Barbosa, 1998; Franco, 1994). O problema do endividamento externo crescente era subestimado, confiando-se na racionalidade dos mercados. O fundamental na altura era mesmo sublinhar como o país estaria a colher os frutos da chamada «modernização do sistema financeiro», herdada do cavaquismo e do compromisso, politicamente partilhado pelos dois maiores partidos, com o euro. O primeiro-ministro António Guterres, católico social mais do que socialista, fora muito claro no primeiro Conselho Europeu em que participou, logo em 1995, quando a moeda única foi batizada: «euro, tu és euro e sobre ti edificaremos a Europa». Poucas apostas refletem melhor a sabedoria convencional da época e poucas seriam tão desafiadas pela realidade.

Conclusão

A natureza tardia e o contexto intenso do debate de ideias sobre as possíveis trajetórias de desenvolvimento da economia são, pois, duas marcas incontornáveis da especificidade portuguesa nos anos 1970 e 1980, que influenciaram decisivamente a forma assumida pelo debate económico que aqui se analisou. E pode acrescentar-se outra: as diversas partes da controvérsia haveriam de ocupar ou de influenciar de perto, sucessivamente, o poder e o núcleo mais central da deliberação política, como foi salientado. Pode admitir-se, pois, que este foi um momento raro de proximidade ou mesmo articulação direta entre argumentação económica, política e poder. Quer dizer, ao contrário das situações em que as discussões intelectuais ocorrem predominantemente em campo próprio, geralmente académico, e, portanto, «exterior» aos areópagos mais centrais da política, aqui esta regra não se cumpriu e foi substituída por uma espécie de exceção permanente ao longo das duas décadas. Debate e deliberação, ideias e jogo político posicional, tudo convergiu para um mesmo processo de debate intenso.

Neste capítulo, vimos como as dinâmicas de uma economia política periférica são sobredeterminadas externamente (Pereira, 1976). Foi assim, em grande medida, do ponto de vista da importação e da adaptação das ideias neoliberais em acelerado movimento internacional dos anos 1970 em diante, da forma como fizeram o seu caminho intelectual e político nas circunstâncias específicas de Portugal, em confronto com as ideias socialistas e desenvolvimentistas, tendo sido apoiadas por poderosas organizações internacionais, do FMI à UE. Em particular, a crise financeira e económica internacional dos anos 1970, as intervenções do FMI que se lhe seguiram e o projeto europeu de unificação económica e monetária constituíram formas de aceleração de submissão a normatividades externas. O processo de neoliberalização da sociedade portuguesa, bem revelador de um intervencionismo jurídico-político, deu lugar a uma forma de economia política muito assente na «delegação» do poder democrático de deliberação em instâncias não legitimadas, retirando-o da sua obrigatória relação com o país, com a organização da vida material, com os cidadãos e com as instituições que lhe conferem legitimidade e entregando-o à lógica entretanto estabelecida da formação de uma arquitetura institucional de raiz monetária e financeira concentrada na geração de procedimentos restritivos da ação pública e na formação de mecanismos que condicionam os Estados em vez de os representarem.

Com o esvaziamento do Estado de competências e o estreitamento do campo de construção de respostas políticas alternativas, o espaço para os debates sistémicos assinalados neste capítulo perde escopo, não somente no contexto da economia portuguesa semiperiférica. Aliás, como se mostrou, estes movimentos de fechamento foram mutuamente constitutivos.

Simultaneamente, os tempos de hoje mostram como os processos de criação de normatividade político-ideológica são sempre processos incompletos face a uma realidade que, inevitavelmente, os desafia. Tornam-se então mais evidente os problemas materiais, a evolução das formas institucionais e as tensões entre elas. E revelam-se as vulnerabilidades nos sistemas produtivos, nos territórios, nas formas de inserção internacional das economias e na própria coerência da organização da produção. Problemas como o das cadeias produtivas «globais», que as circunstâncias da pandemia parecem ter estimulado, reclamam, afinal, processos de reorganização de que as ideias dominantes não cuidaram.

Referências bibliográficas

Abel, Andrew; Beleza, Miguel; Frankel, Jefferson; Hill, Raymond; Krugman, Paul (1977), «A Model of the Portuguese Economy», *Economia*, 1(1): 113–120.

Amaral, João Ferreira do (2006), «O Impacto Económico da Integração de Portugal na Europa», *Nação & Defesa*, 115: 113–128.

Amaral, Luciano (2010), *Economia Portuguesa, as Últimas Décadas*. Lisboa: Fundação Francisco Manuel dos Santos.

Amaral, Luciano (2015), «O Processo Económico», *in* A. C. Pinto (org.), *A Busca da Democracia (1960–2000)*. Lisboa: Objectiva, 81–110.

Araújo, António (2016), «A Direita Portuguesa Contemporânea: Itinerários Socioculturao», *in* R. Marchi (org.), *As Direitas na Democracia Portuguesa: Origens, Percursos, Mudanças e Novos Desafios*, Lisboa: Texto Editores, 9–56.

Backhouse, Roger (2010), «Economics», *in* Roger Backhouse e Philippe Fontaine (orgs.), *The History of the Social Sciences since 1945*. Cambridge: Cambridge University Press, 38–70.

Baklanoff, Erik N. (1996), «Breve Experiência do Socialismo em Portugal: O Sector das Empresas Estatais», *Análise Social*, 31(4): 925–947. http://analisesocial.ics.ul.pt/documentos/1223396078J5qGK7ii0Ay50XT5.pdf.

Barbosa, António S. Pinto (1985), «O Canto das Sereias», *Mão Invisível*. Lisboa: Edipress, 9–10.

Barbosa, António S. Pinto (org.) (1998), *O Impacto do Euro na Economia Portuguesa*. Lisboa: Dom Quixote.

Barbosa, Manuel Pinto (1984), *Growth, Migration and the Balance of Payments in a Small Open Economy: Portugal*. Nova Iorque: Garland.

Barbosa, Manuel Pinto; Beleza, Miguel (1980), «External Desequilibrium in Portugal 1975–1978», *2.ª Conferência Internacional sobre a Economia Portuguesa, Volume I*. Lisboa: The German Marshall Fund of the United States e Fundação Calouste Gulbenkian, 43–64.

Bastien, Carlos (2000), «The Advent of Modern Economics in Portugal», *in* B. Coats (org.), *The Development of Economics in Western Europe since 1945*. Londres: Routledge, 162–183.

Bastien, Carlos; Cardoso, José Luís (2003), «Structuralism and Development in the European Periphery: The Case of Portugal», *Notas Económicas*, 3: 36–51.

Beleza, Miguel (1985), «Abaixo o Corporativismo», *Mão Invisível*. Lisboa: Edipress, 30–31.

Cardoso, José Luís; Reis, Jaime (2011), «Entrevista a Jaime Reis por José Luís Cardoso», *Análise Social*, 200, 484–499.

Constâncio, Vítor (1999), «Comunicação», *O Euro e a Política Económica Portuguesa*, Conferência Promovida pelo Ministério das Finanças. Lisboa: Ministério das Finanças, 53–61.

Constâncio, Vítor (2008), «The Portuguese Economy: Achievements and Challenges», *in* Francesco Franco (org.), *Challenges Ahead for the Portuguese Economy*. Lisboa: Imprensa de Ciências Sociais, 53–68.

Costa, Ana (2019), «O Banco de Portugal e a Disseminação de Ideias Económicas», *in* Vítor Neves e José Reis (coords.), *A Ciência Económica em Portugal — Uma História Recente*. Coimbra: Almedina, 99–138.

Cravinho, João (1984), «Portugal: Um País em Crise entre o "Desplaneamento" e as Políticas de Estabilização», *in* AA. VV., *O Planeamento Económico em Portugal*. Lisboa: Livraria Sá da Costa, 43–72.

Dornbusch, Rudiger (1980), «Commentary», *2.ª Conferência Internacional sobre a Economia Portuguesa, Volume I*. Lisboa: The German Marshall Fund of the United States e Fundação Calouste Gulbenkian, 65–72.

Dornbusch, Rudiger (1981), «Portugal's Crawling Peg», *in* J. Williamson (org.), *Exchange Rate Rules*. Londres: Macmillan Press, 243–252.

Dornbusch, Rudiger; Eckaus, Richard; Taylor, Lance (1979), «Analysis and Projection of Macroeconomic Conditions in Portugal», *in* L. Graham e H. Makler (orgs.), *Contemporary Portugal — The Revolution and Its Antecedents*. Austin: University of Texas Press, 299–230.

Economia e Socialismo (1976a), «Editorial», *Economia e Socialismo*, 1: 1–2.

Economia e Socialismo (1976b), «Editorial», *Economia e Socialismo*, 8: 1–2.

Economia e Socialismo (1976c), «Notícias da Transição», *Economia e Socialismo*, 8: 33–42.

Fishman, Robert (2019), *Democratic Practice. Origins of the Iberian Divide in Political Inclusion*. Nova Iorque: Oxford University Press.

Franco, António de Sousa (1994), «A Economia», *in* A. Reis (org.), *Portugal. 20 Anos de Democracia*. Lisboa: Círculo de Leitores, 170–294.

Frieden, Jeffry A. (2006), *Global Capitalism. Its Fall and Rise in the Twentieth Century*. Nova Iorque: Norton.

Kolm, Serge-Cristophe (1977), *La Transition Socialiste. La politique économique de gauche*. Paris: Cerf.

Krugman, Paul; Macedo, Jorge Braga (1979), «The Economic Consequences of the April 25th Revolution», *Economia*, 3(3): 455–507.

Lopes, José de Sousa (1982), «IMF Conditionality in the Stand-By Arrangement with Portugal of 1978», *Estudos de Economia*, 3(2): 141–166.

Macedo, Jorge Braga (1977), *Interdependência Económica, Sistema Monetário Internacional e Integração Portuguesa*. Lisboa: Banco de Fomento Nacional.

Macedo, Jorge Braga (1979), «Introdução: Grandeza e Misérias dos Estudos Portugueses», *Economia*, 3(3), 421–425.

Macedo, Jorge Braga (1982), *Portfolio Diversification and Currency Inconvertibility. Three Essays in International Monetary Economics*. Lisboa: Faculdade de Economia da Universidade de Lisboa.

Macedo, Jorge Braga (1983), *A Ilógica do Sistema Constitucional Português*. Lisboa: Direcção-Geral das Contribuições e Impostos.

Macedo, Jorge Braga (2008), «Economic Advice and Regime Change in Portugal», *in* F. Franco (org.), *Challenges Ahead for the Portuguese Economy*. Lisboa: Imprensa de Ciências Sociais, 201–230.

Maloney, John (2012), «The Treasury and the New Cambridge School in the 1970s», *Cambridge Journal of Economics*, 36: 995–1017.

Marçal, G.; Costa, A.; Branco, Manuel (2019), «A Uniformização no Ensino Pós-Graduado em Economia de 1980 até Hoje», *in* Vítor Neves e José Reis (coords.), *A Ciência Económica em Portugal. Discursos, Protagonistas e Instituições Recentes*. Coimbra: Almedina, 137–177.

Mata, José (1995), «A Investigação em Economia em Portugal: 1980–1994», *Economia*, 19(2): 73–98.

Mello, António; Lucena, Diogo (orgs.) (1990), *Política Económica e Privatizações em Portugal*. Lisboa: Verbo.

Mirowski, Philip (2009), «Postface: Defining Neoliberalism», *in* P. Mirowski e D. Plehwe (orgs.), *The Road from Mont Pèlerin — The Making of the Neoliberal Thought Collective*. Cambridge, MA: Harvard University Press, 417–455.

Moura, Francisco Pereira (1977a), *O Projecto Burguês do Governo Socialista*. Lisboa: Seara Nova.

Moura, Francisco Pereira (1977b), «Comentário», *Conferência Internacional sobre a Economia Portuguesa*, Volume I. Lisboa: The German Marshall Fund of the United States e Fundação Calouste Gulbenkian, 93–102.

Murteira, Mário (1975a), «Exposição ao Conselho da Revolução sobre Política Económica», *in* M. Murteira (org.), *Textos de Política Económica*. Lisboa: Cadernos Hipopótamos, 13–17.

Murteira, Mário (1975b), «Notas sobre o Plano Económico de Transição para Apreciação do Conselho da Revolução», *in* M. Murteira (org.), *Textos de Política Económica*. Lisboa: Cadernos Hipopótamos, 55–64.

Murteira, Mário (1975c), «Sobre o Conceito de Independência Económica», *Análise Social*, 11(4): 527–537.

Murteira, Mário (1975d), «A Crise da Revolução Portuguesa», *in* M. Murteira (org.), *Textos de Política Económica*. Lisboa: Cadernos Hipopótamos, 65–76.

Murteira, Mário (1976), «Política Económica dos Governos Provisórios», *Economia e Socialismo*, 1: 37–49.

Murteira, Mário (1979a), «The Present Economic Situation», *in* L. Graham e H. Makler (orgs.), *Contemporary Portugal. The Revolution and Its Antecedents*. Austin: University of Texas Press, 331–342.

Murteira, Mário (1979b), *Desenvolvimento, Subdesenvolvimento e o Modelo Português*. Lisboa: Presença-GIS.

Murteira, Mário (1982), «Ruptura e Regulação da Economia Portuguesa nos Anos 70», *Análise Social*, 18(3–4–5): 1053–1075.

Murteira, Mário (1984), «Estado, Crise e Regulação na Europa do Sul (Uma Reflexão Comparada sobre a Experiência Portuguesa)», *Análise Social*, 20(1): 29–39.

Noronha, Ricardo (2018), *A Banca ao Serviço do Povo. Política e Economia durante o PREC (1974–1975)*. Lisboa: Imprensa de História Contemporânea.

Nunes, Manuel Jacinto; Sousa, Alfredo; Girão, José António; Silva, Aníbal Cavaco; Macedo, Jorge Braga (1977), «A Economia Portuguesa em Debate», *Economia*, 1(1): 155–174.

Pereira, João Martins (1976), *O Socialismo, a Transição e o Caso Português*. Lisboa: Bertrand.

Reis, José (1995), «Estado, Instituições e Economia: A Despesa Púbica em Portugal», *Revista Crítica de Ciências Sociais*, 44: 25–58.

Reis, José (2018), *A Economia Portuguesa. Formas de Economia Política numa Periferia Persistente (1960–2017)*. Coimbra: Almedina.

Reis, José (2019), «GEBEI: Um Pensamento Económico Estruturado na Periferia da Europa», *in* V. Neves e J. Reis (coords.), *A Ciência Económica em Portugal — Uma História Recente*. Coimbra: Almedina, 21–59.

Reis, José; Rodrigues, João; Santos, Ana; Teles, Nuno (2014), «Compreender a Crise: A Economia Portuguesa num Quadro Europeu Desfavorável», *in* J. Reis (coord.), *A Economia Política do Retrocesso: Crises, Causas e Objetivos*. Coimbra: Almedina, 21–85.

Ribeiro, José Félix; Fernandes, Lino Gomes; Ramos, Maria Manuel Carreira (1987), «Grande Indústria, Banca e Grupos Financeiros — 1953/1973», *Análise Social*, 99: 945–1018.

Rodrigues, João (2018), «Na sombra de 1989: Economia Política Internacional depois do Fim da História», *Revista Crítica de Ciências Sociais*, Número Especial, 189–216.

Rodrigues, João (2019), «Novas Economias em Portugal: O Caso dos Economistas Pinto Barbosa», *in* V. Neves e J. Reis (coords.), *A Ciência Económica em Portugal — Uma História Recente*. Coimbra: Almedina, 61–97.

Rodrigues, João; Santos, Ana Cordeiro; Teles, Nunes (2016), *A Financeirização do Capitalismo em Portugal*. Lisboa: Actual.

Silva, Aníbal Cavaco (1968), *O Mercado Financeiro Português em 1966*. Lisboa: Fundação Calouste Gulbenkian.

Silva, Aníbal Cavaco (1977a), *Política Orçamental e Estabilização Económica*. Lisboa: Clássica Editora.

Silva, Aníbal Cavaco (1977b), *Economic Effects of Public Debt*. Londres: Martin Robertson.

Silva, Aníbal Cavaco (1978), «Políticos, Burocratas e Economistas», *Economia*, 2(3): 491–502.

Silva, Aníbal Cavaco (1995), *As Reformas da Década*. Venda Nova: Bertrand.

Silva, Aníbal Cavaco (1997), *Portugal e a Moeda Única*. Lisboa: Verbo.

Silva, Aníbal Cavaco (2002), *Aníbal Cavaco Silva. Autobiografia Política*. Lisboa: Temas e Debates.

Silva, Aníbal Cavaco (2004), *Aníbal Cavaco Silva. Autobiografia Política II*. Lisboa: Verbo.

Silva, Manuela (1984), «O Planeamento em Portugal: Lições da Experiência e Perspectivas de Futuro», *in* AA. VV., *O Planeamento Económico em Portugal*. Lisboa: Livraria Sá da Costa, 13–42.

Silva, Manuela (1985), «A Repartição do Rendimento em Portugal no Pós Abril 74. Tópicos para um debate», *Revista Crítica de Ciências Sociais*, 15/16/17: 269–279.

Sousa, Alfredo (2017), *Evolução Recente da Economia Portuguesa 1945–1985*. Lisboa: Imprensa de Ciências Sociais.

Sousa, Alfredo; Moura, Francisco Pereira; Reis, Jaime; Macedo, Jorge Braga; Teixeira Ribeiro, José Joaquim; Beleza, Miguel; Nunes, Jacinto; Constâncio, Vítor (orgs.) (1989), *Nova Economia em Portugal — Estudos em Homenagem a António Manuel Pinto Barbosa*. Lisboa: Faculdade de Economia da Universidade Nova de Lisboa.

Steger, Manfred; Roy, Ravi (2010), *Neoliberalism: A Very Short Introduction*. Oxford: Oxford University Press.

Capítulo 5
Manuela Silva: uma abordagem humanista da Economia em Portugal[1]

Vítor Neves

Introdução

No debate das ideias económicas em Portugal, como no resto do mundo, tende-se a desvalorizar a relevância e especificidade de uma abordagem humanista dos problemas económicos que coloca as pessoas, a dignidade de toda a pessoa humana e o bem comum no centro das preocupações. Chega a parecer estranho que alguém junte as palavras dinheiro, amor e virtude no título de um livro sobre economia (M. J. Pereira, 2015).

Na verdade, o pensamento convencional dominante vai no sentido de considerar que «a Economia, enquanto estudo da realidade, ou mais propriamente, do comportamento humano relacionado com a actividade económica, é uma ciência positiva e, como tal, (praticamente) autónoma de considerações morais» (Bento, 2011: 10).

Contudo, são muitos os que têm vindo a chamar a atenção para a necessidade de um retorno da Economia à ética, com tudo o que isso implica em termos de a pensar como ciência moral e política (por exemplo, Hirschman, 1981, 1984; Sen, 1987, 2003; J. L. Cardoso, 1995, 2001, 2017; Silva, 1995, 2005a; Crespo, 1997; Neves, 2010; Caldas e Neves, 2012; Martins, 2019).

[1] Agradeço aos colegas Álvaro Garrido, Carlos Bastien, Joaquim Feio, José António Pereirinha, José Luís Cardoso e Nuno Martins os comentários e sugestões que generosamente fizeram a uma primeira versão deste texto. Os erros e omissões que permaneçam são, evidentemente, da minha inteira responsabilidade.

Manuela Silva foi, em Portugal, ao longo das últimas décadas (desde meados dos anos 1950 até praticamente ao seu desaparecimento em 2019), indiscutivelmente, uma das figuras mais destacadas na afirmação da Economia como uma ciência ética e também uma das personalidades mais marcantes no panorama do pensamento económico português. A sua influência, como economista e mulher comprometida com a Igreja Católica (na linha do Concílio Vaticano II), manifestou-se em múltiplas vertentes, do ensino à investigação e à intervenção pública em diferentes áreas do social.

Por isso, este capítulo é dedicado à sua vida e obra. Em primeiro lugar, compilar-se-á, na secção 1, informação atualmente dispersa sobre Manuela Silva num esforço de reconstituição, ainda que muito incompleta e pouco detalhada (a exigir aprofundamentos futuros), do seu percurso de vida. Discutir-se-á a seguir em que medida, e de que forma, os valores e princípios éticos de Manuela Silva (e as convicções religiosas que lhes estão associadas) pesaram, ou não, na forma concreta como esta economista abordou a sua disciplina (secção 2). Algumas notas finais fecharão o texto.

Juntam-se, no final, em apêndice, as respostas (inéditas) dadas por Manuela Silva, por escrito, em janeiro de 2019, a um conjunto de perguntas que, no âmbito de um outro trabalho, o autor destas linhas lhe colocou.

O objetivo fundamental do capítulo é mostrar a relevância de Manuela Silva no quadro do pensamento económico português contemporâneo e o seu valioso contributo para o que aqui se designa de uma abordagem *humanista* da Economia, seja através do seu labor científico em prol de uma ciência ao serviço das pessoas, seja pela militância ativa pela melhoria da condição humana, seja pelo incentivo a que outros percorressem caminhos que ela apenas havia começado a desbravar.

1. Manuela Silva: um percurso singular

> [N]ada é fragmentado, há uma unidade por detrás [de todo o meu] percurso e essa unidade é a minha fé em Jesus Cristo e na Igreja, é a minha fé que unifica todos [os meus] compromissos e também é a minha fé que me vai permitindo discernir, em cada situação concreta, as saídas possíveis ou desejáveis. Eu acredito que cada pessoa é única, irrepetível e singular, mas essa singularidade é sempre uma singularidade situada, no tempo, no espaço, no feixe de relações, situada numa cultura também. É isso que eu procuro: através da fé, iluminar essa vida pessoal, que é sempre uma vida de busca, busca de ser, de coerência,

de verdade e de maior solidariedade e comunhão com os outros. (Silva, 2004: 144–145)

Manuela Silva (doravante MS) nasceu a 26 de junho de 1932, em Cascais, onde fez a escola primária. Aos dez anos, os pais inscreveram-na na Escola Ferreira Borges, em Lisboa, para frequentar o Curso Comercial. Deslocava-se diariamente, de comboio, entre Cascais e Lisboa, uma viagem que demorava à época mais de uma hora, com as aulas a começarem às 8:30.[2] Frequentou depois o Instituto Comercial de Lisboa. Em 1949, inscreveu-se no então Instituto Superior de Ciências Económicas e Financeiras (ISCEF), integrando o primeiro curso de Economia iniciado após a grande reforma do ensino da Economia, dinamizada por Pinto Barbosa. Concluiu a licenciatura, cinco anos depois, com a mais elevada classificação (17,3 valores).[3]

A «utopia cristã» — numa «busca de coerência» entre a fé e as exigências que esta lhe impunha de encarnação num tempo histórico concreto que era o seu (Silva, 2002: 10–11) — constituir-se-á, desde muito cedo, como ficará evidente ao longo deste texto, como um projeto de vida pessoal e social, como um farol essencial no seu percurso de vida.

Enquanto estudante, envolveu-se muito ativamente nas atividades da Ação Católica Universitária (JUC e JUCF),[4] um espaço fundamental de aprendizagem, militância e trabalho coletivo.[5] Logo em 1950, no final do seu 1.º ano

[2] Sigo de perto, neste roteiro biográfico, o relato da própria MS, nomeadamente em entrevista concedida à revista *Faces de Eva* (Silva, 2004). Apoio-me também no currículo de MS, amavelmente disponibilizado pelo Professor José António Pereirinha, e nas informações que me foi possível respigar nos diversos testemunhos em sua homenagem publicados na revista *Reflexão Cristã* (número 53–54, 2019–2020), por ocasião do 45.º aniversário do CRC — Centro de Reflexão Cristã. Os discursos do Professor Pereirinha por ocasião do doutoramento *Honoris Causa* de Manuela Silva, em 2013 (Pereirinha, 2013), e na sessão de evocação de Manuela Silva, no dia 7 de março de 2020 (Pereirinha, 2020), foram também particularmente úteis no início desta investigação. Outras fontes, quando apropriado, serão oportunamente indicadas.

[3] Concluíram o curso de Economia nesse ano apenas 4 estudantes (à entrada, em 1949, eram 310 estudantes, incluindo-se também neste número os que posteriormente optariam pelo curso de Finanças).

[4] JUC — Juventude Universitária Católica; JUCF — Juventude Universitária Católica Feminina.

[5] Como recentemente lembrou Gomes da Silva: «A Ação Católica Universitária (JUC e JUCF) era por essa altura um forte pilar da Igreja junto dos jovens, ao entrar na vida académica universitária, contribuindo com as suas atividades para o fortalecimento e consolidação da sua espiritualidade cristã» (Gomes da Silva, 2019–2020: 26). Mário Murteira vai mais longe ao afirmar que para os jovens inquietos desse tempo «ou se ia salvar o mundo por via do PCP ou por via da Igreja católica» (*apud* Gomes, 2005: 100). Para uma contextualização do papel da JUC como espaço de formação de novas gerações e quadros no ambiente associativo da época, veja-se também Caiado (1990).

no ISCEF, vai pela primeira vez a um Campo de Férias da JUCF, na Nazaré, onde conhece Maria de Lourdes Pintasilgo, dois anos mais velha, a quem, muitos anos mais tarde, chamará «uma mulher de um sopro novo» e com quem estabelece, desde logo e durante largos anos, uma «relação de companheirismo, de apreço mútuo, de cumplicidade no aprofundamento de uma espiritualidade vertida em acção de transformação do mundo» (Silva, 2018a: 38). Durante todo o seu percurso estudantil, e mesmo depois, empenha-se nas atividades da JUCF, da qual virá a ser presidente diocesana de Lisboa (1953–54) e presidente geral (1956–57), sucedendo neste cargo a Maria de Lourdes Pintasilgo.

Com Pintasilgo, Adérito Sedas Nunes e vários outros colegas, trabalhará, ao longo de dois anos intensos, na organização do I Congresso dos Universitários Católicos, o grande congresso das juventudes universitárias católicas (JUC e JUCF), que se realizou em Lisboa, em abril de 1953, sobre «O pensamento católico e a Universidade». Este congresso, dedicado à discussão da condição universitária e do papel da universidade na sociedade, é cuidadosamente preparado por dezenas de jovens jucistas e vai mobilizar mais de 2000 estudantes de ambos os sexos das três universidades então existentes.[6] Embora conte com o apoio e a presença ativa das mais gradas figuras do regime (Universidade, Igreja e Estado), o Congresso é, na verdade, como mostrou Albérico Alho (2006), um dos «momentos fundadores» basilares de uma nova geração emergente, de inspiração católica, da qual MS faz parte, que aqui começa a afirmar o seu ativismo e a sua força e que, crescentemente afastada do corporativismo (e do regime salazarista), encontrará nos valores e princípios éticos da doutrina social da Igreja e do Concílio Vaticano II[7] e na

[6] «Tudo decorreu de forma impecável, sem falhas de qualquer espécie. [...] As conclusões que efectivamente se tiraram [...] sumariavam o que de mais completo, fundado e avançado era possível pensar acerca da Universidade em Portugal, naquele tempo» (Nunes, 1988: 51).

[7] O Concílio Vaticano II realizou-se, por iniciativa do Papa João XXIII, entre 1962 e 1965 (já sob o pontificado de Paulo VI). Significou, no essencial, um momento de abertura e renovação da Igreja Católica, o início de um processo de mudança, cheio de contradições, suscitando grandes esperanças entre os setores mais críticos e inquietos da Igreja Católica, designadamente setores laicais, mas também reações de desconfiança e oposição dos setores mais tradicionalistas. O impacto do Concílio na participação dos leigos na vida da Igreja e para o desenvolvimento e relevo da doutrina social da Igreja foi muito significativo, incluindo em Portugal, merecendo destaque a aprovação da constituição pastoral *Gaudium et Spes* sobre o papel da Igreja no mundo e a importância da pessoa humana na economia. Sobre a *Gaudium et Spes*, pela voz de MS, consultar: https://www.youtube.com/watch?v=zPn4AC3es7s&t=10s; https://www.youtube.com/watch?v=o8uAvjNWN20.

ideia de um «projeto comum de mudança e melhoria social» (Nunes, 1988: 51) os fundamentos da sua identidade.[8]

A preparação do Congresso é para MS um marco essencial. Como recordará anos mais tarde:

> Foi uma experiência absolutamente inesquecível e que me deixou um grande empenho na vida universitária, uma grande convicção de que ser universitário não é apenas acumular matéria, mas é, fundamentalmente, uma atitude diante da vida, uma atitude de serviço, de serviço e de investigação, em permanente procura de novas respostas para os problemas que as pessoas têm, que as sociedades vivem. (Silva, 2004: 134)

No âmbito da preparação do Congresso, e sob a liderança de Sedas Nunes, o presidente geral da JUC, MS faz parte da comissão responsável pela realização do primeiro grande inquérito à condição dos estudantes universitários em Portugal, um trabalho pioneiro no país, marcado ainda pela inexperiência (mas consensualmente reconhecido como tendo sido feito com todo o rigor possível na altura), onde tudo, desde a elaboração, lançamento e recolha dos inquéritos até ao apuramento e apresentação dos resultados, será um trabalho dos jovens jucistas (Gomes, 2005).

Os tempos de estudante são para MS um período muito importante na sua formação humana e intelectual. Nas suas próprias palavras:

> [O] período em que estudei na Universidade foi um período riquíssimo para mim, não só pelas matérias estudadas, mas sobretudo por me ter permitido encontrar pessoas de uma grande craveira intelectual. Quero lembrar, em particular, duas pessoas que já faleceram, o Adérito Sedas Nunes e o Francisco Pereira de Moura, que me marcaram muito

[8] A «geração do congresso» como lhe chamavam à época (Gomes da Silva, 2019–2020: 26). Sedas Nunes batizou-a como a «geração social», a geração daqueles e daquelas que, nas suas palavras, «[a]chavam que a melhor maneira, e a mais justa, de "amar o próximo" era melhorar-lhe as condições sociais de existência», que «[d]etestavam, por isso, e ridicularizavam, as "obras de caridade" e queriam que a sociedade fosse, para todos, cada vez melhor. Nisso precisamente diferiam das gerações católicas precedentes, e nisso se consideravam a si mesmos diferentes e em ruptura com elas. Diziam muitas vezes uns aos outros que com eles começava um cristianismo novo. Um cristianismo novo não terá começado, mas começou uma nova geração social» (Nunes, 1988: 55).

> no ponto de vista intelectual, cultural e espiritual. Aí percebi, pela vida deles, uma relação muito profunda entre a fé cristã e o empenhamento no mundo, especialmente no domínio da cultura. (Silva, 2004: 132)

A influência de Sedas Nunes e de Pereira de Moura, aqui referida, perdurará e desenvolver-se-á bem para lá do tempo de estudante.[9]

É também desse tempo a opção de MS pela atenção aos «aspectos sociais» dos estudos económicos (e «não tanto para os problemas da banca ou das finanças») e por uma visão da Economia «na perspectiva das suas implicações no social», como um conjunto de «ferramentas para intervir na sociedade» (Silva, 2004: 134).

Este seu interesse pelas problemáticas sociais irá encontrar plena expressão no trabalho de investigação que virá a desenvolver no âmbito do Gabinete de Estudos Corporativos (GEC),[10] para o qual é convidada, ainda como estudante finalista, por José Pires Cardoso, professor do ISCEF e diretor do Gabinete, um convite para participar na realização de estudos onde a vertente da Economia pudesse ser complementada «com olhares de outros saberes sobre a sociedade».[11] Aí MS vai alimentar a sua «curiosidade pelas problemáticas sociais e pela relação da ciência económica com outras áreas de saber» (Silva, 2004: 134).

No GEC, entre 1954 e 1961 (ano em que o GEC se extingue para dar lugar ao novo GIS — Gabinete de Investigações Sociais), MS terá a oportunidade de partilhar, em tempos diversos, com Francisco Pereira de Moura, Sedas Nunes, João Moura, Raul da Silva Pereira ou Mário Murteira (todos unidos, à época, pelo cimento agregador da fé e militância católicas e um forte empenhamento social inspirado pela doutrina social da Igreja) uma

[9] A natureza da sua dívida para com Sedas Nunes fica bem expressa na seguinte afirmação: «O Prof. Sedas Nunes [...] foi sobretudo um mestre: alguém que convida outros ao saber e lhes abre as portas para caminhos novos de conhecimento e postura diante da vida» (Silva, 1993: 744).
Sobre a relação com Francisco Pereira de Moura, veja-se também a entrevista com Manuela Silva (em apêndice).

[10] Sobre a natureza *improvável* de um Gabinete com as características do GEC, como surgiu este Gabinete e como se constituiu como uma das mais interessantes experiências de debate de ideias no contexto do Estado Novo, e que deve ser considerado como precursor das modernas ciências sociais em Portugal, ver R. S. Pereira (2011) e J. L. Cardoso (2013).

[11] Cf. intervenção de Manuela Silva na Abertura do ano académico 2012/13 do Instituto de Ciências Sociais, em https://www.youtube.com/watch?v=9JaWSz2GuDY&t=702s.

importante experiência de aprendizagem coletiva e intenso debate de ideias. Na *Revista do Gabinete de Estudos Corporativos*, MS publicará um significativo número de recensões e pequenas notas de leitura de livros (quase todos estrangeiros) e um conjunto muito assinalável de artigos (dez entre 1957 e 1961), quase todos dedicados à problemática dos salários, trabalho e reforma da empresa.

O facto de MS ter obtido a mais elevada classificação do seu ano não seria, contudo, suficiente para ser convidada como assistente de Economia, apesar de os seus três colegas finalistas o terem sido. Isto simplesmente porque era mulher. Os poderes académicos de então justificaram o facto com o receio de que MS pudesse «não ser capaz de manter a disciplina» na sala de aula. Foi-lhe proposta uma contratação como assistente, mas para dar aulas de «formação feminina», nomeadamente culinária e jardinagem (!), o que não aceitou. A sua entrada em «Económicas» (o nome pelo qual o ISCEF se tornou entretanto conhecido) só viria a acontecer em 1970, como professora auxiliar convidada, quando já possuía uma larga experiência profissional nas áreas da investigação e da administração pública.

A atividade profissional de MS inicia-se, de facto, com uma bolsa no Instituto Nacional de Estatística, em 1954–55, a qual lhe permite conhecer «em profundidade» o mundo das estatísticas (Silva, 2004: 138) e no âmbito da qual desenvolve investigação sobre a estrutura de salários na indústria transformadora portuguesa, da qual resultará a sua primeira publicação na *Revista do Centro de Estudos Económicos* do INE.

A partir de 1955 trabalhará, durante cinco anos, como assistente dos Serviços de Ação Social do Ministério das Corporações e da Previdência Social, com a incumbência de acompanhar a situação das mulheres trabalhadoras. Será uma experiência que lhe permitirá um contacto de grande proximidade com as mulheres trabalhadoras e «com a dura realidade do trabalho fabril de então» (Silva, 2004: 139). Sobre essa experiência, dirá:

> Foi uma actividade extremamente importante para mim e dou graças a Deus por, a seguir ao curso, não ter ficado assistente da Faculdade, porque nunca teria tido essa experiência do real que decorreu entre os meus vinte e dois e vinte oito anos. (Silva, 2004: 139)

Alguns dos trabalhos publicados na *Revista do Gabinete de Estudos Corporativos*, nomeadamente Silva (1960), são também, seguramente, um reflexo desta experiência.

Entretanto, Maria de Lourdes Pintasilgo tinha trazido para Portugal, em 1957, o movimento *Graal*, um movimento internacional de mulheres cristãs que, nas palavras de MS:

> tinha uma matriz cristã de aprofundamento da fé e do mistério cristão e que operava privilegiando a ligação entre a fé e a vida com o objectivo de contribuir para a transformação das sociedades especialmente nos aspectos que se relacionavam com a situação das mulheres. Nesse tempo, o movimento do Graal tinha uma componente comunitária forte, permitia um estilo de vida em comum, inclusivamente a partilha de bens, era um compromisso para a vida. (Silva, 2004: 134)

Por isso, MS decide abandonar o Ministério das Corporações para integrar o *Graal* (ao qual vai estar ligada durante cerca de dez anos). O *Graal* vai-lhe possibilitar, além de «valiosíssimos» contactos internacionais (Silva, 2004: 134), beneficiar de um ano de formação num centro internacional do Movimento, na Holanda, e fazer uma especialização em «Desenvolvimento Comunitário», em Paris (1960). No início dos anos 1960, está de novo em Portugal, determinada a aplicar no país os conhecimentos adquiridos em desenvolvimento comunitário, tendo um papel da maior relevância na criação de equipas orientadas para a ação neste domínio.

No contexto do *Graal*, a partir de 1962, integra a equipa que leva a cabo um programa de alfabetização e consciencialização na zona de Portalegre, com utilização do método de Paulo Freire, e é responsável pela criação e direção de um Centro de Arte e Cultura, para estudantes universitários, em Coimbra (1963–69).

Entre 1962 e 1965, MS vai liderar uma equipa multidisciplinar, a «Equipa de Estudos e Experimentação em Desenvolvimento Comunitário», envolvendo representantes de vários serviços da Administração Pública, um engenheiro agrónomo do Centro de Estudos de Economia Agrária da Fundação Gulbenkian e um conjunto de assistentes sociais, recrutados através de bolsas da Gulbenkian para trabalhar no terreno, com o objetivo de promover uma experiência-piloto de desenvolvimento local participado em duas freguesias do concelho de Alcobaça — Benedita e Bárrio. Esta experiência pioneira de desenvolvimento comunitário, realizada sob o enquadramento institucional do Centro de Estudos de Economia Aplicada da Associação Industrial Portuguesa, dirigido por Francisco Pereira de Moura, é reconhecida, ainda hoje, como um caso de sucesso, exemplar pelo envolvimento e participação das populações e pelas consequências práticas em termos de desenvolvimento comunitário, com um profundo impacto nas comunidades envolvidas, na indústria da zona e na área do ensino, com a criação do Externato Cooperativo da Benedita.[12]

A problemática do desenvolvimento comunitário foi objeto de dois textos teóricos de MS, publicados na *Análise Social* (Silva, 1963, 1964), e ainda de um relatório sobre as bases para um programa de desenvolvimento comunitário à escala nacional, elaborado no âmbito da preparação do que viria a ser o Plano Intercalar de Fomento (1965–66).[13]

Em 1965, no Instituto de Assistência à Família do Ministério da Saúde, por proposta de MS, é criado um Serviço de Ação Social Comunitária, que dará continuidade ao trabalho anteriormente realizado no domínio do desenvolvimento comunitário. MS dirigirá este Serviço e ainda o Gabinete de Estudos Sociais do Ministério da Saúde, criado na mesma altura, com o objetivo de promover a investigação no domínio da ação social, e que publicaria a revista *Informação Social*.[14]

É assim, já com uma larga experiência profissional, que, em 1970, aos 38 anos, MS é finalmente convidada, por Francisco Pereira de Moura, para, no âmbito de uma reestruturação de cadeiras que este professor dinamizou no ISCEF, criar e desenvolver aí uma nova cadeira de Planeamento Social. Iniciar-se-á então uma destacada experiência docente no que é hoje o Instituto Superior de Economia e Gestão (ISEG), que se irá prolongar até 1993, ano em que se aposenta, na altura com a categoria de Professora Catedrática Convidada.[15] Neste Instituto, MS irá desempenhar funções de grande relevo que incluem a presidência do Conselho Diretivo e do Conselho Pedagógico (vários mandatos), ser fundadora e membro da primeira Comissão Diretiva

[12] Para mais detalhes sobre esta experiência de desenvolvimento comunitário, ver Mendes (2013), em particular a entrevista a MS aí incluída no Anexo III.

[13] Que não viria, porém, a ser contemplado na versão final do Plano.

[14] Esta experiência terminará em 1971, com a extinção do Gabinete, «por conveniência de serviço», na sequência da mudança da equipa ministerial.

[15] Vale a pena aqui referir que MS nunca fez o doutoramento. Como a própria contou na sua entrevista autobiográfica à revista *Faces de Eva*, «cada coisa tem o seu tempo» (Silva, 2004: 141). Em 1973, era MS já Professora Auxiliar Convidada, terá pensado seriamente fazer o doutoramento com uma tese sobre repartição do rendimento, tendo mesmo chegado a usufruir de uma bolsa, em França, onde, entre setembro de 1973 e janeiro de 1974, fez investigação na área (os orientadores seriam Guy Caire, da Universidade de Nanterre, e Jacinto Nunes). O 25 de Abril de 1974 interrompeu esses planos. Nas suas palavras: «Deu-se a Revolução e nos tempos que se lhe seguiram não mais me lembrei do doutoramento, empenhada que estava com outras tarefas. À medida que o tempo passava, menos me interessava por um eventual grau de doutoramento. Também, em rigor, nunca precisei dele, graças a Deus» (2004: 142).

do Centro de Investigação sobre Economia Portuguesa (CISEP), fundadora e, posteriormente, diretora da revista *Estudos de Economia* (1982–1989) e, no final dos anos 1980, a criação de uma pós-graduação (posteriormente transformada em mestrado) em Economia e Política Social.

A sua experiência docente incluirá ainda a lecionação em outras instituições de ensino superior, designadamente no Instituto Superior de Serviço Social de Lisboa, no Instituto Superior Económico e Social de Évora e na Escola Nacional de Saúde Pública.

Entre as cadeiras que lecionou ao longo dos anos refiram-se, além de Planeamento Social, acima mencionada, Teoria e Técnicas de Planeamento, Política Económica, Política Social, Desenvolvimento Socioeconómico, Desenvolvimento Comunitário ou Economia Portuguesa.

Sobre esta sua experiência docente, e sobre a importância que nela teve o seu conhecimento do «mundo real», MS dirá:

> [A] minha actividade docente, embora iniciada tardiamente, ocupou lugar de relevo na minha vida pessoal e profissional, mas devo dizer que ela muito beneficiou de outras actividades exercidas no âmbito da investigação aplicada e em sectores vários do planeamento e da gestão pública. Foram estes desempenhos que me proporcionaram, desde cedo, um contacto de proximidade com a vida real das pessoas, as suas condições de vida e de trabalho, os seus níveis desiguais de remuneração, as suas distintas oportunidades de acesso a bens fundamentais, como a educação e a saúde. Foi a minha ligação ao conhecimento da economia real que muito contribuiu para que tivesse mantido, ao longo da minha carreira docente, uma visão da Ciência Económica necessariamente ligada à Ética e à Política e não desvinculada da situação concreta das pessoas e dos povos, do modo de produção e especialização produtiva, dos níveis e padrões de consumo em relação com a qualidade de vida, da repartição do rendimento e da riqueza e a sua desigualdade, do papel do Estado na promoção do desenvolvimento e na regulação do mercado e correcção das respectivas disfuncionalidades. Foi, ainda, o conhecimento próximo da economia real que, conjugado com exigências de ordem ética, me levaram a questionar os indicadores macroeconómicos tradicionais, quando tomados como variáveis de desempenho da economia, em particular o PIB e as suas múltiplas declinações, e a procurar representações mais abrangentes, nomeadamente desocultando domínios da realidade socioeconómica omissos nas análises tradicionais. (Silva, 2013)

Em 1970–71, MS é nomeada Diretora do Serviço de Estudos e da Contabilidade Nacional do Instituto Nacional de Estatística. Já depois do 25 de Abril de 1974, em outubro desse ano, aceita presidir à Direção do Instituto de Tecnologia Educativa, por um ano, numa espécie de «serviço cívico» (Silva, 2004: 143), por sentido de dever, findo o qual desejava voltar à docência no então ISE, o que aconteceu.

Contudo, em junho de 1976, é convidada para integrar o I Governo Constitucional pós-25 de Abril, como Secretária de Estado do Planeamento, naquela que, sob a sua coordenação, se virá a revelar uma das mais notáveis experiências de preparação de um plano de desenvolvimento de médio prazo, assente numa estratégia de prioridade à satisfação de necessidades básicas da população e ao emprego — o Plano de Médio Prazo 1977–80.

Sobre esta experiência de elaboração do Plano 1977–80, afirmou recentemente o Professor Pereirinha:

> Elogiado por muitos, criticado por outros, dificilmente encontramos, na história da administração pública portuguesa dos tempos modernos, outro exemplo de um enorme esforço de coordenação interdepartamental de diagnóstico económico e social, orientado por uma estratégia de desenvolvimento com uma enorme dimensão social, tendo em consideração o nosso atraso económico, as debilidades estruturais da nossa economia e os grandes défices sociais e desigualdades que a caracterizavam: a estratégia das «necessidades básicas» («basic needs approach»). (Pereirinha, 2020: 1–2)

Foi uma experiência, documentada em 12 volumes, que, na ausência de condições políticas para a sua aprovação, se esgotou na preparação do Plano. MS regressaria ao então ISE após um ano de intenso trabalho.[16]

Em 1986, MS voltará a estar mais próxima da política ativa com uma participação na Comissão Política da Candidatura de Maria de Lourdes Pintasilgo à Presidência da República.

A preocupação com o desenvolvimento, as desigualdades, a pobreza e a exclusão social atravessam todo o trabalho de MS. O seu trabalho de investigação nos anos 1980 é marcado pela crítica ao modelo de crescimento económico em Portugal sem uma visão social, pela atenção aos problemas da desigualdade na repartição do rendimento e da pobreza e, sobretudo, pelos

[16] Sobre a experiência portuguesa de planeamento, vale a pena ler a própria Manuela Silva (1984).

estudos empíricos que dinamizou e (co)coordenou, pioneiros em Portugal, sobre a pobreza no país (Silva, 1981, 1982, 1983a, 1985; Costa *et al.*, 1985; Silva *et al.*, 1989).

Ao mesmo tempo, o percurso de MS evidencia um entrecruzar permanente entre a vida profissional, as suas preocupações académicas e a vivência cristã. Como sublinhou Carlos Farinha Rodrigues, as várias facetas de MS — a economista, a professora, a cidadã empenhada, a mulher de fé — «não são separáveis» (2019–2020: 43).

Em 1975, MS fundou, com mais 77 pessoas, o Centro de Reflexão Cristã (CRC), um centro dirigido «ao estudo da teologia para o crescimento na fé cristã, ao serviço da evangelização e da libertação do povo português»[17], do qual será a primeira presidente e ao qual ficará sempre associada até à sua morte. São de destacar, no quadro do CRC, os muitos artigos que foi publicando ao longo do tempo na *Reflexão Cristã*, uma revista que a própria criou e dinamizou e da qual foi diretora entre junho/julho de 1983 e julho/agosto de 1984, e a atividade desenvolvida na direção do Departamento de Pesquisa Social (DPS) do CRC, entre 1985 e 1992,[18] no âmbito do qual foi realizado o estudo sobre a pobreza urbana em Portugal já anteriormente referido (Silva *et al.*, 1989).[19]

Em 1990, fundou a Fundação Betânia, da qual era presidente vitalícia, uma entidade dirigida à promoção da realização harmoniosa do ser humano e à criação de «espaços de beleza, de silêncio, de interioridade e de comunhão, que incentivem o encontro mais fundo de cada pessoa consigo própria, com os outros, com a natureza e com o Absoluto».[20]

A sua última iniciativa, decorrente das preocupações que há muito manifestava relativamente às questões ambientais como um problema «civilizacional» e à «necessidade de criação de condições para a formação de uma opinião pública consciencializada e sua expressão efectiva nos mecanismos conducentes às tomadas de decisão e ao controlo da sua respectiva execução» (Silva, 1972: 26) e inspirada, mais proximamente, pelo apelo do Papa Francisco, na encíclica *Laudato Si'*, para uma «conversão ecológica», seria

[17] Art.º 2.º dos Estatutos originais do CRC, entretanto reescrito, com a substituição de «libertação do povo português» por «libertação da pessoa humana» (Gomes da Silva, 2019–2020: 30).

[18] Em 1992, tendo em vista garantir a continuidade e sustentabilidade do DPS, este Departamento foi autonomizado, dando lugar ao CESIS — Centro de Estudos para a Intervenção Social. MS foi a presidente da Mesa da Assembleia Geral do CESIS entre 1992 e 1997.

[19] Para mais detalhes sobre o papel de MS no DPS, ver Ana Cardoso (2019–2020).

[20] Consultar https://fundacao-betania.org.

a criação, em 2017, da rede Cuidar da Casa Comum — a Igreja ao serviço da ecologia integral.[21]

MS ocupou ainda vários outros cargos de relevo, designadamente o de presidente da Pax Romana — Movimento Internacional de Intelectuais Católicos (entre 1983 e 1987) e presidente (e antes vice-presidente) da Comissão Nacional Justiça e Paz (2003 a 2008).[22]

É no contexto da sua intervenção como mulher da Igreja (e economista) que MS escreve um conjunto muito significativo de textos, que compilou em três obras da maior relevância para a compreensão da sua obra como um todo (Silva, 1999a, 2002, 2018b).

É também por sua iniciativa, e com Alfredo Bruto da Costa, que a Comissão Nacional Justiça e Paz promove uma Petição, apresentada à Assembleia da República em outubro de 2007, para que a pobreza fosse considerada uma violação de direitos humanos, o que virá a ser consagrado na Resolução da Assembleia da República n.º 31/2008, de 4 de agosto, com a recomendação ao governo no sentido de definir um limiar de pobreza e avaliar regularmente as políticas públicas destinadas à sua erradicação.

A erradicação da pobreza, a exclusão social e as desigualdades são questões a que MS volta recorrentemente ao longo do tempo. No discurso que proferiu na qualidade de presidente do 2.º Encontro da Associação Portuguesa de Economia Política, realizado em Coimbra, em fevereiro de 2019, dedicado ao tema «Democracia, desenvolvimento, desigualdade», MS sustentou, de forma perentória, a centralidade da questão da desigualdade, afirmando:

> [A] desigualdade merece, de facto, a maior atenção por parte de quem estuda e ensina a ciência económica no século XXI, com o entendimento de que tal conhecimento tem por objeto traçar o rumo das estratégias e das políticas do desenvolvimento. De contrário, estarão em perigo a sustentabilidade do desenvolvimento e da democracia.[23]

[21] Consultar https://casacomum.pt.

[22] A Comissão Nacional Justiça e Paz (CNJP) é um organismo laical da Igreja Católica, fundado nos anos 1980 pela Conferência Episcopal Portuguesa, que tem em vista promover a justiça e a paz na perspetiva do Evangelho e da doutrina social da Igreja (www.ecclesia.pt/cnjp). Segundo a própria Manuela Silva, a CNJP deveria «reflectir sobre a Doutrina Social da Igreja, aprofundando-a e tentando aplicá-la às realidades em que estamos inseridos», sendo «importante chamar a atenção para os problemas e dar, sobre eles, uma perspectiva cristã, aproveitando para criar uma consciência cristã mais aprofundada» (*in* https://agencia.ecclesia.pt/portal/nova-comissao-justica-e-paz-promete-intervencao-nas-questoes-centrais-da-sociedade-portuguesa/).

[23] Texto inédito.

Não pode também ser esquecida, neste breve roteiro, a ação de MS no que respeita à situação das mulheres e à causa da igualdade de género e dos direitos das mulheres, nomeadamente em matéria de emprego e formação profissional, salário, participação política e também dentro da Igreja. As suas preocupações com a condição da mulher na sociedade remontam, recorde-se, à sua passagem pelos Serviços de Ação Social do Ministério das Corporações e da Previdência Social, nos anos 1950, onde se dedicou a acompanhar a situação das mulheres trabalhadoras. Entre os trabalhos neste domínio, refiram-se Silva (1960, 1983b, 1983c, 1999b), nos quais fica bem expresso o entendimento de que a situação das mulheres na economia, na sociedade e na política se insere num quadro global de desigualdade, cuja superação exige uma estratégia integrada de igualdade de género em todas as políticas públicas.

Refira-se, por fim, o trabalho que, nos últimos anos, MS desenvolveu na coordenação do Grupo Economia e Sociedade (GES), mais uma estrutura que ela própria fundou enquanto presidente da Comissão Nacional Justiça e Paz (CPJP) e que se destinava a apoiar a referida CNJP, através do estudo e divulgação, em matérias de caráter técnico relacionadas com a defesa e promoção dos ideais da justiça e da paz. O Grupo, que integrava não só alguns membros da CNJP, mas também pessoas sem qualquer ligação à CNJP (ou sequer à Igreja Católica), autonomizou-se em 2009 com a saída de MS da presidência da CNJP.[24] Devem-se a MS e ao GES alguns importantes trabalhos sobre a economia e a sociedade portuguesas, nomeadamente Silva *et al.* (2005, 2016a, 2016b, 2018), Ribeiro *et al.* (2007) e Ribeiro (2010a, 2010b).

Manuela Silva faleceu no dia 7 de outubro de 2019, com 87 anos. Foi condecorada, a título póstumo, com a Grã-Cruz da Ordem da Instrução Pública, pelo Presidente da República, Marcelo Rebelo de Sousa, na sessão de evocação em sua homenagem realizada no ISEG, em 7 de março de 2020. Tinha já sido agraciada com a Grã-Cruz do Infante D. Henrique, em 2000, pelo então Presidente da República Jorge Sampaio.

MS foi uma mulher de causas, extremamente dinâmica, com uma energia aparentemente inesgotável, com fortes convicções, determinada, rigorosa (consigo e com os outros) e com uma enorme capacidade de liderança e coordenação de trabalho em equipa.

[24] Agradeço a Maria Eduarda Ribeiro (e à Margarida Chagas Lopes, que com ela me pôs em contacto) a disponibilização destas informações sobre a constituição e autonomização do GES.

Segundo José Leitão,

> Manuela Silva tinha a preocupação de descobrir e valorizar o talento das pessoas com que se cruzava, acolhê-las e chamá-las a desempenhar novas tarefas. Acreditava nas capacidades das pessoas, muitas vezes antes delas próprias e descobria as pessoas necessárias para os desafios que era necessário enfrentar. (Leitão, 2019–2020: 23)

O permanente incentivo a que outros continuassem e aprofundassem os caminhos que ela tinha começado a desbravar é uma marca fundamental de MS que múltiplos testemunhos confirmam.

Nas palavras de João Cravinho, MS deixa como legado uma «humanidade radicalmente profunda».[25]

2. Uma outra visão da Economia. A centralidade dos valores e princípios éticos no pensamento económico de Manuela Silva

> O paradigma económico traz, necessariamente, a marca do ângulo por onde se olha a realidade.
>
> Manuela Silva (1999a: 127)

Num pequeno texto publicado aos 23 anos na revista *Presença*, da Juventude Universitária Católica, Manuela Silva (1955) antecipava já o que viriam a ser alguns dos elementos estruturantes do seu pensamento: a preocupação com a «miséria no meio da abundância», a centralidade da realização do ser humano como Pessoa (valor último, que a nenhum outro se pode subordinar) e a crença de que o ser humano tem uma tripla «vocação» — a «terrestre» (material), a «espiritual» e a «divina» — pelo que, para a sua plena realização, necessita de bens materiais, de bens espirituais (como a inteligência, a força de vontade, a sensibilidade, a liberdade, a paz, a cultura, o conhecimento ou a consciência) e sobrenaturais (que incluem «graças», «virtudes» ou os «dons do Espírito Santo»).[26]

[25] João Cravinho, *Webinar* sobre planeamento, promovido pelo Grupo Economia e Sociedade, 22 de junho de 2021.

[26] Consultar http://sites.ecclesia.pt/catolicopedia/artigo.php?id_entrada=1705.

Escrevia aí MS:

> É através de uma história pessoal e social, escrita neste mundo, que o Homem deve atingir Deus, e completar-se, completando o Universo. Tal história é uma síntese dos seus três mundos — terrestre, espiritual e divino — para cuja realização precisa de bens de cada uma dessas categorias. (Silva, 1955: 15)

O que encontramos aqui é uma visão religiosa do ser humano, centrada nas necessidades da «pessoa toda»,[27] numa síntese difícil dos seus três mundos. A fé em Cristo e na transcendência do ser humano — ser feito «à imagem de Deus, criado para uma bem-aventurança eterna de comunhão divina» (1955: 16) — é para MS uma fé que pressupõe a necessidade de diferentes tipos de bens (hierarquicamente diferenciados, com os bens materiais subordinados aos espirituais e divinos, enquanto meios para a sua realização última como Pessoa), uma fé que se concretiza no plano existencial de transformação do mundo (Magalhães, 2019–2020: 39).

Como afirmou recentemente Pedro Vaz Patto, o atual presidente da Comissão Nacional Justiça e Paz:

> O que movia a Manuela era o mandamento evangélico do amor ao próximo. [...] [E]ra esse mesmo amor evangélico ao irmão que a levava a combater pela justiça social, concretizando, assim, a dimensão social e política desse amor. Próximos a quem amar eram, para ela, todas as vítimas da injustiça de um sistema económico. (Patto, 2019–2020: 67)

As convicções religiosas e os valores a elas associados são, de facto, estruturantes no pensamento de MS. Nas palavras da própria, a sua fé é «a chave do entendimento de tudo» (Silva, 2004: 144), do seu percurso, dos seus compromissos intelectuais e políticos, dos seus juízos e escolhas e, defende-se também aqui, da sua visão da Economia. Sem ela não é possível compreender o sentido pleno do seu empenhamento nas diferentes atividades em que se envolveu e protagonizou. Importa, a este propósito, reter o que disse ao autor deste capítulo sobre a sua condição de cristã:

[27] «[P]ara Manuela Silva, o bem não é só material, mas incorpora as necessidades da pessoa toda, e conduz a sociedade ao bem comum» (Maria José Melo Antunes *in* http://areladosdias.blogspot.com/2021/01/o-legado-de-manuela-silva-as-boas.html, publicado em 15 de janeiro de 2021).

> não a considero como uma moldura para a minha vida pessoal e profissional, mas uma *exigência de vida* que é decorrente da fé em Jesus Cristo e me propõe *uma matriz de valores* a que procuro corresponder em qualquer situação, como profissional, como cidadã ou simplesmente como pessoa.[28] (itálico acrescentado)

Voltaremos ao tema mais à frente. Regressando ao texto de 1955, é interessante mencionar que MS enuncia já aí, ainda que sem as desenvolver, algumas das questões que virão a revelar-se cruciais no seu pensamento: a questão da justa apropriação e uso dos bens; a questão da definição do que é que constitui o essencial (e do que é supérfluo) para cada ser humano se poder realizar como Pessoa; a questão da justa hierarquização de fins e de meios.

Ao longo de toda a sua vida, MS nunca deixou de defender que a dignidade de toda a pessoa humana deveria ser a finalidade última da atividade económica. Por seu turno, a Economia teria de ser uma ciência comprometida com as pessoas, com o bem comum e a justiça. A «vida boa para todos», considerava MS, deveria ser «o real e concreto fundamento da teoria económica» (Silva, 2018c: 178). Tal dever-se-ia refletir não apenas nas «problemáticas» de investigação a estudar, mas também nas «lógicas de construção científica», nos «critérios de cientificidade» adotados e na «definição de estratégias e medidas de política» que, na sua ótica, deveriam «viabiliz[ar] e promov[er] um desenvolvimento sustentável ao serviço do bem-estar colectivo e da qualidade de vida das pessoas, da coesão e da paz social, finalidades indissociáveis de uma democracia autêntica» (Silva, 2013).

Num texto com o expressivo título «a economia é uma ciência ética», publicado em 2005, MS sustentava que «a ciência económica entrou em rota de colisão com os reais problemas da sociedade contemporânea no que ao seu domínio específico diz respeito» (Silva, 2005a: 18) e defendia a necessidade de um regresso à ética «donde nunca deveria ter-se afastado» (2005a: 20).[29] A Economia deverá, defendia MS, buscar na Ética os seus fundamentos e critérios de avaliação do desempenho da economia e vincular-se às «coordenadas de referência ética consagradas na Declaração Universal dos Direitos Humanos, mantendo-as explícitas nos seus pressupostos fundantes e traduzindo-as em variáveis operativas dos seus sistemas abstractos» (2005a: 20).

[28] Manuela Silva, entrevista concedida ao autor, por escrito, 21 de janeiro de 2019 (ver Apêndice).

[29] É um entendimento da ciência económica que MS expressou durante longos anos e em momentos diversos. Ver, por exemplo, Silva (1995, 2010).

No seu doutoramento *Honoris Causa* pelo Instituto Superior de Economia e Gestão (ISEG), em 2013, MS questionou também a suposta neutralidade de uma ciência económica reduzida a uma análise da melhor adequação dos meios disponíveis para a consecução de objetivos exogenamente determinados — uma pura ciência «instrumental», uma ciência de «meios» — e a não explicitação e avaliação crítica, «à luz de critérios de Ética e Justiça social», dos objetivos a atingir, defendendo, pelo contrário, a importância de trazer para o interior da Economia a discussão das finalidades do agir humano. A vinculação da Economia à ética era, por isso, central.

Nas suas próprias palavras:

> [R]eputo do maior interesse que a Ciência Económica se reconcilie com a Ética e aceite explicitar — sem pudor — os seus princípios básicos e os valores daí decorrentes, integrando-os nos seus raciocínios, nos pressupostos das lógicas dos modelos que constrói e, sobretudo, no desenho das políticas que neles fundamenta. (Silva, 2013)

É a defesa clara de uma visão da ciência económica como *ciência moral e política*[30], na linha de autores como Albert Hirschman[31] ou Amartya Sen.[32]

A matriz orientadora de toda a investigação (e empenhamentos sociopolíticos) de MS foi sempre a já referida preocupação com a dignidade da pessoa humana, o desenvolvimento sustentável, o bem comum e a justiça (uma «vida boa para todos»). Esta centralidade da pessoa humana vai, naturalmente, apresentar diferentes declinações e ênfases ao longo da sua vida, nomeadamente no que respeita aos temas estudados: os salários, as empresas e o emprego; o desenvolvimento e o modelo de crescimento económico

[30] Para mais desenvolvimentos, ver Neves (2010).

[31] Repare-se na proximidade com Hirschman: «A moralidade [...] está no centro do nosso trabalho; e só pode lá chegar se os cientistas sociais estiverem moralmente vivos, tornando-se vulneráveis às preocupações morais — produzirão então, consciente ou inconscientemente, trabalhos moralmente significativos» (1981: 305). Mais à frente, Hirschman escreveria: «Tenho um outro, mais ambicioso, e provavelmente utópico pensamento. [...] uma ciência social-moral onde as considerações morais não são reprimidas ou mantidas à parte, mas se mesclam sistematicamente com a argumentação analítica, sem sentimentos de culpa relativamente a uma qualquer falta de integração; onde a transição da prescrição para a prova e de novo desta para a primeira ocorre com frequência e sem dificuldade; e onde as considerações morais não precisam mais de ser sub-repticiamente introduzidas como se de contrabando se tratasse, nem expressas de modo inconsciente, mas se revelam aberta e francamente» (1981: 305–306).

[32] Ver, por exemplo, Sen (2003).

português; o desenvolvimento comunitário; o planeamento socioeconómico; as desigualdades sociais, a pobreza e a exclusão social; a situação das mulheres; a importância do ensino e da formação das pessoas.

Mas se o objeto da investigação vai mudando, a preocupação primordial não se altera. É o cuidado com as pessoas que leva MS a dar atenção à questão do desenvolvimento, do salário e da repartição do rendimento e da riqueza, a enfatizar o problema das desigualdades (que não apenas do rendimento e da riqueza) e da pobreza (entendida como uma violação de direitos humanos) ou a empenhar-se no planeamento socioeconómico ou nas questões da educação. É ainda o cuidado com a pessoa humana que a leva a pensar a Economia como um conjunto de «ferramentas para intervir na sociedade» (Silva, 2004: 134) e a sublinhar a importância da *utilidade social* da investigação e a «responsabilidade social da universidade e dos intelectuais na construção de um mundo mais justo e fraterno» (Silva, 2005b: 150). É esse cuidado que explica a sua defesa da necessidade de uma forte ligação da investigação ao mundo real e, certamente, a sua preferência pela Economia Aplicada. É ainda a preocupação com as pessoas que justifica a sua prioridade aos *aspetos sociais* dos estudos económicos (em detrimento da concentração nos problemas ditos mais económicos, como a banca ou as finanças). É, em suma, a sua opção por uma abordagem da Economia comprometida com as pessoas que lhe dá *coerência* e justifica que a designemos como uma abordagem *humanista* da Economia.

Não cabe no âmbito deste capítulo analisar em detalhe toda a obra de MS. O objetivo aqui é bem mais limitado: discutir em que medida, e de que forma, os valores e princípios éticos de MS (e as convicções religiosas que, como vimos, lhes estão associados) pesam, ou não, na forma concreta como esta economista aborda a sua disciplina.[33]

Não restarão dúvidas, pelo que atrás ficou dito, que a escolha dos temas e problemas a que MS se dedicou não foi independente das suas convicções religiosas e éticas. Contudo, ainda que se reconheça a relevância dos valores éticos na escolha dos problemas a estudar, poder-se-á perguntar: terão esses valores alguma relevância no que à conceptualização/discussão dos problemas diz respeito? Ou seja: existe alguma especificidade na abordagem da Economia de MS?

[33] O papel inovador de Manuela Silva em áreas tão diversas como a introdução em Portugal da teoria das necessidades básicas ou a sua importância no domínio do planeamento — para referir apenas dois temas da maior relevância na ação de MS — exigiriam um desenvolvimento incompatível com a natureza e o propósito deste livro.

Partha Dasgupta (2009), por exemplo, defende que os valores podem condicionar ou determinar as perguntas, mas não as respostas. Segundo este autor, quando os economistas discutem sobre problemas como a pobreza ou a justiça distributiva fazem-no argumentando sobre os meios mais eficazes para resolver um problema, sobre a sua magnitude ou sobre a distribuição de benefícios e custos entre as pessoas — argumentam sobre «factos», raramente sobre valores (mesmo que as suas perceções sejam condicionadas pelos seus valores).[34]

Nuno Martins, pelo contrário, argumenta que os pressupostos éticos estão na base das várias teorias económicas e influenciam-nas mesmo ao nível das suas estruturas analíticas:

> Os valores éticos e políticos ocupam um valor central no próprio trabalho teórico, dado que não é possível compreender os processos de produção, distribuição e consumo sem compreender o contexto ético e político no qual a acção humana tem lugar. Conceitos como escassez, excedente, trabalho, são todos definidos com pressupostos éticos e políticos, que, se não forem reconhecidos de forma explícita, permanecerão implícitos na análise.[35]

E acrescenta:

> A própria linguagem que usamos quando descrevemos a acção humana, incluindo aquela sobre a qual incide a análise económica, recorre a palavras que têm uma dimensão descritiva, mas também uma dimensão normativa.[36]

Na verdade, o que encontramos nos trabalhos de MS é toda uma outra Economia, bem diferente da abordagem convencional. Uma Economia centrada na dignidade de toda a pessoa humana e na resolução dos seus problemas,

[34] Num texto mais recente, o autor admite que raciocínio económico e valores estejam entrelaçados, afirmando: «O raciocínio económico correto está enredado com os nossos valores» (Dasgupta, 2021: 498). Mas, no mesmo parágrafo, escreve: «A culpa não está na Economia; está na forma como escolhemos praticá-la» (2021: 498). Parece, pois, não ter havido qualquer inflexão significativa na posição anterior de Dasgupta, expressa em 2009. (Agradeço a Nuno Martins a chamada de atenção para esta *nuance* no pensamento mais recente de Dasgupta.)

[35] Nuno Martins, *e-mail* de 8 de julho de 2019.

[36] Martins, *ibid.*

para a qual outros conceitos são mobilizados, consistentes com as convicções e valores éticos perfilhados, e outros indicadores de desempenho da economia são procurados.

Desde logo, deve destacar-se a sua rejeição da racionalidade *formal* — o alicerce onde se funda toda a Economia dominante — legitimadora de importantes disfunções do nosso sistema económico, como o desemprego estrutural massivo, a precariedade laboral «desumanizante e desqualificadora do trabalho humano», as desigualdades na repartição do rendimento e das oportunidades, a marginalização e a exclusão social ou a acentuada disrupção ambiental (Silva, 1999a: 126–127), uma racionalidade «desvinculada das finalidades do Humano», que «chega ao ponto de considerar como "racionais" decisões que são a negação dos direitos humanos mais elementares» (Silva, 2005a: 20).

Num texto que bem pode ser considerado um verdadeiro manifesto para uma visão sistémica do económico e do social, MS escreveu:

> É tempo de pôr em causa a chamada «racionalidade económica» enquanto base normativa de representação social e de denunciar a própria ciência económica na sua incapacidade de autocrítica quanto à dimensão ideológica dos pressupostos em que tem assentado o seu desenvolvimento. (Silva, 1994: 137)

Sustenta, por isso, a necessidade de «uma nova racionalidade económica» (Silva, 1999a: 127, 130), uma racionalidade *substantiva*, assente na assunção de que a dignidade de toda a pessoa humana e a «vida boa para todos» são (ou deveriam ser) critérios últimos de decisão, seja no mundo onde as atividades económicas têm lugar seja no da ciência que estuda a economia.

É esta racionalidade substantiva que a leva a recusar a pretensa neutralidade dos meios — onde estes se equivalem, desde que produzam os mesmos resultados em termos de eficácia, e se confundem com os fins que na realidade os transcendem (Silva, 1995)[37] — e que justifica que a discussão das finalidades do agir humano seja parte integrante da Economia.

[37] Por absurdo que pareça, a racionalidade estritamente formal da Economia dominante não é incompatível com a possibilidade de que «para eliminar a pobreza, se providenciassem meios de extermínio dos mais velhos, doentes ou marginalizados...» (Entrevista, por escrito, a Manuela Silva, 21 de janeiro de 2019, ver Apêndice).

É também a rejeição da racionalidade formal da Economia dominante e a defesa da necessidade de uma nova racionalidade económica que leva MS a questionar os indicadores económicos tradicionais de desempenho das empresas e da economia (como o PIB) e a sugerir a construção de representações mais abrangentes (indicadores de situação e previsão), capazes de desocultar domínios da realidade socioeconómica e efeitos das políticas públicas omissos nas análises tradicionais, mas relevantes para uma avaliação económica do ponto de vista da consecução de objetivos de bem-estar, qualidade de vida e eficiência social (Silva, 1994, 1999a, 2013, 2018c).

A *empresa* é outro dos conceitos que MS submete ao crivo da crítica. Tendo-lhe dedicado alguns trabalhos no início da sua carreira profissional, por diversas vezes volta ao assunto. Em seu entender,

> a empresa não é apenas um capital, mas uma realidade social complexa, que envolve múltiplas relações: entre os diferentes sujeitos que nela intervêm (trabalhadores, fornecedores, clientes, além dos detentores do capital), bem como com a sociedade onde está implantada e onde opera. Assim sendo, os gestores não devem responder apenas, como hoje sucede, perante os accionistas que os nomeiam, mas devem também assumir responsabilidades perante os demais elementos que integram a empresa. (Silva, 2010: 72–73)

Na verdade, argumentava MS:

> Se olharmos sem preconceito para a situação actual, verificamos que são as empresas que moldam as nossas sociedades e o nosso modo de vida, impondo as suas leis de repartição do trabalho, repartição do rendimento, duração do trabalho, tecnologia, etc. As empresas moldam a nossa maneira de pensar, os nossos desejos, os nossos gostos e a nossa linguagem, graças à publicidade pela qual impõem os seus produtos. Inclusive, as grandes empresas transnacionais estão fabricando os heróis que inspiram e guiam o imaginário dos nossos jovens no seu processo de construção identitária. (Silva, 2002: 65)

Daqui decorre que as decisões empresariais, pelas implicações que têm na vida das pessoas e das sociedades, não possam continuar a ser pensadas no âmbito restrito dos interesses e do poder dos proprietários do capital ou dos seus representantes. MS propõe, por isso, «uma alteração radical da figura institucional da empresa como a conhecemos hoje», no sentido da sua democratização, com empregados, cidadãos e governos presentes ao mais alto nível das administrações, «para aí fazerem ouvir as suas vozes» (Silva, 2002: 66).

Compreendem-se bem os profundos desafios que uma tal revisão do conceito de empresa, associado a uma conceção ética da economia, traz ao pensamento económico, nomeadamente no que respeita à avaliação do desempenho empresarial.

Também a noção de *trabalho* deverá, segundo MS, ser «refundada» (Silva, 1999c: 84). No quadro da abordagem humanista de MS, o trabalho não pode continuar a ser pensado como pura mercadoria, como acontece atualmente, mas tem uma incontornável dimensão *antropológica*. Como escreveu a economista:

> Reduzido, pela ciência económica, à condição de pura mercadoria e sujeito, portanto, às leis da oferta e da procura, o trabalho humano foi despido da sua dimensão antropológica e vem conhecendo, em tempo de tecnologia avançada, mercado mundializado de concorrência mais que imperfeita e globalização desregulada, situações de sub-remuneração, grande precariedade sobretudo (mas não só!) no caso do trabalho menos qualificado e desemprego estrutural acrescido. (Silva, 2005a: 19)

Não surpreende também a sua rejeição da centralidade que o *crescimento económico*, medido pelo aumento do PIB, e uma visão estreita da *eficiência* económica (em sentido paretiano) têm vindo a assumir no pensamento económico convencional. Para MS, sempre foi muito claro que o *desenvolvimento humano* inclusivo e ecologicamente sustentável é o objetivo (e o critério último de avaliação das políticas) e que as pessoas e o bem comum estão em primeiro lugar. Em seu entender, este desenvolvimento implicava obrigatoriamente uma visão *sistémica* da realidade social,[38] com o económico, o social, o cultural e o político radicalmente entrelaçados. Por isso, recusava o «Tratado de Tordesilhas» entre o económico e o social da visão convencional (Silva, 1994).

Foi também essa visão sistémica e integradora da realidade social que a levou a pensar a pobreza e a exclusão social como *violações de direitos humanos fundamentais* (Silva, 2010). Sendo uma realidade complexa e multifacetada, com causas e manifestações variadas, a pobreza e a exclusão social não eram, para MS, um mero infortúnio de alguns (a ser minorado por políticas

[38] Ver Pereirinha (2020).

assistencialistas mais ou menos generosas de solidariedade social) ou redutíveis a um simples défice de capacidades individuais, superável através de políticas públicas adequadas nos domínios da educação, saúde e formação profissional, por exemplo, e ainda menos um resultado da falta de recursos da sociedade como um todo. Pelo contrário, para MS, a pobreza e a exclusão social decorrem de um modelo económico e sociocultural desconectado de uma visão ética da vida no quadro da qual a dignidade da pessoa humana e o bem comum se constituem como valores matriciais (cf. Silva, 1999a, 2.ª parte). Os pobres, pensava MS,

> são, verdadeiramente, o reverso de certo tipo de crescimento económico nas sociedades modernas. A economia contemporânea funciona como uma espécie de centrifugadora que, permanentemente, deita para as margens os menos capazes, os menos necessários ao sistema. (Silva, 1999a: 76)

Não poderíamos estar mais afastados das conceções fundamentais da Economia convencional nesta matéria. Leia-se, por exemplo, o que se escreve num dos manuais de Princípios de Economia mais usados na atualidade:

> Políticas que penalizam os bem-sucedidos e recompensam os mal-sucedidos reduzem o incentivo para o sucesso. Assim, os decisores políticos enfrentam um *trade-off* entre igualdade e eficiência. Quanto mais igualmente for dividido o bolo, menor ele se tornará. Esta é a única lição sobre a repartição do rendimento em relação à qual quase todos concordam. (Mankiw, 2018: 418)

A centralidade dos valores e princípios éticos no pensamento económico de Manuela Silva, não só na escolha dos temas e problemas a que se dedicou, mas também no que respeita à conceptualização/discussão dos problemas, é evidente.

Notas finais

Manuela Silva é, inquestionavelmente, uma figura maior no mapa das ideias económicas em Portugal.

O seu contributo para a Economia que se faz em Portugal teve declinações em múltiplos domínios. Neste capítulo, procurou-se mostrar a *coerência* da sua vida e a *consistência* da sua obra, o seu compromisso com uma fé transformadora do mundo e com uma ciência ética ao serviço da melhoria das condições de vida das pessoas.

Como terá ficado demonstrado, não é possível compreender devidamente o pensamento económico de MS sem atender ao forte entrelaçamento que este evidencia com a sua mundividência cristã, com as convicções éticas dela decorrentes e, relacionado com estas, com a prioridade que atribuía à ação e transformação do mundo. A fé e os valores e princípios éticos são estruturantes do seu pensamento.

Quando se coloca o trabalho de MS em perspetiva, como se procurou fazer neste capítulo, o que sobressai, com toda a clareza, é a assunção de uma abordagem *humanista* da Economia, para cujo desenvolvimento MS deu um contributo essencial.

Não cabe aqui apresentar de forma sistematizada os traços fundamentais do humanismo na Economia. Ainda assim, algumas notas de clarificação são necessárias.

O que define o humanismo — e uma abordagem humanista da Economia — é a defesa da centralidade da pessoa humana, a ideia de que o ser humano deve ser a medida de todas as coisas, o que implica a consideração pelo outro, a intenção de almejar o bem comum e não simplesmente o bem-estar individual, viver em harmonia com os outros e com a natureza (Maria José Pereira, 2015: 7; Cavalieri, 2010: 295–297).

No contexto do pensamento cristão, o princípio da dignidade humana decorre da crença de que o ser humano foi criado à imagem e semelhança de Deus, de que a vida humana é sagrada. Assim acontece com MS.

No quadro de uma conceção humanista não religiosa da vida, o mesmo princípio encontra o seu fundamento no entendimento de que a dignidade é inerente à condição humana, faz parte da sua essência.

Como bem assinalou Cavalieri (2010: 295–297), uma abordagem humanista da Economia — que coloca as pessoas, as razões das ações humanas e os fins a serem perseguidos no centro da análise económica (rejeitando, assim, a visão redutora de uma ciência económica meramente instrumental e exigindo outros indicadores de desempenho da economia) — assume em toda a sua plenitude a condição antropológica do ser humano (e, por isso, rejeita a visão redutora do trabalho como mero fator produtivo) e considera o bem comum e a justiça como valores fundamentais.

Não restarão dúvidas de que o apelo a um regresso da Economia à Ética, de que MS foi um importante baluarte ao longo de décadas, se inscreveu na sua luta incansável pela afirmação de uma abordagem humanista da Economia.

O mesmo pode ser dito relativamente às suas posições em matéria de racionalidade, crescimento e desenvolvimento humano, pobreza e exclusão social ou empresa.

Não se confunda, no entanto, uma abordagem humanista com a defesa de um qualquer corpo teórico. A abordagem humanista da Economia de que aqui se fala é uma perspetiva *metateórica*, no quadro da qual se assume uma dada representação (ontológica) das relações entre as pessoas, a natureza e a sociedade.

A diversidade de nomes de economistas que MS aponta na sua entrevista de janeiro de 2019 como referências inspiradoras do seu próprio pensamento (ver Apêndice) ilustra bem a possibilidade de mobilização de diferentes recursos teóricos no quadro de uma abordagem humanista da Economia.

Não se pense também que uma abordagem humanista da Economia traz consigo um quadro de soluções de política «humanistas» univocamente determinadas para os problemas do mundo.

O humanismo na Economia é inevitavelmente plural.

Referências bibliográficas

Alho, Albérico (2006), *Sob o Cronómetro de Taylor Adestrar a Mão e Corrigir o Olhar. As Aventuras dos Tecnocatólicos no Ministério das Corporações: Origens, Percursos, Mitos e Ritmos de uma Formação Quase Desconhecida — a FPA*. Tese de Doutoramento, Faculdade de Ciências Sociais e Humanas da Universidade Nova de Lisboa.

Bento, Vítor (2011), *Economia, Moral e Política*. Lisboa: Fundação Francisco Manuel dos Santos.

Caiado, Nuno (1990), *Movimentos Estudantis em Portugal: 1945–1980*. Lisboa: Instituto de Estudos para o Desenvolvimento.

Caldas, José C.; Neves, Vítor (2012), «Introduction: The issues at stake», *in* José Castro Caldas e Vítor Neves (orgs.), *Facts, Values and Objectivity in Economics*. Londres; Nova Iorque: Routledge, 1–16.

Cardoso, Ana (2019–2020), «O Departamento de Pesquisa Social do Centro de Reflexão Cristã e a minha experiência de trabalho com a Professora Manuela Silva», *Reflexão Cristã*, 53–54 (tributo a Manuela Silva no 45.º aniversário do CRC): 78–82.

Cardoso, José L. (1995), «Economia, Ética e Política na História do Pensamento Económico», *in Ensaios de Homenagem a Francisco Pereira de Moura*. Lisboa: Instituto Superior de Economia e Gestão — Universidade Técnica de Lisboa, 151–159.

Cardoso, José L. (2001), *História do Pensamento Económico Português: Temas e Problemas*. Lisboa: Livros Horizonte.

Cardoso, José L. (2013), «O Gabinete de Estudos Corporativos (1949–1961) e a génese de uma biblioteca moderna de ciências sociais», *Análise Social*, XLVIII(206): 193–219. http://analisesocial.ics.ul.pt/documentos/AS_206_f02.pdf.

Cardoso, José L. (2017), «Ciência económica e filosofia moral», *in* M. do C. P. Esteves e J. C. Neves (orgs.), *Ética Aplicada: Economia*. Lisboa: Edições 70, 97–111.

Cavalieri, Duccio (2010), «Economic Science, Humanism and Religion. The Philosophical Anthropology of "La Rivista Trimestrale"», *in* Daniela Parisi e Stefano Solari (orgs.), *Humanism and Religion in the History of Economic Thought: Selected Papers from the 10th Aispe Conference*. Milão: FrancoAngeli, 295–317.

Costa, A. Bruto *et al.* (1985), *A Pobreza em Portugal*. Lisboa: Cáritas Portuguesa.

Crespo, Ricardo (1997), *La Economía como Ciencia Moral: Nuevas perspectivas de la teoria económica*. Buenos Aires: Ediciones de la Universidad Católica Argentina.

Dasgupta, Partha (2009), «Facts and Values in Modern Economics», *in* Harold Kincaid e Don Ross (orgs.), *The Oxford Handbook of Philosophy of Economics*. Oxford: Oxford University Press: 580–640.

Dasgupta, Partha (2021), *The Economics of Biodiversity: The Dasgupta Review*. Londres: HM Treasury. https://www.gov.uk/government/publications/final-report-the-economics-of-biodiversity-the-dasgupta-review.

Gomes, Adelino (2005), «A JUC, o Jornal Encontro e os primeiros inquéritos à juventude universitária: Contributos para a história das modernas ciências sociais em Portugal», *Sociologia, Problemas e Práticas*, 49: 95–115.

Gomes da Silva, Fernando (2019–2020), «45 anos da vida do CRC, 1975–2020: Tributo a Manuela Silva», *Reflexão Cristã*, 53–54 (tributo a Manuela Silva no 45.º aniversário do CRC): 25–31.

Hirschman, Albert (1981), *Essays in Trespassing: Economics to Politics and Beyond*. Cambridge: Cambridge University Press.

Hirschman, Albert (1984), *L'économie comme science morale et politique*. Paris: Gallimard, Editions du Seuil.

Leitão, José (2019–2020), «Manuela Silva: uma das criadoras do CRC», *Reflexão Cristã*, 53–54 (tributo a Manuela Silva no 45.º aniversário do CRC): 17–24.

Magalhães, Isabel A. (2019–2020), «Manuela Silva: A coerência de uma vida», *Reflexão Cristã*, 53–54 (tributo a Manuela Silva no 45.º aniversário do CRC): 36–41.

Mankiw, N. Gregory (2018), *Principles of Economics*. Boston: Cengage Learning [8.ª ed.].

Martins, Nuno (2019), «Ética e Economia no Mundo Contemporâneo», *in* Sandra Lima Coelho e Gonçalo Marcelo (orgs.), *Ética, Economia e Sociedade: questões cruzadas*. Porto: Universidade Católica Editora, 36–46.

Mendes, Andreia B. (2013), *Projeto de Desenvolvimento Comunitário da Vila de Benedita entre 1962 e 1964*. Dissertação de Mestrado, Politécnico de Leiria. https://iconline.ipleiria.pt/handle/10400.8/1816.

Neves, Vítor (2010), «O que é afinal o "económico"? A Economia como ciência moral e política», *in* Vítor Neves e J. C. Caldas (orgs.), *A Economia sem Muros*. Coimbra: Edições Almedina, 31–44.

Nunes, Adérito S. (1988), «Histórias, uma história e a História — sobre as origens das modernas Ciências Sociais em Portugal», *Análise Social*, XXIV(100): 11–55. http://analisesocial.ics.ul.pt/documentos/1223029252W8aVW7tu1Gu31FF0.pdf.

Patto, Pedro V. (2019–2020), «Dedicação e entrega: Manuela Silva e a Comissão Nacional Justiça e Paz», *Reflexão Cristã*, 53–54 (tributo a Manuela Silva no 45.º aniversário do CRC): 65–69.

Pereira, Maria José (2015), *A Banker Reflects on Money, Love and Virtue*. Devon: Triarchy Press.

Pereira, Raul da Silva (2011), «Depoimento de um dos fundadores da *Análise Social*: *Ab initio*», *Análise Social*, XLVI(200): 611–616. http://analisesocial.ics.ul.pt/documentos/1326845845V6cMI8vz5Ez35SY0.pdf.

Pereirinha, José (2013), «Discurso do padrinho», *Doutoramento* Honoris Causa *de Manuela Silva pela Universidade Técnica de Lisboa*. https://www.iseg.ulisboa.pt/aquila/getFile.do?method=getFile&fileId=376279&_request_checksum_=925bdbd22a6d5d7e616e4a7c69df7d00e7577d56.

Pereirinha, José (2020), *Evocando Manuela Silva*, 07 março 2020. [não publicado].

Ribeiro, M. Eduarda (coord.) (2010a), *Democracia económica: meios e caminhos*. Lisboa: Comissão Nacional Justiça e Paz.

Ribeiro, M. Eduarda (coord.) (2010b), *Crise e regulação financeira*. Lisboa: Comissão Nacional Justiça e Paz.

Ribeiro, M. Eduarda *et al.* (orgs.) (2007), *Pobreza, direitos humanos e cidadania*. Lisboa; Abrigada: Comissão Nacional Justiça e Paz; Cidade Nova.

Rodrigues, Carlos Farinha (2019–2020), «O contributo de Manuela Silva como economista, na defesa de uma economia preocupada com a satisfação das necessidades básicas de todos», *Reflexão Cristã*, 53–54 (tributo a Manuela Silva no 45.º aniversário do CRC): 42–48.

Sen, Amartya (1987), *On Ethics and Economics*. Oxford: Basil Blackwell.

Sen, Amartya (2003), *L'économie est une science morale* (com uma introdução de Marc Saint-Upéry). Paris: La Découverte/Poche.

Silva, Manuela (1955), «A miséria no meio da abundância», *Presença, Revista da J.U.C.F.*, 9 (Maio–Junho): 14–18.

Silva, Manuela (1960), «Sobre o princípio de "a trabalho igual, salário igual"», *Revista do Gabinete de Estudos Corporativos*: 86–91.

Silva, Manuela (1963), «Fases de um processo de Desenvolvimento Comunitário», *Análise Social*, I(4): 538–558. http://analisesocial.ics.ul.pt/documentos/1224155768W1lYC0wp0Ll19BR8.pdf.

Silva, Manuela (1964), «Oportunidade do Desenvolvimento Comunitário em Portugal», *Análise Social*, II(7–8): 498–510. http://analisesocial.ics.ul.pt/documentos/1224163326H3cNW1up0Xu63YZ0.pdf.

Silva, Manuela (1972), «Aspectos sócio-económicos da luta contra a poluição», *Seara Nova*, 1517(março): 24–26.

Silva, Manuela (1981), «De que nos vale o crescimento económico? O Balanço social da política económica de 80 — Algumas reflexões metodológicas», *Economia e Socialismo — Revista Trimestral de Economia Política*, Nova Série, VI(55).

Silva, Manuela (1982), «Crescimento económico e pobreza em Portugal (1950–74)», *Análise Social*, XVIII(72–73–74): 1077–1086. http://analisesocial.ics.ul.pt/documentos/1223460686F9hLV4qa3Cc40CE0.pdf.

Silva, Manuela (1983a), *Desenvolvimento Económico e Repartição do Rendimento* (organização e prefácio). Lisboa: Editorial Estampa.

Silva, Manuela (1983b), *O emprego das mulheres em Portugal: a «mão invisível» na discriminação sexual no emprego*. Porto: Edições Afrontamento.

Silva, Manuela (1983c), *A igualdade de oportunidades de formação profissional para as mulheres*. Lisboa: Comissão da Condição Feminina.

Silva, Manuela (1984), «O Planeamento em Portugal: lições da experiência e perspectivas de futuro», *in* Manuela Silva *et al.* (orgs.), *O Planeamento Económico em Portugal: lições da experiência*. Lisboa: Livraria Sá da Costa Editora, 13–41.

Silva, Manuela (1985), «A repartição do rendimento em Portugal no pós-abril 74 — Tópicos para um Debate», *Revista Crítica de Ciências Sociais*, 15/16/17: 269–279. https://ces.uc.pt/rccs/index.php?id=220.

Silva, Manuela (1993), «Economia, sociedade e ética», *Análise Social*, XXVIII(123–124): 743–744. http://analisesocial.ics.ul.pt/documentos/1223292445S0eTG9no2Hwl7GV8.pdf.

Silva, Manuela (1994), «Política Social: Uma Incursão no Futuro», *Estudos de Economia*, XIV(2): 127–138.

Silva, Manuela (1995), «Desenvolvimento e equidade: uma perspectiva ética», *in Ensaios de Homenagem a Francisco Pereira de Moura*. Lisboa: Instituto Superior de Economia e Gestão — Universidade Técnica de Lisboa, 161–167.

Silva, Manuela (1999a), *Pelos Caminhos da Fé — À Esquina do Terceiro Milénio*. Lisboa: Multinova.

Silva, Manuela (1999b), *A Igualdade de Género: Caminhos e Atalhos para uma Sociedade Inclusiva*. Lisboa: Comissão para a Igualdade e para os Direitos das Mulheres.

Silva, Manuela (1999c), «Novas desigualdades, novas solidariedades e a reforma do Estado: uma reflexão breve», *Revista Crítica de Ciências Sociais*, 54: 79–89. https://ces.uc.pt/rccs/index.php?id=690.

Silva, Manuela (2002), *Utopia cristã e aventura humana: riscos, desafios, propostas*. Lisboa: Multinova.

Silva, Manuela (2004), «Manuela Silva. Entrevista», *Faces de Eva. Revista de Estudos sobre a Mulher*, 11: 129–145.

Silva, Manuela (2005a), «A economia é uma ciência ética», *Cadernos de Economia*, (Outubro/ Dezembro): 18–20.

Silva, Manuela (2005b), «Por uma economia cidadã», *ex aequo*, 12: 149–160. https://exaequo.apem-estudos.org/artigo/por-uma-economia-cidada.

Silva, Manuela (2010), «Pobreza, direitos humanos e democratização da economia», *in* Aurora Teixeira *et al.* (orgs.), *O que sabemos sobre a pobreza em Portugal? Em memória da Professora Leonor Vasconcelos Ferreira*. Porto: Vida Económica, 61–74.

Silva, Manuela (2013), «Discurso da laureada», *Doutoramento* Honoris Causa *de Manuela Silva pela Universidade Técnica de Lisboa*. https://www.iseg.ulisboa.pt/aquila/getFile.do?method=getFile&fileId=375285&_request_checksum_=85d3d604371ff0433f53a7b93d4a5d1f85bb707b.

Silva, Manuela (2018a), «Maria de Lourdes Pintasilgo — uma mulher de fé, de pensamento e de acção política», *Cadernos Temáticos 1 e 2, Pensamento e Ação*. Lisboa: Fundação Cuidar o Futuro. https://fundacaocuidarofuturo.pt/wp-content/uploads/WEB-Caderno-tematico-1e2.pdf.

Silva, Manuela (2018b), *Resiliência Criatividade Beleza*. Abrigada: Ed. Cidade Nova.

Silva, Manuela (2018c), «Elinor Oström: A única mulher com o prémio Nobel da Economia», *in* Irene de Borges-Duarte (org.), *Fios de Memória. Liber Amicorum para Fernanda Henriques*. Vila Nova de Famalicão: Húmus.

Silva, Manuela *et al.* (1989), *A Pobreza Urbana em Portugal*. Lisboa: Cáritas Portuguesa.

Silva, Manuela *et al.* (2005), *Cidadania activa: desenvolvimento justo e sustentável*. Lisboa; Abrigada: Comissão Nacional Justiça e Paz (CNJP); Cidade Nova.

Silva, Manuela *et al.* (2016a), *Pensar a Educação*. Lisboa: Educa.

Silva, Manuela *et al.* (2016b), *Pensar a Educação. Temas sectoriais*. Lisboa: Educa.

Silva, Manuela *et al.* (2018), *Economia e sociedade: pensar o futuro*. Lisboa: Fundação Calouste Gulbenkian.

APÊNDICE

Entrevista à Professora Manuela Silva
(respostas recebidas, por escrito, em 21 de janeiro de 2019)

1. Como é que se começou a interessar pelos estudos de Economia?
O meu interesse pelos estudos de Economia despertou no decurso da licenciatura em Economia no Instituto Superior de Ciências Económicas e Financeiras da Universidade Técnica de Lisboa, sobretudo depois das cadeiras básicas dos dois primeiros anos e à medida que se entrava em matérias de especialidade. Contudo, muito beneficiei de um maior e decisivo impulso para a investigação em economia quando, recém-licenciada, ingressei no então Gabinete de Estudos Corporativos dirigido pelo Professor José Pires Cardoso. Aí fui encontrar uma equipe de investigadores orientados para a relação da economia com outras ciências sociais e empenhados em analisar a realidade concreta da economia e da sociedade portuguesa.

A este propósito, é justo destacar personalidades como Adérito Sedas Nunes, Francisco Pereira de Moura, Xavier Pintado, Mário Murteira, Raúl da Silva Pereira, entre outros, cujos nomes se podem encontrar como autores da *Revista de Estudos Corporativos* que, como é sabido, veio a dar origem à *Análise Social*, editada ainda hoje.

2. Que economistas e que correntes de pensamento económico mais a influenciaram ao longo do seu percurso académico e com os/as quais mais se identifica atualmente?
Num percurso de vida já longo, não é fácil fazer diferenciações ou estabelecer hierarquias de pensadores mais e menos influentes. Limito-me a citar de memória alguns autores que, ainda hoje, para mim, são referência: Joseph Schumpeter, François Perroux, Celso Furtado, John Kenneth Galbraith, J. M. Keynes, Joan Robinson, Gunnar Myrdal, Albert Hirschman, Schumacher...

Dado o meu interesse por temas de desigualdade e pobreza, registo também com admiração os nomes de Simon Kuznets, Arthur Lewis, Amartya Sen, Peter Townsend, Anthony Atkinson, Graham Room, Thomas Piketty, como precursores nestas temáticas.

Presentemente, procuro não deixar escapar textos ou conferências de Joseph Stiglitz, Robert e Edward Skidelsky, Stephano Zamagni, Dani Rodrik, Paul Krugman, Elison Ostrom, Jean Tirole, Angus Deaton...

Desde já peço desculpa a muitos outros autores que não foram citados e também deveriam sê-lo.

3. *No discurso do seu doutoramento* Honoris Causa *no ISEG destaca vários nomes de professores que a marcaram. Entre eles estão os nomes de António Manuel Pinto Barbosa e Francisco Pereira de Moura. Que recordações guarda destes dois professores e que influência teve cada um deles na sua formação?*
Esclareço que Francisco Pereira de Moura nunca foi meu professor, embora reconheça que a sua vida académica e o seu testemunho pessoal, desde cedo, me tenham influenciado muito positivamente, tanto enquanto aluna no início da década de 1950, como, mais tarde, quando regressei à escola como docente convidada, em 1970, e o vim encontrar como colega.

Foi com o Professor António Manuel Pinto Barbosa que iniciei o meu contacto com a economia enquanto ciência. Nas suas aulas de Economia I aprendi conceitos, teorias e doutrinas. Eram aulas de mera exposição oral que, na altura, me entusiasmavam, embora, hoje, reconheça que o seu impacto foi muito relativo na aquisição de conhecimento científico e, menos ainda, como preparação para uma eventual futura profissão de economista.

4. *O que significa para si «ser economista»? (E em que medida é que ser cristã condiciona ou influencia a sua condição de economista?)*
Confesso que tenho alguma dificuldade em me apresentar como «economista», pois entendo que ser economista é algo mais do que possuir uma dada habilitação académica, implica também usar essa qualificação no exercício de uma profissão, a nível micro ou macro da economia.

É certo que nas várias actividades, profissionais e outras, que venho desempenhando ao longo dos anos, recorro ao conhecimento da ciência económica e integro toda a minha formação académica nessa área disciplinar. O mesmo se passa quando faço uma conferência, participo num debate sobre o futuro da sociedade ou converso com amigos...

Tive a sorte de, no meu percurso profissional, poder combinar investigação e ensino com a acção e beneficiar do contacto com a realidade bem como da riqueza que advém da indispensável interdisciplinaridade.

Quanto à qualidade que me atribui de ser cristã, não a considero como uma moldura para a minha vida pessoal e profissional, mas uma exigência de vida que é decorrente da fé em Jesus Cristo e me propõe uma matriz de valores a que procuro corresponder em qualquer situação, como profissional, como cidadã ou simplesmente como pessoa.

5. A Professora Manuela Silva fez os seus estudos de Economia entre 1949 e 1954, ou seja, pertence à primeira geração de economistas pós-reforma de 1949. Tanto quanto se recorda, como era apresentada aos alunos do seu curso a questão das relações entre a Economia e a ética, entre ciência e valores, entre o trabalho do economista enquanto técnico e a política?

O primeiro curso de economia pós-reforma de 1949 desde cedo adquiriu o *label* de especial. Era a «nova reforma» (claro que já houve muitas outras depois dela, certamente todas ditas «novas»!)

O destaque no primeiro ano ia para a matemática (seguida do cálculo, da estatística e da então recém-chegada econometria) que, juntamente com a Economia 1, constituíam cadeiras de passagem obrigatória do primeiro para o segundo ano. Dos 310 alunos que ingressaram no primeiro ano em 1949, apenas 31 passaram para o segundo com todas as cadeiras e destes apenas 19 concluíram o curso nas duas licenciaturas então existentes, economia (4) e finanças (15), nos cinco anos previstos. Os «resistentes» a si mesmos se consideravam «especiais» e eram tidos pelos professores mais antigos como «os génios» da matemática.

Quanto aos temas que refere na pergunta, não quero ser injusta, mas não tenho ideia que tivessem sido abordados com alguma relevância de molde a merecer destaque. Apenas cabe mencionar, como positivo, que do currículo fazia parte uma cadeira anual sobre as doutrinas económicas, a cargo do Professor Armando Marques Guedes que as ia apresentando, lendo a respectiva «sebenta». Não recordo tempos para reflexão pessoal e debate de ideias.

6. Como refere no discurso acima referido (doutoramento Honoris Causa*), foi a sua ligação à economia real que em larga medida contribuiu para que tivesse mantido, ao longo da sua carreira docente e do seu trabalho como economista, uma visão da ciência económica necessariamente ligada à Ética e à Política. As questões éticas sempre estiveram presentes no seu trabalho de economista e nas suas intervenções no espaço público. Distingamos, no entanto, por um momento, a dimensão teórica (de tentativa de compreensão do mundo) da Economia na sua dimensão mais aplicada, a Política Económica.*

— Que influência (e que papel) têm, em seu entender, os valores éticos e políticos no trabalho ***teórico*** *dos economistas (na «análise económica»)?*

Não só em relação à economia, mas também no que respeita às demais ciências sociais e do comportamento humano, não podem — e não devem — ser esquecidos ou secundarizados os valores que inspiram a concepção que se tem da vida, em especial da vida humana, na multiplicidade das suas relações, com as coisas, com os outros, com o Planeta. Tudo está interligado e a economia não foge à regra.

7. É possível uma ciência económica «objetiva» mesmo quando se reconhece a impossibilidade de uma ciência económica isenta de valores?
O que frequentemente acontece é que quem nega a consideração de valores na ciência económica, a pretexto de objectividade, está, no fundo, a assumir valores que não explicita, ou porque não sabe como fazê-lo ou porque teme as respectivas implicações. A este propósito, convém ter sempre presente que o Autor da obra *A riqueza das Nações* sentiu a necessidade de dar a conhecer um outro livro *A teoria dos sentimentos morais.*

8. A Professora Manuela Silva defende que ***a Economia é uma ciência ética****. Significa isto que, como pensava Myrdal em* Objectivity in Social Research *(1969), a Economia é fundamentalmente uma ciência* ***normativa****?*
Remeto para a resposta dada à pergunta anterior.

9. Na tradição de Robbins e Friedman, que os manuais de Economia têm em larga medida reproduzido e divulgado, importa separar a análise «positiva» da análise «normativa». Em Portugal a tradição nesta matéria — que remonta aos trabalhos dos Professores Teixeira Ribeiro e António Manuel Pinto Barbosa — aponta para uma distinção de três domínios na Economia, a ***Teoria****, a* ***Doutrina*** *e a* ***Política****, sendo que a primeira — a Teoria — seria «positiva».*
— Acha relevante esta distinção entre economia «positiva» e economia «normativa»?
Estas distinções poderão ser interessantes, mas a meu ver são perigosas porque facilmente deslizam para a hipótese de dois corpos de conhecimento distintos e sem a devida interligação.

Assumir a hipótese de que tudo está interligado afigura-se-me, heuristicamente, bem mais enriquecedor, quer do ponto de vista do progresso no conhecimento, quer na fundamentação e na elaboração das políticas concretas.

A este propósito ocorre-me sugerir a leitura de um livro da autoria de Maria José Pereira, intitulado *A Banker Reflects on Money, Love and Virtue,* em que a autora discorre sobre a necessidade de integrar estes três conceitos com vista a uma indispensável tarefa de construção de um mundo em que o dinheiro, o amor e a virtude cooperem em vez de se contraporem.

Do ponto de vista do avanço futuro da ciência da economia, o que se me afigura relevante é conseguir superar certos dos actuais pressupostos que estão desfasados da realidade concreta (o *homo economicus,* por exemplo, ou a racionalidade do mercado em concorrência perfeita) e integrar na teoria e na política económica dimensões de natureza sistémica, como a complexidade e a incerteza, que continuam ausentes em muitos dos modelos económicos em voga.

Analogamente, há que saber como traduzir em valor a Ética ou a falta dela, tanto no que se refere aos humanos e à sua vida colectiva como em relação ao Planeta em que habitamos.

O mercado, pela sua própria natureza, não distingue o valor acrescentado por uma empresa produtora de armas letais ou de produtos nocivos à saúde do valor de uma empresa produtora de pão ou de serviços de educação ou de lazer. Lembro-me de que este exemplo já era referido nas minhas primeiras aulas de Economia...

Decorrido mais de meio século continuamos a recorrer, acriticamente, ao crescimento do PIB como a medida mais comum para comparar economias locais, regionais ou nacionais e, inclusive, como indicador do desempenho político dos governos. É caso para perguntar: por onde vai o pensamento económico? Por onde vai a responsabilidade social dos economistas?

10. Alguns autores, ao discutir a racionalidade económica, distinguem «racionalidade instrumental» — o centro das atenções na Economia dominante — de «racionalidade axiológica».
Em seu entender é possível uma discussão ***racional*** *sobre os valores? Que papel pode/deve a racionalidade* ***axiológica*** *desempenhar no trabalho dos economistas na sua qualidade de «cientistas»?*
Para fugir à dificuldade da distinção proposta, diria que a Humanidade já chegou a um patamar de quase unanimidade em relação a um conjunto de valores matriciais que estão plasmados na Declaração Universal dos Direitos Humanos à qual se vem acrescentando os direitos do Planeta. A ciência económica faria bem em integrar nos seus modelos teóricos estes valores.

11. O economista Partha Dasgupta, no seu texto Facts and Values in Modern Economics, *de 2009, defende que os valores podem condicionar ou determinar as perguntas mas não as respostas. No entender deste autor, quando os economistas discutem problemas como a pobreza ou a justiça distributiva fazem-no argumentando sobre os «meios mais eficazes» para resolver um problema, sobre a sua magnitude ou sobre a distribuição de benefícios e custos entre as pessoas — isto é, argumentam sobre factos, raramente sobre valores (mesmo que suas perceções sejam condicionadas pelos seus valores).*
—Concorda com esta posição?
Por um lado, há que sublinhar a relevância das perguntas e saber situá-las num quadro de valores. Tem levado décadas o reconhecimento de que a pobreza constitui uma violação de direitos humanos e, mesmo em países como Portugal e na UE, estamos longe de ver este reconhecimento plasmado na ciência económica e nas políticas.

Quanto aos meios, nada obsta a que se procurem, entre os disponíveis, os mais eficazes, mas também os meios não podem fugir ao crivo dos valores. Não seria aceitável que, para eliminar a pobreza, se providenciassem meios de extermínio dos mais velhos, doentes ou marginalizados...

12. Voltemos ao seu discurso no doutoramento Honoris Causa. *Aí defende que «a Ciência Económica dominante se deixou capturar pelos interesses do capital financeiro e vem harmonizando as suas lógicas de construção científica com esses interesses, concentrando aí o seu olhar e o aperfeiçoamento das suas ferramentas analíticas e, do mesmo passo, desviando-se de outras hermenêuticas que privilegiem, por exemplo, a satisfação das necessidades das pessoas e do emprego dos respetivos recursos individuais e coletivos, a prossecução de finalidades de bem-estar individual e social, a equidade no acesso e na repartição dos bens, os processos de um desenvolvimento sustentável».*
— Podemos daqui concluir que, em seu entender, esta «deriva ideológica» tem vindo a resultar na adoção de uma ***outra Economia*** *(diferentes problemáticas, diferentes construções teóricas e diferentes resultados analíticos)? Dito de outro modo, diferentes quadros éticos resultam em diferentes paradigmas teóricos?*
Não vejo razão para alterar o que, então, afirmei e acima transcreve. À sua pergunta, a minha resposta é afirmativa. Felizmente vão surgindo propostas neste sentido. É tema que procuro acompanhar de perto. O Grupo Economia e Sociedade, de que faço parte, tem em curso uma reflexão neste domínio. A meu ver, tem cada vez mais cabimento e urgência uma preocupação com a investigação e o ensino da economia numa perspectiva plural, compreensiva e ética.

Capítulo 6
Evolução do ensino pós-graduado em Economia em Portugal da década de 1980 aos nossos dias

Ana Costa, Gonçalo Marçal e Manuel Branco

Introdução

Na literatura internacional sobre o ensino de Economia, poucos estudos científicos focam, em simultâneo, aspetos tão diversos como estrutura, objetivos, programas e textos recomendados para cursos de pós-graduação. No entanto, embora digam respeito apenas parcialmente aos assuntos acima referidos, devem ser mencionados Bowen (1953), R. Thornton e Innes (1988), Barone (1991), Hansen (1991), Krueger (1991), Coats (1992) e McCoy *et al.* (2014), que focaram a situação nos EUA; T. Thornton (2012, 2013a, 2013b) e Argyrous e T. Thornton (2013) sobre o ensino de Economia em universidades australianas; Engwall (1992), que produziu um amplo estudo sobre a evolução da pesquisa e do ensino de pós-graduação em Economia na Suécia, do final do século XIX a 1990; e Baccini e Marcuzzo (2009), sobre a situação em Itália. Estes trabalhos centram-se em realidades muito diferentes e têm motivações, objetivos e metodologias igualmente diferentes. No entanto, persiste a «lacuna de conhecimento» sobre os motivos e os processos institucionais subjacentes à evolução do ensino pós-graduado em Economia.

A questão acima é tanto mais relevante quanto todos esses estudos transmitem um sentimento de insatisfação com o estado e a evolução do ensino pós-graduado em Economia. Em primeiro lugar, lamenta-se o foco excessivo na aprendizagem de modelos e técnicas formais em detrimento da compreensão dos problemas económicos reais; em segundo lugar, argumenta-se que o que pode ser chamado de núcleo básico de disciplinas de formação nos programas de pós-graduação exclui várias abordagens teóricas que pertencem ao património comum da Economia como ciência social e plural; em terceiro lugar, afirma-se que este núcleo se tem tornado mais prevalente na estrutura curricular dos cursos em detrimento de um leque mais amplo de temas substantivos, de metodologias analíticas e de discussão de ideias; e, por fim, afirma-se que a homogeneização das estruturas curriculares e dos planos de estudos prevalece sobre a existência de diferentes objetivos de formação.

Em contraste com essa insatisfação persistente, a evolução da procura por cursos de pós-graduação em Economia dá sinais de mudança. Coats (1992) observa isso quando compara o estudo pioneiro de Bowen de 1953 com o relatório de 1988 da Comissão de Educação de Pós-graduação em Economia (Hansen, 1991; Krueger, 1991). Embora o número de doutorados em Economia nos EUA se tenha mantido estável, houve uma diminuição no número de doutores de nacionalidade norte-americana a par de um aumento correspondente de doutores de outras nacionalidades (Coats, 1992). Além disso, os graduados em Economia tendem a procurar mestrados em diferentes áreas, como Gestão e outras áreas mais aplicadas (Coats, 1992). No que diz respeito à Austrália, T. Thornton (2013a) e Argyrous e T. Thornton (2013) também destacam a queda da oferta em Economia, uma vez que houve faculdades de Economia que desapareceram ou foram incorporadas em escolas de Gestão.

O objetivo deste capítulo é contribuir para o estudo da evolução do ensino pós-graduado em Economia em Portugal, através da análise de currículos, programas e textos recomendados para cursos de mestrado e de doutoramento, e lançar luz sobre o debate acerca do processo de uniformização que tem vindo a ocorrer no ensino pós-graduado em Economia. A investigação centrada no contexto português é ainda mais escassa, como seria de esperar. Oppenheimer e Romão referem-se ao ensino pós-graduado num estudo sobre o ensino de Economia em geral, sugerindo que os mestrados da década de 1980 pareciam mais preocupados com a extensão da formação geral do que com investigação em áreas mais especializadas (Oppenheimer e Romão, 1985). Os autores também mostram como, de um ponto de vista paradigmático, o ensino pós-graduado ainda era relativamente plural, não só porque as várias universidades propunham programas de formação que poderiam, em certa medida, ser considerados alternativos, mas também porque a própria abordagem era plural. Mais recentemente, Valério *et al.* (2011) também se centraram, embora não exclusivamente, no ensino pós-graduado, num livro que explora a história do ensino da Economia e da Gestão no que é hoje o

Instituto Superior de Economia e Gestão (ISEG) da Universidade de Lisboa. O estudo nesse livro refere-se especificamente às diversas mudanças legais e institucionais e ao seu impacto na formulação dos cursos de pós-graduação em Economia ministrados na referida escola.

O presente estudo está dividido em três grandes partes. Na primeira parte, serão analisados os planos de estudo dos cursos de mestrado e de doutoramento em cinco universidades públicas portuguesas. Na segunda, serão estudados os programas das disciplinas de Macroeconomia e de Microeconomia, assim como a bibliografia recomendada. Finalmente, na terceira parte, irá proceder-se à análise dos modos de uniformização através dos quais os cursos se tornaram mais ou menos iguais, independentemente da instituição em questão.

A análise dos planos de estudo de cursos de mestrado e de doutoramento assim como dos programas e da bibliografia recomendada em Portugal incide sobre os cursos propostos pela Faculdade de Economia da Universidade Nova de Lisboa (FEUNL), Faculdade de Economia da Universidade de Coimbra (FEUC), Faculdade de Economia da Universidade do Porto (FEP), Instituto Superior de Economia e Gestão (ISEG) da Universidade de Lisboa e Instituto Superior das Ciências do Trabalho e da Empresa (Iscte-IUL). Além de ter sido difícil obter informação comparável em algumas das outras universidades, estas cinco representam cerca de 70% das teses de doutoramento defendidas em Portugal. Neste estudo, tem-se consciência do risco de perda de informação relevante, mas entende-se que a redução do número de cursos estudados permite obter uma maior profundidade, através da análise dos programas e da bibliografia das principais disciplinas e de entrevistas abertas a vários docentes responsáveis pela coordenação dos cursos ao longo do tempo.

A informação aqui apresentada e analisada foi obtida através da consulta dos *sites* das universidades em questão, do *site* arquivo.pt e de informações enviadas pelas próprias universidades. No caso específico dos cursos de mestrado e de doutoramento, foram tidos em conta os respetivos programas para os anos letivos de 1983–1984, 1990–1991, 1998–1999, 2010–2011 e 2016–2017. O ano letivo de 1983–1984 foi escolhido por ser muito próximo da criação oficial do grau de mestre em 1980 (Decreto-Lei n.º 263/80 e 264/80) e para incluir as faculdades que criaram um mestrado em Economia no princípio dessa década: o ISE (mais tarde ISEG) e a FEUNL criaram os seus cursos de mestrado em 1981 e a FEP em 1983. O ano de 1990–1991 é particularmente interessante por se situar logo antes do momento em que a maior parte das universidades teriam que reduzir a duração das licenciaturas de cinco para quatro anos. Esta redução irá ter um efeito expansionista sobre os cursos de mestrado e, portanto, este é o momento para fazer o ponto da situação acerca dos mestrados criados nos anos 1980. O ano de 1998–1999 permite, por sua vez, dar conta da evolução dos mestrados e doutoramentos em Economia depois da primeira redução da duração das licenciaturas, assim como ter em conta a criação de um curso de doutoramento na FEP em 1998 que vem somar-se ao já criado pela FEUNL. O ano letivo de 2010–2011 marca um período em que as orientações de Bolonha foram já aplicadas em todos os ciclos de estudo nas universidades portuguesas, sendo também posterior à criação da A3ES, a entidade nacional de avaliação e de acreditação das formações de ensino superior. Sublinhe-se a este propósito que neste ano a maior parte das universidades fornece cursos de doutoramento nos moldes exigidos precisamente pela A3ES. Finalmente, o ano letivo de 2016–2017 pretende obviamente refletir o estado atual da formação pós-graduada em Economia.

Neste estudo, o objetivo não foi o de analisar todos os cursos lecionados na área da Economia nas instituições de ensino escolhidas, mas apenas aqueles que proporcionassem especificamente o título de mestre ou de doutor em Economia. Em cada instituição foi assim escolhido apenas um curso. No entanto, esta escolha não foi fácil. Por um lado, muitos cursos de Economia apresentaram-se ao longo do tempo sob várias designações e, se utilizássemos o critério da denominação de Economia de forma estrita, poderíamos em dado momento não encontrar qualquer curso pós-graduado de Economia em qualquer universidade portuguesa. Por outro lado, o que determina na realidade a designação de curso pós-graduado de Economia? Serão cursos de Economia aqueles que se intitulam, por exemplo, como Economia Agrícola, Economia Europeia, ou Economia Monetária e Financeira? De um ponto de vista disciplinar, são-no sem dúvida. No entanto, este critério mais lato também não foi adotado quando existia em simultâneo na mesma instituição um curso simplesmente intitulado de Economia, aceitando desde logo o risco de deixar de fora inúmeros cursos comummente considerados como de Economia.

Esta opção pode parecer redutora já que deixaria de fora muitas formações em Economia, em particular em doutoramento, e que frequentemente, aliás, deram lugar à aprovação de teses que viriam a ser classificadas pela Direcção-Geral de Estatísticas da Educação e Ciência (DGEEC) como sendo de Economia. Esta escolha assumidamente problemática tem, no entanto, um propósito claro. Com efeito, tal como a American

Economic Association mostrou, foi a vontade de trabalhar em muitos domínios da Economia como os descritos acima que levou doutorandos a ingressar noutros cursos que não os de Economia (Hansen 1991). Este fenómeno também se verificou em Portugal, onde o relativo estreitamento temático dos cursos de Economia foi acompanhado da criação de uma grande quantidade de cursos com outras designações correspondentes a domínios específicos da Economia ou a áreas afins, como Economia Europeia ou Estudos de Desenvolvimento.

Uma das hipóteses que este estudo levanta, aliás, é que a criação destes cursos responde precisamente à necessidade de alguns estudantes de encontrar onde receber aquelas formações que já não estavam disponíveis nos cursos de Economia. Foi também com o propósito de identificar o eventual estreitamento dos cursos de Economia que se limitou o âmbito ao estudo dos cursos que as instituições proponentes identificavam como sendo os seus cursos de mestrado ou de doutoramento em Economia. Deste modo, foram considerados unicamente os cursos de Economia quando estes eram assim intitulados ou outros cursos quando na instituição em questão não havia nenhum outro. Assim, na FEUC, para o ano de 1990–1991, foi considerado o curso de mestrado em Economia Europeia, por exemplo.

1. Os planos de estudo dos cursos de mestrado e de doutoramento

Nesta análise da evolução dos cursos de mestrado e de doutoramento em Economia, pretende-se saber se os cursos pós-graduados propõem uma especialização no seguimento de uma formação mais generalista supostamente obtida na licenciatura ou se propõem um aprofundamento dos conceitos nucleares aí transmitidos. Para tal, em primeiro lugar, procedeu-se à classificação das disciplinas constantes dos planos de estudos em dois grandes grupos. Um grupo a que se chamou Nuclear, que inclui disciplinas que têm vindo a ser consideradas na maioria das universidades como nucleares de qualquer curso pós-graduado em Economia, e que frequentemente são de caráter obrigatório. A perceção de que nos cursos pós-graduados de Economia poderiam ou deveriam existir disciplinas chamadas nucleares já está presente no trabalho pioneiro de Bowen (1953). No inquérito por ele levado a cabo junto de professores norte-americanos de Economia, a existência de disciplinas nucleares é aceite pela maioria dos inquiridos, desaparecendo o consenso entre eles, no entanto, quando se tratava de definir a que disciplinas devia ser atribuído esse estatuto. Apenas Teoria Económica reunia consenso na altura (Bowen 1953: 105).

É difícil fazer uma comparação com os dias de hoje porque a Teoria Económica cindiu-se, entretanto, em várias disciplinas que podem reclamar essa herança, embora uma disciplina intitulada de Teoria Económica tenha existido como tal durante algum tempo em vários planos curriculares de cursos pós-graduados de Economia em Portugal. Mais recentemente, numa análise dos cursos de mestrado nos EUA, R. Thornton e Innes mostram como 97% e 96% dos planos curriculares exigem, respetivamente, as disciplinas de Microeconomia e de Macroeconomia, estando Estatística ou Econometria, por seu turno, presentes em 82% dos cursos (R. Thornton e Innes, 1988: 174). Hansen mostra o mesmo fenómeno para os cursos de doutoramento norte-americanos (Hansen, 1991: 1062)

No caso do presente estudo, a constituição de um grupo de disciplinas ditas nucleares fundamenta-se no facto de que, tal como revelado por R. Thornton e Innes para os EUA, também em Portugal a esmagadora maioria dos cursos de mestrado e de doutoramento em Economia exige Macroeconomia, Microeconomia e Métodos Quantitativos. Assim, foram incluídos no grupo das disciplinas nucleares a Microeconomia, a Macroeconomia e as disciplinas pertencentes ao grupo dos métodos quantitativos, como Econometria, um acrescento que tem claramente em conta que o ensino pós-graduado da Economia tem vindo a assumir desde os anos 1950 um perfil cada vez mais quantitativo na grande maioria das universidades, não apenas nos EUA (ver McCoy *et al.*, 2014: 385), mas também no resto do mundo. No âmbito do que se considerou como Macroeconomia no Quadro 6-1, não foram discriminadas várias disciplinas, como, por exemplo, Introdução à Macroeconomia, Teoria Macroeconómica, Complementos ou Tópicos de Macroeconomia ou Macroeconomia Avançada. No grupo das disciplinas nucleares, foram também consideradas disciplinas mais específicas mas que de certo modo constituem prolongamentos daquelas, sem que se possam assumir como aplicações. Os ensinos sobre Crescimento assumem-se claramente como um prolongamento da Macroeconomia e foram, portanto, considerados nesta classificação de Nuclear (para maior detalhe, ver o Quadro 6-1).

Quadro 6-1. Agrupamentos de disciplinas de mestrado e de doutoramento em disciplinas nucleares e de especialização (lista não exaustiva)

Disciplinas nucleares	Disciplinas de especialização
Microeconomia	Economia e Política Agrícola
Macroeconomia	Comércio Internacional
Econometria	Economia do Desenvolvimento
Otimização	Economia do Ambiente
Teoria dos Jogos	Economia Industrial
Microeconometria	Finanças Internacionais
Macroeconometria	Economia dos Recursos Naturais
Análise Matemática	Economia da Regulação
Crescimento Económico	História Económica
Séries Temporais	Gestão Financeira
Estatística	Análise de Políticas
Investigação Operacional	Investimentos
Análise Custo-Benefício	Economia Monetária
Macroeconomia em Economia Aberta	Economia Pública
Economia Matemática	Economia Internacional
Métodos Computacionais	Economia do Trabalho
Teoria Económica	Economia Social
Modelação Económica	Economia da Saúde
Economia Dinâmica	História do Pensamento Económico
	Economia Europeia
	Economia da Educação
	Economia Política
	Política Económica
	Integração Económica
	Política Agrícola Comum
	Economia Regional
	Desenvolvimento Regional
	Política Monetária
	Economia Financeira
	Economia Portuguesa
	Economia da Energia
	Economia do Turismo
	Finanças Públicas

O segundo grupo, a que se chamou de Especialização, agrega todas as disciplinas em que não apenas se pretendem aplicar os conceitos nucleares mas também fazer a análise de setores específicos da economia. São aqui consideradas disciplinas como a Economia do Trabalho, Economia do Desenvolvimento, Economia Europeia, Economia Monetária, História Económica, etc. Neste grupo foi também considerada a História do Pensamento Económico, apesar de, na realidade, esta disciplina não responder verdadeiramente aos critérios de classificação para este grupo. No entanto, quando existe, esta disciplina não é entendida como nuclear na maioria dos planos de estudo. Aliás, no trabalho de Bowen (1953), a História do Pensamento Económico aparece como disciplina «autónoma» e não entendida como parte da Teoria Económica. R. Thornton e Innes, por seu turno, indicam que apenas 11% dos cursos de mestrado analisados exigem História do Pensamento Económico (1988: 174).

Seguindo este método de agrupamento das disciplinas, a evolução dos cursos de mestrado em Economia nas cinco universidades analisadas nos últimos 30 anos apresenta-se no Quadro 6-2.

Quadro 6-2. Estrutura dos cursos de mestrado. Peso dos grupos de disciplinas em percentagem do total de créditos letivos necessários para obter o grau

	1983–1984		1990–1991		1998–1999		2010–2011		2016–2017	
	Nucl.	Esp.	Nucl.	Esp.	Nucl.	Esp.	Nucl.	Esp.	Nucl.	Esp.
FEUNL	55,0	45,0	75,0	25,0	60,0	40,0	78,5	21,5	50,0	50,0
FEUC*			12,5	87,5	28,5	71,5	30,0	70,0	30,0	70,0
FEP**	54,0	46,0			69,0	31,0	38,0	62,0	37,5	62,5
ISEG	13,0	87,0	60,0	40,0	67,0	33,0	54,0	46,0	54,0	46,0
Iscte-IUL							55,0	45,0	50,0	50,0

* Em 1990–1991, considerou-se o mestrado em Economia Europeia; relativamente a 2016–2017, teve-se em conta o curso de 2015–2016.

** Para 1998, considerou-se o curso de 2000–2001.

O Quadro 6-2 não nos permite pôr em evidência muitas tendências gerais acerca da evolução dos cursos de mestrado em Economia em Portugal no que concerne à distribuição das disciplinas lecionadas entre os grupos nucleares e de especialização. De facto, se em algumas universidades se nota que o grupo das disciplinas nucleares foi reforçado (ISEG, FEUC), noutras terão sido as disciplinas de especialização a serem reforçadas. No entanto, uma tendência sobressai: nestes últimos 30 anos assistiu-se a uma redução das diferenças entre os variados cursos. Por outras palavras, a composição dos planos curriculares dos cursos de mestrado nas universidades estudadas é cada vez mais idêntica. A razão para tal fenómeno poderá residir nalgum exercício de *benchmarking* que as universidades terão vindo a fazer ao longo do tempo, o que teria tido como consequência um consenso cada vez mais alargado acerca das disciplinas que devem obrigatoriamente constar de um plano curricular de um curso de mestrado em Economia.

No entanto, este processo não é uniforme nem completamente linear. Em cada década analisada, a composição dos planos curriculares oscila bastante. Se, por exemplo, na FEUNL, a composição do mestrado é muito semelhante em 1983–1984 e em 2016–2017, esta evidencia uma grande flutuação ao longo do tempo. Tal flutuação deverá ser entendida, em parte, em função da criação e da extinção de outros cursos na mesma área, dos diferentes objetivos atribuídos ao que foi considerado em cada momento do tempo o curso de mestrado em Economia, e às diferentes reformas operadas nos cursos de licenciatura.

Na FEUC, a redução das disciplinas de especialização não deve ser excessivamente valorizada já que o curso considerado em 1990–1991 como de Economia era o curso de mestrado em Economia Europeia, que tinha uma natureza e um propósito claramente diferente dos cursos que se lhe seguiram e que foram aqui considerados como representativos do ensino de mestrado em Economia. A partir do final do século passado, aliás, o curso de mestrado em Economia apresenta uma estrutura muito estável. Tal fenómeno pode também ser entendido do mesmo modo para o caso do ISEG, ainda que com algumas variantes. As grandes variações na composição dos planos curriculares registam-se de facto na primeira fase da evolução dos cursos. Na maioria das universidades, esta composição dos planos curriculares é relativamente estável a partir da viragem do milénio, reforçando a ideia da existência de um consenso alargado em torno do que deve ser o plano curricular de um curso de mestrado em Economia.

Esta análise dos pesos destes dois grupos de disciplinas não deve, no entanto, ser interpretada como descrevendo uma maior ou menor amplitude do leque de escolhas dos estudantes. O que está aqui em causa é o peso dos grupos de disciplinas no total de créditos necessários para obter o grau, não a quantidade e variedade de disciplinas em que um estudante se pode inscrever. O número de disciplinas pelas quais é possível optar não é aqui a variável determinante. Por exemplo, é possível que o peso das disciplinas de especialização aumente no plano curricular e simultaneamente o leque de disciplinas diminua, como aconteceu, por exemplo, no curso de mestrado do Iscte-IUL.

No que aos cursos de doutoramento em Economia concerne, a evolução é espelhada pelo quadro seguinte (Quadro 6-3).

Quadro 6-3. Estrutura dos cursos de doutoramento. Peso dos grupos de disciplinas em percentagem do total de créditos letivos necessários para obter o grau

	1983–1984		1990–1991		1998–1999		2010–2011		2016–2017	
	Nucl.	Esp.	Nucl.	Esp.	Nucl.	Esp.	Nucl.	Esp.	Nucl.	Esp.
FEUNL*	50,0	50,0	55,0	45,0	61,5	38,5	78,5	21,5	64,0	36,0
FEUC**							100,0	0	100,0	0,0
FEP***					70,0	30,0	91,6	8,4	91,6	8,4
ISEG****							75,0	25,0	87,5	12,5
Iscte-IUL									72,7	27,3

* Em 1983–1984 foram apenas tidas em consideração as disciplinas obrigatórias. As restantes dez podiam ser escolhidas entre as disciplinas de especialização e nucleares.

** Para 2016–2017 foi tido em consideração o curso de 2015–2016.

*** Para 1998–1999 foi tido em consideração o curso de 2001–2002.

**** Para o ano de 2016–2017 foi tido em consideração o curso de 2017–2018.

Como se pode constatar pela leitura do Quadro 6-3, a maioria dos cursos de doutoramento é relativamente recente. Todas as universidades consideradas no referido quadro outorgavam desde há muito o título de doutor em Economia, mas não o faziam todas através de um curso, ou não o faziam com um curso estruturado como o viriam a fazer na última década, impelidas pela necessidade de acreditação institucional. Antes desse momento, apenas a FEUNL e a FEP propunham um curso de doutoramento nos moldes descritos. Em virtude desta juventude dos cursos, não é possível fazer o mesmo tipo de análise feita para os cursos de mestrado, com a exceção dos cursos da FEUNL e da FEP.

Para estas duas universidades, nota-se mais claramente do que para os cursos de mestrado uma tendência para a concentração da parte letiva do doutoramento em torno das disciplinas ditas nucleares, sendo este processo mais evidente na FEP. Os cursos das restantes universidades são aqui descritos nos dois últimos períodos. Apesar da sua curta história, a natureza destes cursos e a sua evolução recente são muito reveladoras das tendências evidenciadas nos cursos de pós-graduação em Economia pelos estudos citados anteriormente, isto é, assiste-se a uma cada vez maior homogeneidade da oferta formativa e a uma concentração cada vez maior da parte letiva dos cursos em torno das disciplinas ditas nucleares.

Nos casos mais recentes, os cursos de doutoramento foram criados à partida com um peso muito significativo das disciplinas nucleares, sendo, neste caso particular, o curso de doutoramento da FEUC um caso extremo já que todas as suas disciplinas se podem considerar como sendo nucleares. No ISEG, o curso de doutoramento foi criado desde logo com um peso elevado das disciplinas nucleares e a recente reforma do curso veio acentuar essa característica. Assinale-se que os cursos com maior peso das disciplinas de especialização são o mais antigo (FEUNL) e o mais recente (Iscte-IUL). É necessário sublinhar, no entanto, que esta característica se deve essencialmente ao facto de estes cursos de doutoramento associarem Economia e Finanças. É esta associação que faz com que doutorandos em Economia tenham de obter aproveitamento em disciplinas de especialização associadas à área das Finanças, facto que contribui para que o peso das disciplinas de especialização apareça reforçado.

2. Análise dos programas e da bibliografia recomendada

Hansen referia-se aos doutoramentos em Economia nos EUA, num artigo publicado em 1991, como evidenciando uma impressionante similitude.[1] A homogeneidade dos conteúdos dos programas das disciplinas de Macroeconomia, Microeconomia e Econometria, apelidadas acima de nucleares, é disso uma ilustração. Esta homogeneidade, como nota Hansen, «parece refletir um acordo generalizado entre os economistas sobre o que é a Economia ou pelo menos sobre o que constitui o seu núcleo» (1991: 1062). Também Tim Thornton (2013a, 2013b), na análise que faz sobre os programas de cursos de licenciatura e pós-graduação em Economia em várias universidades australianas, nos anos de 1980 e 2011, nota como os conteúdos das disciplinas de Macroeconomia e de Microeconomia evidenciam uma grande proximidade teórica à abordagem da economia neoclássica. De resto, o próprio ensino da economia neoclássica parece ter-se tornado mais simplista, mais centrado na apresentação do «caso geral» em detrimento das «situações de exceção»

[1] O artigo de Hansen surge no seguimento do trabalho desenvolvido pela Comissão sobre o Ensino Pós-Graduado em Economia, criada pela Associação Americana de Economia, em 1988.

que constituiriam, em si mesmas, razão para se discutirem os pressupostos de modelos, a sua validade e os limites da sua aplicação, como a análise dos manuais de referência sugere quando se comparam edições mais atuais com outras anteriores (T. Thornton, 2013a: 157).

Serão as áreas da Macroeconomia e da Microeconomia em cursos pós-graduados (mestrado e doutoramento) de Economia, em universidades portuguesas, igualmente marcadas por uma forte homogeneidade? Esta questão serviu de orientação à análise dos programas e da bibliografia principal recomendada de disciplinas obrigatórias do ramo geral, obrigatórias inscritas em ramos de especialização (quando estes existem) e optativas condicionadas dos domínios da Macroeconomia[2] e da Microeconomia[3], de cursos

[2] Do domínio da Macroeconomia, consideraram-se as seguintes disciplinas: Macroeconomia I, Macroeconomia II, Teoria Macroeconómica I, Teoria Macroeconómica II, Teoria Macroeconómica III, Macroeconomia: Crescimento e Flutuações, Macroeconomics: Growth and Flutuactions, Macroeconomics Theory I, Macroeconomics Theory II, Macroeconomics Analysis (FEUNL); Macroeconomia de Economia Aberta, Macroeconomia Intermédia, Crescimento Económico, Macroeconomia Avançada I, Macroeconomia Avançada II (FEUC); Macroeconomia I, Macroeconomia II, Políticas Macroeconómicas, Crescimento Económico, Ciclos e Crescimento Económico, Elementos de Macroeconomia (FEP); Macroeconomia, Macroeconomia e Teoria Monetária, Economia do Crescimento, Economia Dinâmica, Macroeconomia Avançada, Tópicos em Macroeconomia (ISEG); e Macroeconomia e Análise de Conjuntura, Crescimento e Ciclos Económicos, Macroeconomics, Crescimento Económico, Advanced Topics in Macroeconomics I, Advanced Topics in Macroeconomics II, Topics in Economic Growth (Iscte-IUL).

[3] Do domínio da Microeconomia, consideraram-se as seguintes disciplinas: Microeconomia I, Tópicos de Microeconomia, Teoria dos Jogos, Teoria Microeconómica I, Teoria Microeconómica II, Teoria Microeconómica III, Microeconomics: Decisions and Interactions, Games and Markets, Game Theory I, Game Theory II, Microeconomics Theory I, Microeconomics Theory II, Microeconomics Analysis (FEUNL); Microeconomia Intermédia, Microeconomia Avançada I, Microeconomia Avançada II (FEUC); Microeconomia I, Microeconomia II, Teoria dos Jogos e Incerteza, Teoria dos Jogos e Informação, Elementos de Microeconomia (FEP); Microeconomia, Tópicos Avançados de Microeconomia, Microeconomia Avançada, Tópicos em Microeconomia (ISEG); e Microeconomia, Contratos e Empresas, Complementos de Microeconomia, Microeconomics, Teoria dos Jogos e dos Contratos, Advanced Topics in Microeconomics I, Advanced Topics in Microeconomics II (Iscte-IUL).

de mestrado e doutoramento em Economia das universidades que temos vindo a considerar (FEUNL,[4] FEUC,[5] FEP,[6] ISEG[7] e Iscte-IUL[8]).

A análise prosseguida contém as limitações que decorrem de se terem considerado os programas das disciplinas a partir do seu enunciado e dos tópicos que aí constam, com níveis de descrição entre si muito diferentes. Nalguns casos, o programa limita-se a uma descrição muito sucinta. Não foi possível considerar o tempo letivo de contacto despendido em aula, ou pelo menos planeado, para a apresentação dos vários conteúdos que constam do programa. Estamos cientes de que existe uma dimensão qualitativa associada à prática docente que constitui certamente um elemento de diferenciação mesmo quando há programas de disciplinas semelhantes entre si. Não obstante o reconhecimento de todas estas limitações, consideramos, na linha de Hansen (1991), que a existência de homogeneidade ao nível dos programas das disciplinas de Macroeconomia e de Microeconomia é bastante elucidativa da existência de um consenso generalizado também entre os economistas portugueses, ou que ensinam em universidades portuguesas, sobre o que deve constituir a formação fundamental dos alunos naquelas matérias, sobre o que fazem ou devem fazer os economistas e, no fundo, sobre o que é a Economia. Ou, pelo menos, atendendo à natureza semiperiférica de Portugal e da universidade portuguesa, sobre o que aqui se pensa serem as práticas das universidades de referência no contexto internacional.

[4] No caso da FEUNL, foi possível obter informação dos programas e bibliografia referentes aos seguintes anos letivos: Programa de mestrado e doutoramento em Economia em 1990/91 e em 1998/99, mestrado em Economia em 2010/11, mestrado em Investigação e doutoramento em Economia em 2010/11, mestrado em Economia em 2016/17, doutoramento em Economia em 2016/17 (à exceção da disciplina de Microeconomic Theory I). Selecionaram-se os anos letivos mais próximos daqueles que foram tomados como base de referência para a análise, a saber, 1983–1984, 1990–1991, 1998–1999, 2010–2011 e 2016–2017. Este procedimento repetiu-se nas cinco instituições universitárias que foram analisadas.

[5] No caso da FEUC, foi possível obter informação dos programas e bibliografia referentes aos seguintes anos letivos: mestrado em Economia em 1990/91, 2010/11 e 2015/16; doutoramento em Economia em 2010/11 e 2015/16.

[6] No caso da FEP, foi possível obter informação dos programas e bibliografia referentes aos seguintes anos letivos: mestrado em Economia e doutoramento em Economia em 2001/02, 2010/11 e 2016/17.

[7] No caso do ISEG, foi possível obter informação dos programas e bibliografia referentes aos seguintes anos letivos: mestrado em Economia em 1999/2000, 2010/11 e 2017/18; doutoramento em Economia em 2010/11 e 2017/18.

[8] No caso do Iscte-IUL, foi possível obter informação dos programas e bibliografia referentes aos seguintes anos letivos: mestrado em Economia e doutoramento em Economia em 2010/11 e 2015/16.

O aspeto mais saliente da análise dos programas do conjunto das disciplinas de Macroeconomia e de Microeconomia (anteriormente especificadas) é de uma grande homogeneidade entre as universidades consideradas no presente estudo. Esta homogeneidade é ainda maior no caso das disciplinas de Microeconomia. Mostra-se que os programas das disciplinas de Microeconomia dos cursos de mestrado compreendem um conjunto extremamente similar de tópicos a serem abordados. O cânone das disciplinas de Microeconomia é identificado no quadro seguinte (Quadro 6-4).

Quadro 6-4. Tópicos que fazem parte de todos os programas das disciplinas de Microeconomia de cursos de mestrado em Economia (FEUNL, FEUC, FEP, ISEG, Iscte–IUL)

Teoria do Consumidor
Teoria do Produtor
Escolha em contexto de incerteza
Economia da informação («risco moral» e «seleção adversa»)
Teoria dos Jogos

Constituem ainda matérias a ser abordadas de forma maioritária pelas universidades consideradas as que se referem à análise de equilíbrio geral e à estrutura de concorrência nos mercados (em quatro das cinco universidades) e à economia do bem-estar (em três das universidades consideradas). Note-se que aquele cânone permanece quase inalterado quando se passam a considerar os programas das disciplinas de Microeconomia de cursos de doutoramento (Quadro 6-5).

Quadro 6-5. Tópicos que fazem parte de todos os programas das disciplinas de Microeconomia de cursos de doutoramento em Economia (FEUNL, FEUC, FEP, ISEG, Iscte–IUL)

Teoria do Consumidor
Teoria do Produtor
Escolha em contexto de incerteza
Economia da informação («risco moral» e «seleção adversa»)
Teoria da agência e contratos
Estruturas de concorrência nos mercados
Teoria dos Jogos

Voltam a ser tópicos predominantes de Microeconomia nos cursos de doutoramento em Economia os que se referem à análise de equilíbrio geral e à economia do bem-estar (em três das cinco universidades).

Algo que já estava presente no trabalho de Tim Thornton (2013a, 2013b) sobre o ensino da Economia na Austrália é o facto de os domínios da investigação mais recentes da economia comportamental e da economia experimental aparentarem ter pouca presença nos currículos de cursos de mestrado e doutoramento também em Portugal. A referência à economia comportamental e à economia experimental nos programas de disciplinas de Microeconomia torna-se assim um elemento de diferenciação entre as universidades analisadas: no caso dos cursos de mestrado, só o programa da disciplina de Microeconomia no ISEG faz referência ao problema da reversão de preferências e, no caso dos cursos de doutoramento, faz-se referência àquelas temáticas no programa de Microeconomia Avançada no ISEG e no programa de Tópicos Avançados de Microeconomia II no Iscte-IUL, com a menção à teoria do prospeto de Kahneman e Tversky e à teoria de jogos comportamental. Complementando a análise com a bibliografia recomendada, só esta última disciplina de Tópicos Avançados de Microeconomia II no Iscte-IUL, do doutoramento em Economia, identifica explicitamente manuais da área, em particular, o livro de Edward Cartwright (2014), *Behavioral Economics*, e o livro de Colin Camerer, George Loewenstein e Matthew Rabin (2003), *Advances in Behavioral Economics*.

A análise dos programas das disciplinas de Macroeconomia, apesar da grande homogeneidade que mostra, dá conta de uma maior diversidade de tópicos. Isto acontece, fundamentalmente, pela maior ligação a assuntos de política económica e a acontecimentos do «mundo real». Os tópicos de Macroeconomia que aparecem maioritariamente nos programas de cursos de mestrado são identificados no Quadro 6-6.

Quadro 6-6. Tópicos que maioritariamente integram os programas das disciplinas de Macroeconomia de cursos de mestrado em Economia (FEUNL, FEUC, FEP, ISEG, Iscte-IUL)

Teoria dos ciclos reais de negócios
Modelos de crescimento económico (neoclássicos e de crescimento endógeno)
Desemprego e mercado de trabalho
Funções consumo, investimento e oferta
Novos clássicos e expectativas racionais
Nova economia keynesiana e os modelos dinâmicos de equilíbrio geral
Estabilização e políticas de estabilização macroeconómica
Taxas de câmbio e mercados cambiais
Política orçamental e política monetária

Como já se tinha referido no caso dos programas das disciplinas de Microeconomia, existe uma grande coincidência entre os tópicos que são tratados ao nível dos cursos de mestrado e aqueles que aparecem nos cursos de doutoramento também no caso da Macroeconomia, como se pode ver de seguida no Quadro 6-7.

Quadro 6-7. Tópicos que maioritariamente integram os programas das disciplinas de Macroeconomia de cursos de doutoramento em Economia (FEUNL, FEUC, FEP, ISEG, Iscte-IUL)

Teoria dos ciclos reais de negócios
Modelos de crescimento económico (neoclássicos e de crescimento endógeno)
Modelos de gerações sobrepostas
Funções consumo, investimento e oferta. Inflação.
Novos clássicos e expectativas racionais
Nova economia keynesiana e os modelos dinâmicos de equilíbrio geral
Estabilização e políticas de estabilização macroeconómica
Modelos de *search* e *matching* e mercado de trabalho
Política orçamental e política monetária

A maior ligação da Macroeconomia a assuntos de política económica e a acontecimentos do «mundo real» acontece, fundamentalmente, ao nível dos cursos de mestrado em Economia. São os casos dos tópicos sobre o sistema monetário internacional, as crises de balança de pagamentos e os problemas de financiamento, ajustamento e endividamento do programa da disciplina de Macroeconomia em Economia Aberta da FEUC, no ano considerado de 1990/91, no mestrado em Economia Europeia. Com o surgimento na FEUC do mestrado em Economia, para os anos letivos de 2010/11 e de 2015/16, a disciplina que foi tomada como referência foi Macroeconomia Intermédia, cujo programa faz menção à consideração dos acontecimentos macroeconómicos mais relevantes, à identificação de problemas e às implicações de política económica.

Já o programa da disciplina de Políticas Macroeconómicas do mestrado em Economia da FEP faz referência, no ano letivo de 2010/11, às políticas macroeconómicas em situações excecionais, em particular, a crise pós-2007. No ano letivo de 2016/17, a disciplina de Políticas Macroeconómicas faz parte do núcleo de disciplinas consideradas de formação base do mestrado, mantendo o programa uma referência aos desequilíbrios macroeconómicos globais e à grande recessão e introduzindo o tópico sobre reformas e instituições de política macroeconómica na área do Euro.

No caso do Programa de mestrado e doutoramento em Economia da FEUNL, em 1998/99, o programa da disciplina de Teoria Macroeconómica I trata de mudanças de regime em contexto de desenvolvimento e transição para a economia de mercado e aborda o tema vasto sobre economia europeia e mundial. Em 2016/17, agora no âmbito do mestrado em Economia da FEUNL, a disciplina de Análise Macroeconómica tem como objetivo a discussão dos problemas macroeconómicos atuais e das respostas de política económica, referindo-se, em particular, à crise da dívida soberana.

O programa da disciplina de Macroeconomia e Teoria Monetária do mestrado em Economia do ISEG sofre uma transformação surpreendente quando se comparam os anos letivos de 2010/11 e de 2017/18, tornando-se muito mais aplicado e com uma dimensão histórica mais relevante. De facto, a abordagem da disciplina é diferente, passando a basear-se em estudos de caso com o objetivo de esclarecer como a macroeconomia e a teoria monetária podem constituir um contributo na compreensão do funcionamento das economias reais. O programa aborda, em particular, os casos de estudo da estagnação japonesa nos anos 1990 e na primeira década do presente século, e da grande depressão dos anos 1930, e trata ainda das crises monetárias do sudeste asiático no final dos anos 1990 e da crise argentina.

No caso do Iscte-IUL, encontra-se no programa da disciplina de Macroeconomia, no ano de 2016/17, uma referência ao tópico sobre bancos centrais, credibilidade e a atual crise financeira. Esta dimensão aplicada da macroeconomia perde-se nos cursos de doutoramento. No caso do programa de Macroeconomia Avançada II da FEUC, identifica-se agora como objetivo de aprendizagem que os alunos sejam capazes de analisar as propriedades dos modelos de economia aberta e de os relacionar com informação empírica sobre balanças de pagamentos, taxas de câmbio e crises cambiais. No Iscte-IUL, o programa da disciplina de Tópicos Avançados em Macroeconomia I, em 2016/17, introduz o tópico sobre a crise financeira e macroeconómica de 2008 e as suas implicações.

A par do afunilamento temático, a grande similitude entre os programas das disciplinas de Macroeconomia e de Microeconomia entre os cursos de mestrado e os de doutoramento em Economia sugere como hipótese, que necessita de maior pesquisa empírica, que o que distinguirá o mestrado do doutoramento em Economia não será, de todo, uma maior diversidade de perspetivas teóricas, nem uma abertura a outros métodos além dos Métodos Quantitativos, nos quais a Econometria tem um lugar especial, mas, sim, o aprofundamento, a depuração teórica no quadro das mesmas perspetivas e uma maior sofisticação dos modelos formais e dos instrumentos que lhes estão associados.

Em suma, se a questão em torno da ligação com o «mundo real» parece ter algum lugar no caso da Macroeconomia ao nível do mestrado — na senda de alguma da literatura internacional sobre o ensino da Economia, como os trabalhos de Hansen (1991) e de Krueger (1991), que refletem a preocupação da Commission on Graduate Education in Economics (COGEE) da American Economic Association relativamente à ênfase excessiva nas técnicas, a par de um enorme desconhecimento sobre os problemas económicos reais —, a questão sobre o pluralismo teórico e o espaço dado à controvérsia no ensino da Economia parece estar ausente do consenso entre os economistas portugueses sobre o que deve constituir a formação fundamental dos alunos em Economia,[9] tal como também parecia estar nos trabalhos acima referidos relativamente à realidade norte-americana. A presente análise só identificou

[9] Com isto não se quer dizer que a preocupação com o pluralismo teórico e a crítica não possam constituir um motivo de reflexão entre alguns economistas portugueses. A título de exemplo, veja-se Miguel St. Aubyn, «Consequências da Crise Atual para o Ensino da Macroeconomia — Algumas Notas e Propostas», em João Carlos Lopes, Jorge Santos, Miguel St. Aubyn e Susana Santos (eds.), *Estudos de Homenagem a João Ferreira do Amaral*, 2013, Edições Almedina.

um exemplo de alguma abertura teórica no caso do programa de Tópicos Avançados em Macroeconomia II do doutoramento em Economia do Iscte-IUL, em que é feita uma menção à teoria da moeda endógena e em que a bibliografia complementar, não a obrigatória, sugere a leitura do artigo de Giuseppe Fontana (2003), «Post Keynesian Approaches to Endogenous Money: a time framework explanation», na *Review of Political Economy.*

A bibliografia obrigatória recomendada das disciplinas de Microeconomia ao nível do mestrado é constituída pelo manual de Hal R. Varian (1992 [1978]), *Microeconomic Analysis* e, ao nível do doutoramento, pelo manual de A. Mas-Collel, M. Whinston e J. Green (1995), *Microeconomic Theory,* consensual entre as universidades analisadas.

A bibliografia obrigatória recomendada das disciplinas de Macroeconomia nos cursos de mestrado e doutoramento é mais vasta, mais diversificada e com maior referência a artigos de revistas científicas em comparação com a situação da Microeconomia. No caso dos cursos de mestrado, os títulos mais apontados são de Wendy Carlin e David Soskice (2006), *Macroeconomics: Imperfections, Institutions and Policies*; e de David Romer (2012 [1996]), *Advanced Macroeconomics.* No caso dos cursos de doutoramento, os títulos mais recomendados são David Romer (2012 [1996]), *Advanced Macroeconomics,* consensual entre as universidades que fazem parte da análise; B. Heijdra (2009), *Foundations of Modern Macroeconomics*; L. Ljungqvist e T. Sargent (2012 [2000]), *Recursive Macroeconomic Theory*; M. Obstfeld e K. Rogoff (1996), *Foundations of International Macroeconomics*; e N. Stokey, R. Lucas e E. C. Prescott (1989), *Recursive Methods in Economic Dynamics.*

3. Modos de uniformização

Quando os cursos de pós-graduação em Economia foram introduzidos em Portugal, as instituições estudadas neste capítulo pareciam propor programas alternativos com base nos seus interesses e competências específicas. Assim, ao escolher estudar numa determinada instituição, os alunos também estavam a escolher um determinado tipo de currículo. Hoje, isso claramente já não se verifica. Os cursos são mais ou menos iguais, independentemente da instituição em questão. Uma série de entrevistas realizadas com atuais e ex-diretores de cursos de pós-graduação traz alguma luz sobre esse processo de uniformização (Marçal *et al.*, 2019).

Na década de 1970, a instituição líder (entre as universidades aqui consideradas) na construção de um novo consenso sobre os fundamentos da formação dos alunos em Economia foi a FEUNL, fundada em 1978 (Rodrigues, 2019).

Refletindo o estatuto semiperiférico da economia e da academia portuguesas, este novo consenso foi claramente determinado pela adoção do «modelo norte-americano». Isto levanta as seguintes questões: Qual foi a base da legitimação deste novo consenso e da sua difusão no meio académico português? Quais foram os principais mecanismos pelos quais a uniformização foi alcançada?

A partir da vertente institucionalista da literatura, processos miméticos, coercivos e normativos têm sido avançados para explicar este isomorfismo, correspondendo, nesta mesma vertente da literatura, às formas cognitivas, reguladoras e normativas de legitimidade (Fourcade, 2006; Haveman e David, 2008; Hirschman e Berman, 2014; Scott, 2001 [1995]). Na verdade, como a legitimidade facilita o acesso a recursos, pode tornar-se um fator-chave na competição entre universidades. Além disso, esta ideia de competição foi uma consideração muito frequentemente transmitida nas entrevistas que foram realizadas com atuais e ex-diretores de cursos de pós-graduação.

Os processos miméticos estão ligados a formas de legitimidade cognitiva, implicando a existência e reprodução de entendimentos partilhados sobre os fundamentos da formação do aluno em Economia, o que os economistas fazem ou deveriam fazer e o que é a Economia. Como já argumentado, isso foi, pelo menos inicialmente, determinado pela adoção do «modelo norte-americano». Posteriormente, a imitação transmitiu-se e difundiu-se por meio de instituições que adotavam o que consideravam ser melhores práticas validadas perante um processo de *benchmarking*, reproduzindo, em última instância, o consenso existente sobre os fundamentos do ensino de Economia na pós-graduação. A coerção, por sua vez, implica que as instituições são forçadas, em vários graus, a adotar um padrão.

As pressões coercivas decorreriam principalmente da adoção de novos regulamentos e diretrizes administrativas que obrigariam à adoção de padrões mínimos de forma direta e compulsória, originando assim novos níveis de homogeneidade. No contexto do ensino da pós-graduação em Economia em Portugal, este processo funcionou principalmente em conjugação com a redução da duração dos cursos de graduação, a implementação do processo de Bolonha e a criação da A3ES, o organismo nacional de avaliação e acreditação das instituições de ensino superior. Finalmente, as pressões normativas operam principalmente por meio da influência da acreditação e classificação internacionais destinadas a avaliar a qualidade da pesquisa e do ensino das universidades. Nesse sentido, a FEUNL, mais uma vez, desempenhou um papel pioneiro na criação de um ambiente normativo favorável à publicação de resultados de investigação em revistas académicas em inglês, mesmo na ausência, inicialmente, de mecanismos formais de avaliação (Rodrigues, 2019). A competição entre universidades tendeu a obrigar à adoção dessas normas: nas entrevistas realizadas existe a perceção de que as instituições podem perder alunos ou ser penalizadas pelos empregadores se não cumprirem as normas.

Três períodos principais podem ser identificados neste processo de uniformização. O primeiro, estende-se desde a introdução do primeiro curso de pós-graduação até ao ano de 1990. O segundo período abrange a década de 1990 e é caracterizado pela redução da duração dos cursos de graduação e pelo início do processo de Bolonha. Por fim, o terceiro período inicia-se com a implementação do processo de Bolonha, que instituiu um sistema de ensino superior com três ciclos de estudo e uma duração total de oito a nove anos, compreendendo três anos para o primeiro ciclo, dois anos para o mestrado e três a quatro anos para o doutoramento.

No primeiro período, a imitação ou emulação foi a principal força motriz da uniformização. Em 1978, os professores, muitos dos quais com doutoramentos recentemente concluídos nos Estados Unidos, criaram um programa de mestrado e doutoramento na FEUNL com base nos cursos que frequentaram, conforme referem Luís Campos e Cunha e Ana Balcão Reis[10] (Marçal *et al.*, 2019). O folheto do programa reconhecia explicitamente o legado do modelo norte-americano: o curso pretendia fornecer formação «pelo menos equivalente a um mestrado obtido numa universidade estrangeira de boa reputação».[11] Além dos cursos básicos de Microeconomia, Macroeconomia e Econometria, a tese de doutoramento deveria ser apresentada em formato de ensaios, na expectativa de que isso resultasse em artigos publicáveis. Na FEP, a situação era ligeiramente diferente: após a criação dos cursos de mestrado e doutoramento, para adquirir as competências de que necessitavam, eram os professores que se deslocavam aos Estados Unidos porque na altura não havia doutorados suficientes na FEP, segundo António Brandão e Elvira Silva[12] (Marçal *et al.*, 2019).

[10] Luís Campos e Cunha: «Nos EUA já estava totalmente estabelecido um programa de doutoramento com módulos». Ana Balcão Reis afirma que o programa de doutoramento «foi lançado [...] num formato totalmente diferente de outras escolas, porque procurou seguir as universidades americanas».

[11] Guia da FEUNL, 1978/1979: 14.

[12] António Brandão: «A exigência de doutoramento [começou] a obrigar os professores — muitas vezes sem orientação — a ir para os EUA.» Elvira Silva explica as razões da escolha dos EUA: «Tínhamos aqui um professor, o Professor António Vasconcelos, que tinha feito o seu doutoramento em Berkeley. [Ele] havia ensinado nos EUA por cerca de 30 anos e tinha ligações pessoais com algumas instituições. Ele era o principal motor.»

No ISEG, como explica João Ferreira do Amaral, dada a história particular da instituição, nomeadamente uma forte tradição no planeamento económico e no desenvolvimento social e económico, o processo de normalização revelou-se muito mais lento. Na verdade, a transformação foi, pelo menos nos estágios iniciais, inspirada principalmente pela necessidade de responder ao projeto da FEUNL (Marçal *et al.*, 2019). A competição entre universidades pode, portanto, ter desempenhado um papel na aceleração do processo de padronização. A pressão para adotar o modelo das instituições recém-chegadas, ainda que não de forma direta e compulsória, apontou o caminho para o desenvolvimento do ISEG nesta matéria.[13]

No período seguinte, durante a década de 1990 e até à plena implementação das diretivas de Bolonha, foi criado um número crescente de cursos de pós-graduação em Economia noutras universidades, em consonância com o já referido novo consenso sobre o ensino da Economia. Simultaneamente, os cursos de pós-graduação já em funcionamento, mais diversos e plurais, foram-se gradualmente uniformizando. No ISEG, o primeiro programa de doutoramento não tinha um currículo autónomo. Os alunos sem formação anterior eram obrigados a frequentar cursos básicos de mestrado, enquanto outros podiam escolher cursos mais próximos do tema da sua dissertação. Um programa de doutoramento completo só foi estabelecido após Bolonha. Na FEUC, o primeiro curso de doutoramento em Economia foi inspirado num programa de doutoramento em Inglaterra, onde dois docentes da FEUC haviam concluído recentemente o seu doutoramento. No Iscte-IUL, o modelo inglês foi também a fonte de inspiração para os cursos de pós-graduação criados neste período.

É interessante notar que no início da experiência da pós-graduação em Portugal a inspiração vinha dos Estados Unidos, enquanto para os cursos mais recentes essa mesma inspiração veio do Reino Unido. Tal não é inesperado, já que nessa época a maioria das bolsas de estudo era direcionada para países europeus, como resultado da integração europeia e do processo de

[13] João Ferreira do Amaral: «A competição entre as universidades foi muito importante, nomeadamente na FEUNL. Foi isso que fez com que o desenvolvimento da década de 1980 em diante fosse uma transformação política tão grande da escola [...]. Claro que a lei instituiu o mestrado, a lei da autonomia universitária, etc., mas foi superada pela competição de uma universidade com pessoas recém-doutoradas, principalmente nos EUA, que, inegavelmente, tinham grande capacidade para a comunicação e o marketing com os média, trazendo consigo a perceção de que o ISEG estava a definhar por se tornar a segunda ou terceira escola. E isso era muito mais importante do que qualquer questão institucional.»

Bolonha. No entanto, as diferenças entre os programas americano e inglês não eram muito significativas em termos das questões aqui consideradas. Em cada um destes casos, também foi realizado algum *benchmarking* com o programa da FEUNL. Imitação, coerção e processos normativos estiveram, portanto, interligados e todos desempenharam um papel na explicação da homogeneidade crescente desses novos cursos de mestrado e doutoramento em Economia. Como referiu Pedro Bação, da FEUC, a grande preocupação era que as competências dos alunos pudessem ser reconhecidas internacionalmente[14] (Marçal *et al.* 2019) e esse reconhecimento foi percebido como dependente da adoção de uma norma.

No entanto, esta normalização não aconteceu sem alguma resistência não só no ISEG, como já vimos, mas também no Iscte-IUL e, em certa medida, na FEUC. As alternativas existiam, mas, diante da necessidade de atrair alunos e de obter reconhecimento internacional, foram gradualmente abandonadas. A primeira versão do programa de doutoramento do Iscte-IUL, que não tinha módulos obrigatórios, pretendia, segundo Helena Lopes, que dirigiu o primeiro curso, ser plural.[15] Desde então, este programa passou por três reformas: uma em 2007, para introduzir módulos; outra em 2011; e a última em 2016, cada uma aproximando o programa de doutoramento do modelo padrão. Um amplo exercício de *benchmarking* envolvendo aquelas que foram consideradas as universidades europeias líderes e diretrizes da agência nacional de acreditação apoiaram claramente essas reformas, com o propósito expresso de corresponder ao padrão, como afirmou Sofia Vale (Marçal *et al.* 2019).[16] Mais uma vez, os três processos coexistem, embora pareça que ao longo do tempo a coerção se tenha tornado mais significativa, principalmente desde que a agência nacional de acreditação, a A3ES, passou a ter um papel mais importante no processo. A coerção acabou reforçando um modelo que já conquistou legitimidade cognitiva e normativa. Esta legitimidade foi

[14] Pedro Bação: «Queremos apenas que os nossos alunos sejam capazes de reconhecer os conceitos cada vez que leem um texto de economia.» Para tal, quando foi criado o curso, o principal objetivo era torná-lo semelhante ao de outras escolas seguindo o padrão, dentro e fora de Portugal: «Nessa altura, se bem me lembro, quase nunca fazíamos algo diferente da prática padrão nesses programas.»

[15] Helena Lopes: «A ideia principal era proporcionar a oportunidade de fazer um doutoramento em Economia que não se enquadrava na norma já existente. Era uma alternativa. Sempre tive a ideia de um pluralismo verdadeiramente plural. Portanto, não pretendia excluir ninguém.»

[16] Como diz Sofia Vale, o *benchmarking* fora de Portugal «já tinha sido feito várias vezes, e creio que nessa altura olhávamos para dentro por causa da A3ES. Mas, é claro, a London School of Economics ou a Paris School of Economics, MIT. [...] Diria que é mais europeu porque é um terceiro ciclo como em Bolonha, está sob pressão da A3ES e a inspiração principal foi interna».

também favorecida pelo papel desempenhado pelos economistas académicos da FEUNL no aconselhamento político e na intervenção pública durante o processo de adesão de Portugal à União Europeia (Rodrigues, 2019). Importante colaboração académica e institucional ligou a FEUNL ao Banco de Portugal e a organismos internacionais, como o Fundo Monetário Internacional e o Banco Central Europeu (Costa, 2019).

Conclusão

A evolução do ensino pós-graduado em Economia em Portugal evidencia um crescimento muito acentuado desde os anos 1980. Esta tendência é particularmente notória atendendo ao crescimento do número de teses de doutoramento realizadas em Economia em Portugal entre 1980 e 2016 e difere da evolução que é notada pela literatura internacional sobre ensino pós-graduado em Economia em relação a outras realidades em que este processo evolutivo se encontra numa fase mais avançada, caracterizada pela estabilidade ou até o recuo do número de doutoramentos em Economia.

Os poucos trabalhos científicos que incidem sobre a realidade portuguesa dão conta, nos anos 1980, de um ensino ao nível dos cursos de mestrado ainda relativamente plural no que toca à natureza dos programas de formação e à própria abordagem da Economia por parte de alguns destes programas; de um contexto institucional marcado por várias alterações legais e pela criação, em 2007, da agência de avaliação e acreditação de cursos do ensino superior com consequências na formulação dos cursos de pós-graduação em Economia; e de uma tendência ao longo dos anos 1980 e 1990 de redução da diversidade de problemáticas abordadas e de ênfase em modelos formais e abstratos com prejuízo para a discussão de temáticas substantivas.

No presente estudo, assinala-se uma trajetória de convergência dos programas de ensino pós-graduado em Economia em Portugal com muitos dos fatores que na literatura científica internacional são apontados como dimensões características deste tipo de formações. Em particular, foram notados os seguintes aspetos na caracterização e evolução do ensino pós-graduado em Economia em Portugal: a) a redução das diferenças entre as estruturas curriculares de diferentes cursos; b) o reforço de um consenso alargado em torno do que deve ser o plano curricular dos cursos de mestrado e de doutoramento em Economia a partir do início do presente século, apesar das oscilações que os planos curriculares dos cursos mostram na primeira fase da sua evolução; c) o conteúdo deste consenso alargado a uma preponderância das disciplinas, apelidadas de nucleares, de Macroeconomia, Microeconomia e Métodos Quantitativos; d) a homogeneidade da oferta formativa e a concentração da parte letiva dos cursos nas disciplinas ditas nucleares, concentração essa ainda maior no caso dos cursos de doutoramento; e) a grande homogeneidade dos programas das disciplinas de Macroeconomia e de Microeconomia, especialmente no que toca a esta última; f) a grande similitude entre os programas das disciplinas de Macroeconomia e de Microeconomia entre os cursos de mestrado e os de doutoramento em Economia; g) a ausência de pluralismo teórico e de diversidade de metodologias de investigação reforçada pela análise da bibliografia recomendada; h) o progressivo aumento da preferência pelo formato «ensaios» entre as teses de doutoramento em Economia realizadas em Portugal, favorecendo uma orientação da investigação para a publicação em revista científica; e i) a perda de importância dos EUA como principal destino dos doutorandos portugueses na área da Economia a partir dos anos 1990.

Em parte, a evolução do ensino pós-graduado em Economia em Portugal é adaptativa e responde a circunstâncias exteriores à universidade, como a dinâmica da procura deste tipo de formação, as alterações das saídas profissionais, ou o próprio processo de integração europeia. Esta evolução tem, no entanto, também uma natureza performativa que se associa com a ideia partilhada entre docentes e investigadores em Economia em Portugal sobre o que deve constituir a formação fundamental dos alunos da área da Economia, sobre o que fazem ou devem fazer os economistas, e sobre o que é a Economia; e uma natureza emulativa que se traduz no que se pensa serem as práticas das universidades de referência no contexto internacional e que são vistas como modelos a seguir. Mais, a tendência de homogeneidade da oferta formativa de pós-graduação em Economia, de concentração da parte letiva dos cursos nas disciplinas nucleares, de homogeneidade dos conteúdos dos programas das disciplinas de Macroeconomia e de Microeconomia, e de ausência de diversidade temática, teórica e metodológica é acompanhada por um crescimento, principalmente ao nível de cursos de mestrado, da oferta de formações específicas e com uma natureza mais temática na área da Economia, e mesmo com uma natureza interdisciplinar.

Referências bibliográficas

Argyrous, George; Thornton, Tim (2013), «Introductory Political Economy subjects in Australian universities: Recent trends and possible futures», *Australasian Journal of Economics Education*, 10(2): 39–59.

Baccini, Alberto; Marcuzzo, M. Cristina (2009), «I dottorati di ricerca in Italia: come si formano gli economisti?», *Economia Politica*, 26(2): 265–277.

Barone, Charles A. (1991), «Contending Perspectives: Curricular Reform in Economics», *The Journal of Economic Education*, 22(1): 15–26.

Bowen, Howard R. (1953), «Graduate Education in Economics», *American Economic Review*, 43(4): iv–223. https://www.jstor.org/stable/1811119.

Camerer, Colin; Loewenstein, George; Rabin, Matthew (2003), *Advances in Behavioral Economics*. Princeton, NJ: Princeton University Press.

Carlin, Wend; Soskice, David (2006), *Macroeconomics: Imperfections, Institutions and Policies*. Oxford: Oxford University Press.

Cartwright, Edward (2014), *Behavioral Economics*. Routledge Advanced Texts in Economics and Finance. Londres: Routledge.

Coats, Alfred W. (1992), «Changing Perceptions of American Graduate Education in Economics, 1953–1991», *Journal of Economic Education*, 23(4): 341–352. https://doi.org/10.1080/00220485.1992.10844767.

Costa, Ana (2019), «O Banco de Portugal e a disseminação de ideias económicas», *in* Vítor Neves e José Reis (coords.), *A ciência económica em Portugal: uma história recente*. Coimbra: Almedina, 99–138.

Engwall, Lars (org.) (1992), *Economics in Sweden*. Londres: Routledge.

Fontana, Giuseppe (2003), «Post Keynesian Approaches to Endogenous Money: a time framework explanation», *Review of Political Economy*, 15(3): 291–314. https://doi.org/10.1080/09538250308431.

Fourcade, Marion (2006), «The Construction of a Global Profession: The Transnationalization of Economics», *American Journal of Sociology*, 112(1): 145–194. https://www.jstor.org/stable/10.1086/502693.

Hansen, W. Lee (1991), «The Education and Training of Economics Doctorates: Major Findings of the Executive Secretary of the American Economic Association's Commission on Graduate Education in Economics», *Journal of Economic Literature*, 29(3): 1054–1087. https://www.jstor.org/stable/2727611.

Haveman, Heather A.; David, Robert J. (2008), «Ecologists and institutionalists: friends or foes?», *in* R. Greenwood, C. Oliver, K. Sahlin e R. Suddaby (orgs.), *Handbook of Organizational Institutionalism*. Londres: Sage.

Heijdra, B. (2009), *Foundations of Modern Macroeconomics*. Oxford: Oxford University Press.

Hirschman, Daniel; Berman, Elizabeth P. (2014), «Do economists make policies? On the political effects of economics», *Socio-Economic Review*, 12(4): 779–811. https://doi.org/10.1093/ser/mwu017.

Krueger, Anne O. (1991), «Report of the Commission on Graduate Education in Economics», *Journal of Economic Literature*, 29(3): 1035–1053. https://www.jstor.org/stable/2727610.

Ljungqvist, Lars; Sargent, Thomas J. (2012 [2000]), *Recursive Macroeconomic Theory*. Cambridge, MA: The MIT Press [3.ª ed.].

Marçal, Gonçalo; Costa, Ana; Branco, Manuel (2019), «A uniformização do Ensino Pós-graduado em Economia em Portugal de 1980 até Hoje», *in* Vítor Neves e José Reis (coords.), A ciência económica em Portugal: uma história recente. Coimbra: Almedina, 139–181.

Mas-Collel, Andreu; Whinston, Michael D.; Green, Jerry R. (1995), *Microeconomic Theory*. Oxford: Oxford University Press.

McCoy, James P.; Milkman, Martin I.; Marjadi, Riza (2014), «The Masters of Economics: Where are we Now?», *The Journal of Economic Education*, 45(4): 376–386. https://doi.org/10.1080/00220485.2014.955440.

Obstfeld, Maurice; Rogoff, Kenneth (1996), *Foundations of International Macroeconomics*. Cambridge (MA): The MIT Press.

Oppenheimer, Jochen; Romão, António (1985), *O Ensino e a Investigação na Ciência Económica em Portugal — Um Contributo*. Lisboa: ISEG.

Rodrigues, João (2019), «Novas Economias em Portugal: os economistas Pinto Barbosa», *in* Vítor Neves e José Reis (coords.), *A ciência económica em Portugal: uma história recente*. Coimbra: Almedina, 61–97.

Romer, David (2012 [1996]), *Advanced Macroeconomics*. Nova Iorque: McGraw-Hill [4.ª ed.].

Scott, W. R. (2001 [1995]), *Institutions and organizations*. Thousand Oaks, CA: Sage [2.ª ed.].

Stokey, Nancy L.; Lucas, Robert E.; Prescott, Edward C. (1989), *Recursive Methods in Economic Dynamics*. Cambridge, MA: Harvard University Press.

Thornton, Robert; Innes, Jon (1988), «The Status of Master's Programs in Economics», *Journal of Economic Perspectives*, 2(1): 171–178. https://doi.org/10.1257/jep.2.1.171.

Thornton, Tim (2012), «The Economics Curriculum in Australian Universities 1980 to 2011», *Economic Papers*, 31(1): 103–113. https://doi.org/10.1111/j.1759-3441.2011.00163.x.

Thornton, Tim (2013a), *The possibility of a pluralist economics curriculum in Australian universities: historical forces and contemporary strategies*. PhD Thesis, School of Economics, Faculty of Business, Economics and Law, La Trobe University.

Thornton, Tim (2013b), «The Narrowing of the Australian University Economics Curriculum: An Analysis of the Problem and a Proposed Solution», *Economic Record*, 89, Special Issue, 106–114. https://doi.org/10.1111/1475-4932.12035.

Valério Nuno; Nunes, Ana Bela; Bastien, Carlos; Costa, Sandra D.; Barros, Vera (2011), *ISEG, 100 Anos a Pensar no Futuro*. Lisboa: ISEG.

Varian, Hal R. (1992 [1978]), *Microeconomic Analysis*. Nova Iorque: W. W. Norton [3.ª ed.].

NOTAS BIOGRÁFICAS DOS AUTORES

Ana Costa é Professora Auxiliar no Departamento de Economia Política do Iscte–IUL e Investigadora do Centro de Estudos sobre a Mudança Socioeconómica e o Território (DINÂMIA'CET). Membro do Observatório sobre as Crises e as Alternativas. Com atividade científica nas áreas da história das ideias económicas, da economia política da austeridade e do conflito de valores, incomensurabilidade e valoração na tomada de decisão pública, tem publicado artigos em revistas científicas, como a *Cambridge Journal of Economics, Ecological Economics, Environmental Values, Journal of Economic Issues, Revista Crítica de Ciências Sociais, Transfer,* e participado em diversos livros, nomeadamente *A Ciência Económica em Portugal: Uma história Recente* (Almedina, 2019).

André Lopes exerce, desde 2020, funções de coordenação no Departamento de Resolução (DRE) do Banco de Portugal. Entre 2009 e 2014, foi consultor na everis, tendo trabalhado posteriormente como Data Scientist no Banco de Portugal, em estreita colaboração com o Conselho Único de Resolução (CUR) e no âmbito do segundo pilar da União Bancária. É Mestre em Engenharia Eletrotécnica e de Computadores pelo Instituto Superior Técnico. Foi consultor do projeto "RECON — Que ciência económica se faz em Portugal? Um estudo da investigação portuguesa recente em Economia (1980 à atualidade)". As suas principais áreas de interesse envolvem tratamento e exploração de dados para o desenvolvimento de análises aplicadas à resolução bancária e estabilidade do sistema financeiro.

Carlos Bastien é Professor Associado, aposentado, do Instituto Superior de Economia e Gestão da Universidade de Lisboa e membro do respetivo Gabinete de História Económica e Social. Investigador no âmbito da história económica dos séculos XIX e XX e da história do pensamento económico contemporâneo. Publicou diversos estudos nestas áreas, designadamente os livros *Development economics in Portugal* (em coautoria) (Routledge, 2019); *A recepção de O Capital em Portugal (1867–1914)* (Almedina, 2018); e os artigos *Explaining the Economic Crisis: Portuguese Perspectives on Marxist Theory* (em coautoria) (2020) e *O economista Francisco António Correia (1877–1938)* (2019). Foi consultor do projeto "RECON — Que ciência económica se faz em Portugal? Um estudo da investigação portuguesa recente em Economia (1980 à atualidade)".

Gonçalo Marçal é consultor associado do Departamento de Prospetiva e Planeamento do PlanAPP e investigador do DINÂMIA'CET-Iscte. Licenciado e mestre em Economia, frequenta atualmente o programa de doutoramento em Economia Política — uma parceria entre o Iscte-IUL, a Faculdade de Economia da Universidade de Coimbra e o Instituto Superior de Economia e Gestão da Universidade de Lisboa. Foi bolseiro do projeto "RECON — Que ciência económica se faz em Portugal? Um estudo da investigação portuguesa recente em Economia (1980 à atualidade)". A sua investigação tem incidido na história recente da ciência económica em Portugal.

Jéssica Rocha desempenha atualmente funções de Gestora de cliente na Caixa Económica Montepio Geral. É mestre em Economia Social pela Católica Porto Business School. Foi bolseira do projeto "RECON — Que ciência económica se faz em Portugal? Um estudo da investigação portuguesa recente em Economia (1980 à atualidade)". Tem como principal interesse de investigação a evolução do pensamento económico na temática da desigualdade.

João Rodrigues é Professor Auxiliar da Faculdade de Economia da Universidade de Coimbra e Investigador do Centro de Estudos Sociais. Doutorado pela Universidade de Manchester, a sua investigação tem-se debruçado sobre temas de economia política, da história do neoliberalismo à financeirização do capitalismo em Portugal. É autor de diversas publicações nestas áreas, sendo a mais recente o livro *O neoliberalismo não é um* *slogan — Uma história de ideias poderosas* (Tinta-da-china, 2022). É ainda coautor do blogue de economia política *Ladrões de Bicicletas* e membro do Conselho Editorial do *Le Monde diplomatique — edição portuguesa.*

José Reis é Professor Catedrático da Faculdade de Economia da Universidade de Coimbra e Investigador do Centro de Estudos Sociais. Estuda a economia portuguesa e a europeia, o território, o Estado e as políticas públicas e adota uma perspetiva própria de Economia Política institucionalista. Publicou recentemente *Cuidar de Portugal: Hipóteses de Economia Política em Tempos Convulsos* (Almedina, 2020) e *A Economia Portuguesa: Formas de Economia Política numa Periferia Persistente* (Almedina, 2018). Coordenou a edição de *Como Reorganizar um País Vulnerável?* (Actual, 2020) e (com Vítor Neves) de *A Ciência Económica em Portugal: Uma história Recente* (Almedina, 2019).

Manuel Branco é Professor Catedrático da Universidade de Évora, onde leciona sobretudo Economia do Desenvolvimento, História do Pensamento Económico e Economia Política dos Direitos Humanos. Doutorou-se em Economia pela École des Hautes Études en Sciences Sociales, em Paris. É membro integrado do CICP, Centro de Investigação em Ciência Política. Entre as suas últimas publicações contam-se os livros *Political Economy for Human Rights* (Routledge, 2019) e *Economia Política dos Direitos Humanos* (Sílabo, 2012), e os artigos *Modes of standardisation for postgraduate teaching in economics in a semi-peripheral country: the case of Portugal* (2020), *Economics for the Right to Work* (2019) e *Teaching Political Economy for Human Rights* (2018).

Vítor Neves é Professor Associado da Faculdade de Economia da Universidade de Coimbra e investigador do Centro de Estudos Sociais. Doutorou-se em Economia pela Universidade de Coimbra. Tem-se dedicado ao estudo dos fundamentos, natureza e dinâmicas da Economia como ciência, com diversas publicações nesta área. Cocoordena a Secção Temática de Filosofia e História da Economia Política da Associação Portuguesa de Economia Política. Coordenou o projeto de investigação "RECON — Que ciência económica se faz em Portugal? Um estudo da investigação portuguesa recente em Economia (1980 à atualidade)" e (com José Reis) o livro *A Ciência Económica em Portugal: Uma história Recente* (Almedina, 2019).